Moritz Matthies
Schiffe versenken

MORITZ MATTHIES

SCHIFFE VERSENKEN

Ein Erdmännchen-Krimi

dtv

Von Moritz Matthies
sind bei dtv außerdem erschienen:
Der Wald ruft
Da ist was im Busch

FSC www.fsc.org
MIX
Papier aus verantwortungsvollen Quellen
FSC® C019821

Originalausgabe 2023

Umschlaggestaltung und -motive: www.buerosued.de
Satz: C.H.Beck.Media.Solutions, Nördlingen
Gesetzt aus der Stempel Garamond LT Pro 10/14˙
Druck und Bindung: Druckerei C.H.Beck, Nördlingen
Printed in Germany · ISBN 978-3-423-21857-3

1

Ich wache auf, weil Natalie mir zärtlich ins Ohr schnarcht. Ihr Vorderbein liegt auf meiner Brust. Jedes Mal, wenn sie ausatmet, kitzelt es an den Härchen in meinem Ohr. Hat was Romantisches.

Mit meinem anderen Lauscher horche ich in unseren Bau hinein. Alle noch am Pennen. Schon sonderbar, denke ich. Jahrelang habe ich in meiner kleinen Schwester nur das sexy Boxenluder aus dem vierten Wurf gesehen, dann wurden wir Freunde, dann Gelegenheitslover, dann irgendwie mehr als nur Gelegenheitslover.

Und jetzt? Werde ich das Gefühl nicht los, sie würde sich am liebsten den ganzen Winter über mit mir in der Kuschelecke meiner Kammer räkeln, die sie so liebevoll mit der Mauser von Skipper und Ping ausgepolstert hat. Skipper und Ping sind übrigens die beiden Pinguine, die ebenfalls aus dem Zoo abgehauen sind und jetzt bei uns im Wald leben. Lange Geschichte. Ich erzähle das auch nur, damit klar ist, dass es um Kaiserpinguine geht. Und wer sich schon einmal in der Mauser von Kaiserpinguinen geräkelt hat, der weiß, da kommt man nur schwer wieder raus.

Nächster Gedanke: Wenn Natalie meine Kammer mit frischer Mauser auspolstert und außerdem sowieso praktisch jede Nacht hier verbringt, ist das dann noch *meine* Kammer? Oder vielleicht eher *unsere*? Und was macht dieser Gedanke mit mir? Sollten wir vielleicht mal drüber reden, Natalie und ich.

Oder auch nicht.

Vorsichtig schiebe ich Natalies Vorderbein von meiner Brust, gleite wie eine zu weich gekochte Nudel aus der Kuschelecke, strecke mich, lasse meine Halswirbel knacken, laufe aus meiner Kammer und bleibe mit dem Kopf in einem Gestrüpp hängen, das über Nacht von der Decke gewachsen ist.

»What the f…«

»Guten Morgen, Großer«, höre ich Natalie hinter mir sagen.

Sie hat diesen Ton, der mich unweigerlich zu ihren superflauschig behaarten Beinen zurückzieht. Es sei denn, ich schaffe es vorher aus meiner Kammer. Aus unserer.

»Ist was?«, fragt sie.

»Hier ist wirklich was«, erwidere ich. »Da wächst ein Gebüsch aus der Decke.«

Natalie gluckst vergnügt. Noch so etwas, das mich unweigerlich zu ihren superflauschig behaarten … Ist klar, was ich sagen will. »Das ist eine Mistel«, sagt sie, und es klingt, als wäre es das Normalste von der Welt.

Ich ziehe mir einen Zweig aus dem Ohr. »Wieso wächst da eine fucking Mistel aus der Decke?«

»Du bist süß«, entscheidet Natalie. »Die wächst da nicht, die hängt da.«

»Und warum tut sie das?«

»Eine Maßnahme unserer Bauverschönerungsaktion.«

Den Satz muss man sich mal auf der Zunge zergehen lassen. Da ist hinter jedem Wort ein Fragezeichen:

Eine? Soll das heißen, es gibt noch mehr?

Maßnahme? Was für Maßnahmen?

Unserer? Wer ist uns? Ich jedenfalls nicht.

Bauverschönerungsaktion? Haben hier alle den Verstand verloren?

Ich entscheide, von hinten anzufangen:

»Bauverschönerungsaktion?«

»Wir machen's uns gemütlich. Rufus sagt, die Adventszeit steht vor der Tür.«

»Die Advents … Hat der sie noch alle?«

»Wenn sich Paare unter einem Mistelzweig küssen, bringt das Glück fürs neue Jahr.«

Aha. Offenbar sind wir also ein Paar. Ich fuchtele mir den Mistelzweig aus dem Gesicht. »Also, ich gehe jetzt erst einmal meine Runde drehen. Danach können wir uns küssen, wann und wo und solange du willst.«

»Fein. Dann treffen wir uns nach deinem Rundgang genau da, wo du jetzt stehst – unter dem Mistelzweig.«

»Mistelzweig«, sage ich nur und stapfe aus meiner Kammer. Unserer Kammer. Was weiß ich.

2

Als ich aus dem Bau komme, sehe ich kaum mehr als in meiner Kammer. Es beginnt gerade erst zu dämmern. Ein eisiger Wind streicht über die Savanne. Also, unsere Savanne. Ist in Wirklichkeit ein ehemaliger NVA-Truppenübungsplatz irgendwo in Brandenburg. Undeutlich zeichnet sich die Baumlinie gegen den Nachthimmel ab.

Ich trete auf etwas Hartes. Den Boden. Nachtfrost. So weit sind wir jetzt also, denke ich. Was ein wirklich bescheuerter Gedanke ist, wie mir auffällt: *So weit sind wir jetzt also*. Ich klinge wie mein alter Herr. Klar sind wir so weit, Ray, man nennt es Jahreszeiten.

Ein Winterfell wäre jetzt cool, so wie es sich die Füchse und Wölfe und Wildschweine zulegen. Sogar die Amseln haben in den letzten Wochen ihr Gefieder gepimpt. Können wir Erdmännchen lange drauf warten. Als Savannentiere hat uns die Evolution da voll im Stich gelassen. Hat sie nicht mit gerechnet, die Evolution, dass wir uns mal im Brandenburger Wald würden durchschlagen müssen.

Ich mache ein paar Aufwärmübungen, stelle fest, dass bei der ersten Kniebeuge mindestens drei Gelenke gleichzeitig knacken, trabe den Hügel hinunter, den Pfad zwischen den nicht explodierten Sprengkörpern entlang und in den Wald hinein. Das mache ich neuerdings, um mich morgens auf Betriebstemperatur zu bringen: laufen statt gehen. Rufus meint, das sei voll gesund – joggen bei Kälte – und dass es das Immunsystem boostern würde. Nicht, dass ich Rufus jemals hätte joggen sehen.

Als Erstes laufe ich zur Keilerschanze, dem Rückzugsort der Wildschweine. Dort sprinte ich die Stufen zur Ruine hinauf, spüre das Blut in meinen Ohren rauschen und wie es meinen Puls in die Höhe treibt. Oben angekommen, sehe ich wie jeden Morgen zwei Überläufer – also Wildschweinteenager –, die den Eingang bewachen sollen und wie jeden Morgen so tief schlafen, dass man die Ruine in die Luft jagen könnte, ohne dass sie aufwachen. Falls sich einer fragt, wie es sich anhört, wenn so eine Ruine in die Luft fliegt – ich weiß es. Ich war dabei. Ebenfalls eine lange Geschichte.

Noch etwas ist wie jeden Morgen. Auf spitzen Klauen schleiche ich mich an, brülle »Stillgestanden!«, und die Überläufer springen panisch auf die Beine, bevor sie merken, dass nur ich es bin, das bekloppte Erdmännchen.

»Boah, Ray«, grunzt der eine. »Du nervst so was von!«

Der andere: »Das stresst voll ab.«

Der eine: »Früher hätten wir dich für die Aktion einen Kopf kürzer gemacht.«

»Weitermachen!«, sage ich nur und hüpfe die Stufen wieder runter. Danach bin ich fast wieder richtig gut drauf.

Als Nächstes trabe ich am Wasserfall vorbei, hinter dem sich das *Acapulco* befindet. Erstaunt stelle ich fest, dass die Waschbären tatsächlich damit begonnen haben, unsere Partylocation auszumisten. Neben den Spaßbecken türmt sich ein beeindruckender Müllhaufen auf.

Eddy hat mich neulich gefragt, ob es okay wäre, wenn sie sich die Darkrooms im hinteren Teil als Winterquartier herrichten. Richtig Winterschlaf würden sie zwar nicht machen, wie er mir erklärte, aber so was Ähnliches. Als ich Bernie und Freddy fragte, wie ich mir das vorzustellen habe, meinte Freddy: »Wir hängen dann so ab die meiste Zeit.« Und Bernie: »Genau, wir liegen dann so rum.« Und Freddy: »Aber zum Pinkeln gehn wir raus, versprochen. Also, meistens.«

Kein Unterschied zu sonst, dachte ich und meinte nur: »Macht ihr mal.« Ich war mir sicher, dass sowieso nichts passieren würde. Aber siehe da, offenbar verspürt sogar die faulste Bande im gesamten Wald den Drang nach »Verschönerungsmaßnahmen«.

Ich lege einen Zwischenspurt hin und schaue kurz an der Bachbiegung bei Skipper und Ping und ihren vier Adoptiventen vorbei, die alle schon auf den Beinen sind, während sich ihre Eltern noch im Tiefschlaf befinden. Dann mache ich mich auf den Heimweg.

Der Weg zurück führt mich bei Spanner vorbei. Jens Spanner. Gelbhalsmaus. Mit ihm hatten wir unsere liebe Mühe, als wir ankamen. Gelbhalsmäuse sind echt schreckhaft und haben oft Minderwertigkeitsgefühle wegen ihrer Glubschaugen. Ich gebe zu: Die sind gewöhnungsbedürftig. Jedenfalls machen Veränderungen ihnen Angst. Große Angst. Spanner hätte gerne gehabt, dass alles für immer so geblieben wäre, wie es war. Da war so ein Clan waldfremder Tiere mit Migrationshistorie natürlich Gift für die Stimmung. Inzwischen aber pflegen wir »freundschaftlich-nachbarschaftliche Beziehungen«, wie Spanner das nennt.

Ich treffe ihn dabei an, wie er die letzten Bucheckern in seinen Bau schiebt, dabei quillt der sowieso schon über vor Vorräten. Bestimmt war er wieder die halbe Nacht unterwegs, um die letzten aufzustöbern. Hat immer Angst, jemand anderer könnte ihm was wegschnappen.

»Morgen, Spanner!«

»Guten Morgen, Herr Nachbar.«

»Erwartest du Verwandtschaftsbesuch aus der Stadt?«

»Wenn das eine Anspielung auf meine Vorratswirtschaft sein soll – mach dich nur lustig über mich. Doch lass dir gesagt sein: So ein Winter hier im Wald kann sehr lang werden. Wer zuletzt lacht, lacht am besten.«

Der nun wieder.

Da fällt mir etwas ein: »Sag mal, wo du dich mit den Gebräuchen hier im Wald so gut auskennst. Weißt du, was es mit Mistelzweigen auf sich hat, unter denen man sich küssen soll, weil das angeblich Glück bringt?«

Spanner kratzt sich nervös am Ohr. »Ach, ihr Städter«, sagt er mitleidsvoll, »kennt die ältesten deutschen Bräuche nicht. Also: Es heißt, wenn eine junge Frau von ihrem Liebsten unter einem Mistelzweig geküsst wird, dann werden sie im Jahr darauf heiraten. Bleibt sie ungeküsst, wird es nichts mit der Heirat.«

»Ach du Scheiße«, murmle ich. »Die will einen Clan mit mir gründen.«

»Wie, bitte?«

»Nichts, nichts.«

3

Die Frage, ob Natalie und ich nächstes Jahr heiraten werden, bleibt fürs Erste unbeantwortet, denn als ich in die Savanne zurückkomme, sitzt Rufus auf dem Gefechtsturm unseres T-72 und versucht, mit seinem Solarpanel das nicht vorhandene Tageslicht einzufangen. Ist sein neues Hobby. Seit unserem Zirkusbesuch hat er nämlich wieder ein Smartphone. Aber keinen Strom. Macht ihn fertig.

Ach ja, hab ich noch gar nicht erwähnt: Wir waren neulich im Zirkus, um uns die Nummer mit den drei Bärenbrüdern anzusehen, die unserer Waldgemeinschaft so zugesetzt hatten. Bei dieser Gelegenheit trafen wir unglaublicherweise Phil und Lea und Mo wieder, meinen alten Partner aus Berliner Zeiten, zusammen mit seiner Frau und seiner Tochter. Und hinterher steckte plötzlich ein Smartphone in Rufus' Klettgurt.

»Wo hast du das denn her?«, wollte ich wissen.

»Was denn?«

Ich zog es aus seinem Gurt und hielt es ihm vor die Nase. »Das hier?«

»Oh, ein iPhone 5.«

Als hätte ihm das jemand im Vorbeigehen in den Gurt gesteckt. Und als würde das die Frage beantworten. »Wo hast du es her?«

»Äh … gefunden. Lag zufällig unter der Tribühne im Zirkus.«

Aber sicher doch.

»Als du es gefunden hast, zufällig, unter der Tribüne«, sagte ich, »lag es da zufällig in einer Tasche oder so?«

»Könnte sein. Aber wie gesagt, ist nur ein iPhone 5. Für viele Anwendungen lässt sich das gar nicht mehr benutzen. Streng genommen ist das Elektroschrott.«

Seitdem also hat Rufus ein neues Hobby. Wobei »Hobby« ganz klar eine Untertreibung ist. Er selbst würde von einer Obsession sprechen, auch wenn ich nicht genau weiß, was das ist. Jedenfalls habe ich manchmal das Gefühl, dass nicht Rufus ein neues iPhone hat, sondern dass das iPhone einen neuen Rufus hat.

So oder so gibt es im Wald keinen Strom. Hinzu kommt, dass die Akkulaufzeit von Rufus' iPhone voll für den Arsch ist, wie er selbst sagt. Beides zusammen führt dazu, dass er bei Tagesanbruch auf dem Gefechtsturm sitzt, sich seinen pelzigen Arsch abfriert und versucht, das nicht vorhandene Licht einzufangen.

Was mich zu seinem Solarpanel bringt. Unter »Panel« stellt man sich ja schnell etwas vor, das auf ein Hausdach montiert wird, krass spacig aussieht und so viel Strom macht, dass man sich für den Garten eine Flutlichtanlage zulegen muss, um das alles wieder zu verbrauchen. So ein Panel ist das von Rufus ganz klar nicht. Das von Rufus ist eher … winzig. Also kleiner als das Display seines iPhone 5. Er hat es bei Bauer Fröhlich mitgehen lassen, und eigentlich ist es dafür gedacht, die LED-Lichterkette eines schwedischen Möbelherstellers tagsüber so aufzuladen, dass sie, wenn es Nacht wird, so aussieht, als würden ein paar Glühwürmchen durch die Dunkelheit schwirren. Es dauert Tage, das iPhone damit zu laden, weshalb Rufus es immer nur minutenweise benutzt und sofort Schnappatmung bekommt, sobald es außer Sichtweite ist, weil er Angst hat, einer aus dem vierten oder fünften Wurf könnte es zum Zocken missbrauchen.

»Haben die Außerirdischen schon Kontakt mit dir aufgenommen?«, rufe ich meinem Bruder zu.

»Dir ist hoffentlich klar, dass das keine Antenne ist, oder?« Er richtet das Panel aus, nach was auch immer. »Dafür müsste es nämlich parabolförmig sein, außerdem müsste es im Brennpunkt über einen Empfangskopf verf ...«

»Rufus!«

»Was?«

»Ich weiß, dass das keine Antenne ist.«

»Beruhigend.«

Ich klettere die Glieder der Panzerkette hinauf, schwinge mich auf die Metallschürze, erklimme den Gefechtsturm und setze mich neben Rufus. Schon ein cooler Ort hier oben, besonders wenn der Tag gerade erst anbricht und der Rest des Clans noch schläft. Fühlt sich an wie »die Herde hüten«.

»Ganz schön neblig«, sage ich.

Rufus sieht mich an. »Das ist dein Atem. Der kondensiert beim Ausatmen.«

Weiß ich natürlich. Also nicht das mit dem Kondensierdings. Aber dass es mein Atem ist, schon, bin ja nicht komplett bescheuert. »Ach, echt? Ist ja interessant.«

Rufus setzt zu einer Erklärung an, merkt, dass er verarscht wird, wendet sich seinem einzig wahren Freund zu – seinem iPhone – und knurrt: »Sieben Prozent. Damit komme ich nicht weit.«

»Wie weit willst du denn kommen?«

»Du verstehst es nicht, Ray. Dieses nachgerade antike Gerät ist unsere einzige Verbindung zur Außenwelt.«

»Und wozu brauchst du die? Wir haben doch hier unsere eigene Welt. Den Wald.«

»Ich sage doch – du verstehst es nicht.«

Neuerdings ist Rufus noch empfindlicher als sonst. Vielleicht hat es damit zu tun, dass er demnächst Vater wird. Also nicht richtig, aber irgendwie schon. Grete ist nämlich trächtig. Das Ding ist: Sie ist nicht von ihm trächtig. Denn Grete ist nicht nur die demokratisch gewählte Oberbeschützerin des Waldes und Rufus' – äh – Geliebte, sondern außerdem Feldhäsin. Und Feldhäsinnen und Erdmännchen können sich – äh – vergnügen, so viel sie wollen, aber Nachwuchs kommt da nicht bei raus. Hat mit irgendwelchen Chromosomen zu tun. Wer's genauer wissen will, muss sich an Rufus wenden. Was ich sagen wollte, ist, dass sich Grete von einem Durchhoppler hat schwängern lassen. Trotzdem wollen sie und Rufus ihre Jungen gemeinsam großziehen, als Familie. Nennt sich Patchwork. Wie bei Skipper und Ping und den Mandarinenten.

Ich denke an meine Geschwister, die unter uns in ihren Kammern liegen und schlafen. Ehrlich gesagt, denke ich vor allem an Natalie. Und die Geschichte mit dem Mistelzweig.

»Wie geht's dir eigentlich damit«, frage ich Rufus, »dass du demnächst Familienvater wirst?«

4

Gut geht's mir damit«, sagt Rufus sofort. »Großartig. Könnte besser nicht sein.«

Hm.

Als es darum ging, wer zum Oberbeschützer des Waldes gewählt werden soll, da hat Rufus auch immer gleich mehrfach betont, wie NICHT wichtig es ihm ist, weiterhin der Chef zu sein, dass er wirklich GAR NICHT an der Macht klebt, WIRKLKICH NICHT. Abgeben wollte er sie trotzdem nicht.

»Was für eine Fügung des Schicksals«, sagt er. »Grete und ich gründen … eine … Familie.«

Hm.

»Andererseits …« Er checkt sein iPhone. »Immer noch nur sieben Prozent.«

»Andererseits?«, frage ich.

Er justiert sein Panel. »Andererseits bedeutet so eine Veränderung natürlich auch eine immense Verantwortung.«

Hm.

Mit seinen Klauen macht er eine Geste, als versuchte er, die Erde zu stemmen. »Also, gewaltig.«

Hm.

»Da kann einem schon mal mulmig werden.«

Sieh an.

Ich überlege, ob ich Rufus sagen soll, dass ich den Verdacht habe, dass Natalie sich das ebenfalls wünscht, also dieses Familiengründedings, mit mir und dass ich bei der Vorstellung auch ganz schön Eierflattern bekomme. Aber gerade, als ich es sagen will, schnarrt Rufus' Sieben-Prozent-iPhone plötzlich über den Panzer, und das Display fängt an zu leuchten.

»Das ist Lea!«

Erfreut lehnt Rufus das iPhone gegen die Dekontaminierungseinheit und drückt den Button. Ist ein FaceTime-Anruf, was bedeutet, dass wir Lea sehen können. Damit sie von uns auch etwas erkennen kann, halten wir unsere Köpfe möglichst nah ans Display. So sehen wir zwar wie behaarte Luftballons aus, ist aber besser als nichts.

Lea winkt in die Kamera. »Hi, Ray, hi, Rufus!«

Wir winken zurück.

»Hallo, Lea!«, ruft Rufus.

Und ich so: »Krzfzmpkadzdudida!«

Lea weiß, dass wir sie verstehen können, aber da sie uns nicht verstehen kann, ist es völlig Rille, was ich sage. Ich versuche, meine Klaue wie ein Daumen-Hoch-Emoji aussehen zu lassen, was logisch behämmert aussieht ohne Daumen.

Lea dreht sich um die eigene Achse, damit wir ihr neu gestrichenes Kinderzimmer bewundern können. Die eine Hälfte ist Mint, die andere Pink. Mir dreht sich der Magen um, aber Lea findet's »voll krass«.

»So eine Farbkombination kann Epilepsien auslösen«, flüstert Rufus.

Keine Ahnung, ob das was Gutes oder was Schlechtes ist, trotzdem sage ich: »Hey Lea, viel Spaß mit deiner Epilepsie!«

Rufus stößt mir eine Klaue in die Seite. »Das ist eine ganz schlimme Krankheit.«

»Ist doch Banane«, erwidere ich und rufe begeistert: »Sieht echt krass krank aus!«

Als Nächstes hüpft Lea aufs Bett und zeigt uns ihre Kuscheltiersammlung, achtunddreißig Stück, ein ganzer Kuscheltierzoo, und jedes hat einen eigenen Namen. Die beiden Erdmännchen-Kuscheltiere heißen Ray und Rufus und sehen aus wie Verwandtschaftsbesuch vom Südpol.

Man hört, wie die Tür aufgeht, und schon am Geräusch der schlackernden Ohren erkenne ich, dass das nur Leas dämliche Töle Susi sein kann, die auch sofort aufs Bett springt und Leas Smartphone beschnuppert, was Lea krass lustig findet.

»Guck mal«, kichert Lea und hält Susi das Display hin, »da sind Ray und Rufus.«

Susi starrt auf das Display, und ich schwöre, der Hohlraum hinter diesen Augen ist größer als die Milchstraße. Logisch hat sie längst vergessen, dass sie mich schon mal gesehen hat. »Ich bin Susi«, bellt sie. »Ich bin ein Hund!«

»Schön für dich«, sage ich.

Vor lauter Begeisterung darüber, ein Hund zu sein, fängt Susi an, wie blöd auf Leas Bett herumzuhopsen. »Ich springe!«, ruft sie. »Ich springe! Ich bin ein Springehund!«

»Grundgütiger«, seufzt Rufus.

Dann füllt plötzlich Susis Schnauze das gesamte Display aus, und ich bin froh, dass ich das nur sehen und nicht auch noch riechen muss. Offenbar versucht sie, das Handy zu fressen.

»Lass das, du Verrückte«, kichert Lea und bringt Susi auf Abstand.

»Wie heißt ihr?«, bellt Susi. »Seid ihr Ray und Rufus?«

»Nein«, sage ich, »wir sind Heinz und Erwin.«

»Und könnt ihr auch hüpfen?«

»Klar«, sage ich. »Ich kann sogar Salto.«

Susi hat einen Schreckmoment. »Echt?«

»Sogar doppelt, mit Schraube.«

Susi hüpft im Kreis. »Mach mal, mach mal, mach mal, mach mal!«

»Keinen Bock«, sage ich.

Wieder bleibt Susi in der Bewegung stecken. In so einem Hundegehirn geht es zu wie in Disneyland. Hinter jeder Ecke wartet eine Überraschung.

»Lea ist mein Frauchen«, bellt Susi jetzt, »und Mo ist auch mein Frauchen. Und Phil ist mein Herrchen!«

»Hammer«, sage ich.

»Habt ihr auch ein Frauchen?«

»Hundert«, sage ich.

Mal sehen, wie weit ich noch gehen kann, bevor Susi mitschneidet, dass sie verarscht wird. Ich glaube, die versteht das Konzept gar nicht. Lea findet's lustig.

»Ui-iii!«, plärrt Susie. »Was seid ihr für Tiere?«

»Erdkröten!«

Jedes Mal, wenn sie innehält, ist es, als würde plötzlich das Bild einfrieren. Sie legt ihren Kopf schief, bis ihr Spanielohr in der Luft baumelt wie ein riesiger nasser Teebeutel.

»Erdkröten!« Susi ist so aus dem Häuschen, dass sie vor Begeisterung das Display abschleckt. »Erdkröten! Ihr seid süß, Erdkröten!!«

»Ich halt's nicht aus«, stöhnt Rufus.

»Der Akku schmiert eh gleich ab«, tröste ich ihn.

In dem Moment hört man Phils Stimme, der ins Kinderzimmer ruft: »Viertel vor acht, Lea, wir müssen!«

Lea hat das Smartphone wieder an sich genommen, allerdings ist jetzt lauter Sabberschmiere auf der Kamera, wodurch sie irgendwie zerlaufen aussieht.

»Hier sind Ray und Rufus!«, ruft sie.

Phil kommt ins Zimmer. »Am Telefon?«

»Wir machen FaceTime!«

Phil lässt sich das Handy geben, und dann habe ich tatsächlich meinen alten Partner und Freund und mit ihm mein ganzes altes Leben vor Augen – verschwommen zwar, aber trotzdem –, und ich muss zweimal trocken schlucken, um nicht sofort in Tränen auszubrechen.

»Ray!«, Phil grinst in die Kamera, »Rufus!«

Ich winke zaghaft, sage »Hi, Phil« und versuche, so lässig wie irgend möglich zu klingen.

»Gut, dass ich euch sehe!« Phil blinzelt in die Kamera, als hätte er was im Auge. »Sagt mal, ist das ein Panzer, auf dem ihr da sitzt?«

»Ein alter T-72.« Rufus klopft mit einer Klaue gegen das gesprungene Glas des Zielgeräts. »Lange Geschichte.«

»Auf die bin ich schon gespannt. Ihr könnt sie mir ja heute Abend erzählen. Ich wollte nämlich …« In dem Moment wird das Display schwarz.

»Quod erat demonstrandum«, schimpft Rufus.

Ich sage nichts, sondern vergieße nur im Stillen ein paar Tränen in Erinnerung an vergangene Zeiten.

Erst als Rufus stöhnt, »das dauert einen halben Tag, ehe ich das Ding wieder hochfahren kann, mindestens«, wird mir klar, was Phil gerade gesagt hat.

»Rufus?«

Mein Bruder ist schon wieder damit beschäftigt, den Sonnenstand hinter der Wolkendecke abzuschätzen. »Was?«

»Heute Abend?«

»Ja?«

Ich reiße ihm sein lächerliches Panel aus der Klaue. »Phil!«

Rufus wartet. Als nichts weiter kommt, wiederholt er stumpf: »Phil.«

»›Ihr könnt sie mir ja heute Abend erzählen‹«, zitiere ich. »Das war es, was Phil gerade gesagt hat. Heute Abend.«

»In der Tat«, schnalzt Rufus. »Das wirft Fragen auf.«

5

Der heutige Aktivitätslevel meiner Familienmitglieder gleicht dem von Rufus' Ladeanzeige. Irgendwann kommen Marcia, Minka und Mitzi aus dem Bau, bleiben kurz vor dem Eingang stehen und halten ihre zarten Näschen in den Wind. Es nieselt leicht.

»Voll der Abturn«, stellt Marcia fest.

»Echt ma«, bestätigt Minka, die immer bestätigt, was Marcia findet.

»Ohne mich, Leute«, sagt Mitzi, und schon sind sie wieder in den Bau gekrochen.

Später tauchen Kirk und Konrad, zwei von den Hängern aus dem vierten Wurf auf. Als sie Rufus und mich auf dem Panzer sehen, salutieren sie zum Spaß. Mit seinen Krallen formt Kirk etwas, das eine Zeigefingerpistole darstellen soll. »Wir gehen uns ein paar Harlekine schießen«, erklärt er, und gemeinsam trotten die beiden Richtung Wald.

Mit Harlekine sind Harlekin-Käfer gemeint. Die bilden im Herbst Kolonien, schmecken so mittel, sind aber dafür selbst im Dämmerlicht gut zu erkennen.

Kaum sind die beiden im Wald verschwunden, kommen sie auch schon wieder zurück. »Leck Arsch«, sagt Konrad, bevor sie wieder im Bau verschwinden.

Kirk erklärt: »Die Erde ist voll hart.«

»Und nass, Alter. Whallah.«

Apropos Dämmerlicht: Hell wird es heute nicht. Dafür wieder dunkel. Geht eigentlich nicht, weiß ich schon, dass es dunkel wird, ohne vorher hell geworden zu sein. Aber an so einem Tag wie heute geht's dann eben doch.

Vorsichtig, als könnte es jeden Moment explodieren, schaltet Rufus das iPhone ein. Drei Prozent. Die Ausbeute eines ganzen Tages. »Bei dieser Lichtintensität dauert es einen Monat, bevor der Akku vollständig geladen ist.«

Das iPhone gibt ein zartes Ping von sich.

»Lea hat uns eine WhatsApp geschickt!«, ruft mein Bruder.

»Und?«

»Hier«, für einen Moment dreht er mir das iPhone zu, »lies selbst. Ach, nein«, schiebt er hinterher, »das geht ja nicht! Denn mein Bruder weigert sich ja beharrlich, das Alphabet zu lernen.«

Zu Rufus' Entschuldigung muss ich sagen, dass er nicht immer so empfindlich ist. Ich schätze, es liegt an Grete und dass er bald Patchwork-Daddy wird. Und dass er keinen Strom hat. Zwei Dinge, die er nicht kontrollieren kann. Das sind zwei zu viel.

»Das A kann ich schon«, sage ich.

»Glückwunsch.«

»Was schreibt Lea denn jetzt?«

Rufus dreht das Display wieder zu sich hin. »Dass wir ihr unseren Standort schicken sollen, damit Phil … Zwei Prozent, fuck.«

Hektisch wischt Rufus über das Display, öffnet Apps, drückt Buttons.

»Zwei Prozent«, murmelt er, »zwei Prozent, zwei Prozent, zwei Pro …«

Und zack, ist das Display wieder schwarz.

»Und was machen wir jetzt?«, frage ich.

»Wir hoffen, dass meine WhatsApp noch raus ist, und warten.«

»Stand da was davon, weshalb sie kommen wollen?«

»Ja, aber das konnte ich in der Eile nicht mehr lesen.«

Die Nachricht, dass Phil kommt, setzt automatisch Dinge bei mir in Gang. Schließlich sage ich: »Glaubst du, Phil hat einen neuen Fall für uns?«

»Dieser Zug ist abgefahren, mein Lieber. Phil hat jetzt eine Festanstellung, eine Frau, ein Kind, einen Hund und ein Häuschen mit Garten. So jemand nimmt keine unnötigen Risiken mehr auf sich.«

Hat er wahrscheinlich recht, mein kleiner Bruder. Schön für Phil. Andererseits auch schade. Dass man im Leben aber auch immer nur das eine ODER das andere haben kann.

»Das A kann ich übrigens wirklich«, sage ich und scharre mit meiner Klaue über das kalte Metall.

»Welch große Leistung«, raunt Rufus.

»Merkst du selber, oder?«, frage ich.

»Was?«

»Wie scheiße du drauf bist – dafür, dass alles super ist.«

Ja, merkt er selber. »Entschuldige. Ich bin im Moment einfach etwas …«

Überfordert, denke ich.

»… angespannt«, sagt Rufus.

Sicher doch.

Ich denke an Natalie. Und dann denke ich, dass ich den ganzen Tag über nicht in meine Kammer zurückgegangen bin. Und alles nur, weil ich Schiss vor dem Mistelzweig habe.

Ich weiß nicht, wie lange wir schon warten. Gefühl hab ich in meinem Hintern längst keins mehr, auch wenn wir irgendwann auf die Idee gekommen sind, uns die Alu-Knisterdecke aus dem Schrottwagen unterzulegen. Die Sonne ist ebenfalls längst untergegangen. Nehme ich jedenfalls an, dass sie untergegangen ist. Gesehen haben wir es nicht. Nur Düsternis, die in Dunkelheit übergeht.

»Da«, sagt Rufus.

In einiger Entfernung zucken zwei LED-Leuchten durch den Wald. Kurz darauf hören wir Leas Stimme: »Hier lang, Papa.«

Wow, denke ich. Phil und Lea. Kommen tatsächlich. Und sie nennt ihn Papa. Bei den Haken, die das Leben schlägt, kommt kein Hase hinterher.

Rufus klemmt sich das iPhone in den Klettgurt. »Dann wollen wir unsere Besucher mal in Empfang nehmen.«

Wir erwarten sie auf dem Pfad am Rand der Savanne. Und dann stehen sie vor uns.

Lea geht auf die Knie, breitet die Arme aus, Rufus und ich laufen zu ihr, und dann drückt sie uns an sich, und ich, ganz der Onkel, denke: Wann ist die so groß geworden?

»Hey, ihr beiden«, sagt Phil und streicht mir über den Kopf. Früher war der nicht so sentimental. Kommt wahrscheinlich, wenn man Kinder hat, das weicht einen auf, Mistelzweig und so weiter. »Ich hätte nicht gedacht, dass ich das mal sagen würde, aber es tut wirklich gut, euch zu sehen.«

Da klingt Wehmut durch, finde ich. Also frage ich: »Ist wer gestorben?«

Phils Tasche sinkt auf den Boden. Er schlägt den Deckel zurück. Alles wie früher, sogar der Geruch. Krass, was ich in dieser Tasche alles erlebt habe.

»Dann steigt mal ein«, sagt Phil. »Den Rest erkläre ich euch im Auto.«

Rufus und ich klettern in die Tasche, die Phil extra mit einer Fleecedecke ausgepolstert hat, der Deckel schließt sich über uns, und ich denke, dass ich mich echt glücklich schätzen kann. Dass nicht viele Erdmännchen so viel erlebt haben wie ich, keins wahrscheinlich. Und dass Freundschaft echt krass geiler Scheiß ist.

6

Die gute Nachricht zuerst: Rufus kann in Phils Wagen sein iPhone laden. Applaus, bitte. Die Sicherheitsfirma, für die Phil arbeitet, hat ihm einen Dienstwagen spendiert, einen Skoda Fabia. Rufus meint, das sei heute das, was früher mal der Trabbi war. Wie auch immer: Kaum sind wir unterwegs auf der Autobahn Richtung Berlin, ist das iPhone auch schon auf siebzehn Prozent. Und als er das feststellt, klingt Rufus, als müssten die Sterne heute Nacht zum Greifen nah sein.

Jetzt die traurige Nachricht: Wir fahren nach Berlin, um uns von Kong zu verabschieden. Es passiert tatsächlich, sie verschiffen ihn nach Sydney. Windhoeck, der alte Windbeutel, hat nicht nur uns, sondern auch den Paten des Zoos verhökert. Sydney liegt in Australien, und Australien liegt, wie Rufus mir erklärt hat, am anderen Ende der Welt. Also wirklich: andere Seite.

Wir sitzen auf dem Beifahrersitz, Rufus und ich. Genau genommen hockt jeder von uns auf einem von Leas Beinen. Ich starre aus dem Seitenfenster und in die Nacht hinaus. Die Sterne sind wirklich zum Greifen nah. Sieht aber nur so aus. In Wahrheit sind die voll weit weg, weiß jedes Kind. Als wir losgefahren sind, hat Phil Musik angemacht – Paolo Conte, wie früher –, aber kurz darauf hat er sie wieder ausgemacht. Ist nicht der richtige Moment. Lea merkt, dass ich traurig bin, und krault mir vorsichtig den Nacken.

Eigentlich sollte es keinen Unterschied machen, ob Kong im Zoo in Berlin hockt oder im Zoo in Sydney. Wahrscheinlich bekomme ich keinen der beiden nach heute Nacht noch einmal zu sehen. Und doch fühlt es sich anders an – zu wissen, dass Kong nicht mehr da ist.

Gedankenverloren stochere ich im Seitenfach herum und fische zwischen einem Eiskratzer, verrotzten Taschentüchern und halb leeren Kaugummipackungen eine Schachtel mit Spielkarten heraus.

»Oh, ein altes Pokerdeck«, sagt Phil. »Glaube nicht, dass ich das noch mal brauche.«

Ich ziehe die Karten aus der Packung und sehe sie mir an.

»Poker ist wie das Leben«, sagt Phil. »Du spielst, weil du gewinnen willst – und zwischendurch tust du das auch –, am Ende aber gewinnt die Bank.«

»Und warum spielt man dann überhaupt?«

»Weil du bei jeder neuen Runde eine neue Chance hast, ganz groß abzuräumen. Kommt nicht oft vor, aber möglich ist es.«

»Es geht also um das, was passieren *könnte*?«

»Irgendwie schon.«

Auch Phil ist traurig über Kongs Abgang. Wenn er früher einen philosophischen Moment hatte, hat er als Nächstes in sein Jackett gegriffen, den Flachmann herausgeholt und … Na bitte, da ist er ja, der Flachmann.

Phil starrt ihn an, wirft einen Seitenblick auf Lea und steckt ihn wieder ein, ohne daraus getrunken zu haben. Stellt sich die Frage, was trauriger ist: einer, der trinkt, oder einer, der sich das Trinken verkneift.

»Was ist eine gute Karte?«, frage ich.

»Das Kreuz As schadet selten«, gibt Phil zur Antwort.

Die Firma, für die Phil arbeitet, ist für die Security im Zoo verantwortlich. Deshalb braucht er nur Sekunden, um mit seinem iPad die Kamera im Anlieferungsbereich zu deaktivieren. Glaubt er zumindest. Wir stehen vor dem Tor, durch das die Waren angeliefert werden, Phil, Lea, Rufus und ich.

Phil zwinkert uns zu und tippt auf dem iPad herum. »Sesam, öffne dich.«

Erwartungsvoll sieht er das Tor an. Es passiert nichts. Wieder tippt er auf seinem iPad herum. »Sesam, fucking öffne dich.«

Wieder passiert genau nix.

Ich will jetzt nicht überheblich klingen oder so, und ich finde ja auch cool, dass Phil es geschafft hat, die Kamera zu deaktivieren. Aber ihm beim Umgang mit kabelloser Technik zuzusehen, ist wie Shabby zuzusehen, wenn er versucht, mit drei Nüssen zu jonglieren.

»Soll ich mal?«, fragt Rufus.

»Das liegt nicht an mir«, erklärt Phil. »Das ist die Software.«

»Soll ich trotzdem mal?«

Phil beugt sich zu uns herunter, lehnt das iPad gegen den Torpfosten und verschränkt die Arme vor der Brust.

Rufus wischt und scrollt und tippt, sagt »verstehe« und »tricky« und dann: »Benutzername?«

»Phil Mahlow«, sagt Phil.

Rufus tippt.

»Kennwort?«

»Phil Mahlow.«

Die Klauen über dem Display blickt Rufus zu unserem Freund auf. »Dein Benutzername und dein Kennwort sind i-den-tisch?«

»Yep.«

»Und so einer arbeitet für eine Sicherheitsfirma.« Rufus vertieft sich wieder in Phils iPad.

Nach einer Weile schlägt Lea vor: »Wir können doch einfach drüberklettern.«

Während Phil Leas Idee abwägt, sagt Rufus: »Sesam.«

In der Geschwindigkeit eines Baummarders klettert Lea die Streben hinauf, schiebt sich über die Kante und lässt sich auf der anderen Seite wieder herunter. Anschließend grinst sie ihren Vater durch die Streben hindurch an. »Ta-taa«, sagt sie und dreht die Handflächen nach oben.

Rufus' sportlicher Ehrgeiz lässt meinen Bruder derweil mit dem iPad verschmelzen: »Öffne.«

»Der Fehler hätte längst behoben sein sollen«, sagt Phil. »Aber der Programmier-Jens von dieser dämlichen App-Entwicklerfirma kennt sich in seinem eigenen Programm nicht aus.« Er umfasst die Streben und macht das, was Lea gemacht hat. Allerdings sieht es bei ihm weniger nach Marder, sondern eher nach Siebenschläfer aus. »Ging auch mal einfacher«, schnauft er.

Ist nur so ein Gefühl, aber ich glaube, Rufus lässt seine Kralle extra so lange über dem Display schweben, bis Phil sich mühsam auf die Oberkante gehievt hat, ein Bein auf der einen, eins auf der anderen Seite. Dann erst tippt er auf den Button und sagt: »Dich.«

Mit einem dunklen Brummen schwingt das Tor auf, Phil klammert sich an die Streben, und Lea quiekt vor Vergnügen über ihren hilflosen Vater.

7

Bis wir an dem albernen Wasserspielplatz vorbeigetrabt sind, der mal unser Gehege war, und uns vor Kongs Stahlzaun aufreihen, bin ich von den Hinterklauen bis zu den Ohrspitzen von Wehmut erfüllt. Es gibt kein Zurück, denke ich. Nie. Was vergangen ist, ist vergangen.

Da steht eine helle Holzkiste in Kongs Gehege herum. Also »Kiste« ist ganz klar untertrieben, aber ich weiß nicht, wie ich das Ding sonst nennen soll. Container? Jedenfalls wäre sie groß genug, um unseren kompletten Clan zu verschiffen. An der Seite ist ein fetter Aufkleber angebracht mit einem Scancode und einem Schriftzug. Sie ist aus frischem Holz. Kiefer. Seit wir im Wald leben, kann ich das: Hölzer am Geruch unterscheiden.

Jedenfalls hebt sie sich von der Dunkelheit ab und sieht aus, als würde sie schweben, unheimlich irgendwie. Alles drum herum ist kurz vor schwarz. Das Rascheln des Schilfs vom Nachbargehege weht herüber. Am Bahnhof Zoo fährt ein Nachtzug durch.

Ich versuche, etwas zu erkennen. »Wo ist er denn?«

»Vermutlich im Haus«, sagt Rufus.

Lea wendet sich an ihren Vater. »Ist er schon weg?«

»Glaube ich nicht.« Phil legt ihr eine Hand auf die Schulter. »Sonst würde ja nicht die Transportkiste noch im Gehege stehen.«

»Kong?«, rufe ich. »Kong, bist du da irgendwo?«

Ein Schaben ist zu hören, dann, wie bei einer Zugbrücke, öffnet sich eine Seite der Transportkiste. Ich sehe Kongs Pranke, die die Kante umfasst, dann schiebt sich der Pate des Zoos langsam ins Freie, stützt seinen massigen Oberkörper auf die Fäuste, und ich denke nur: Abschied nehmen ist voll Kacke.

»Was für eine angenehme Überraschung«, knarzt Kong, »in Zeiten wie diesen.«

Ich kann nicht anders, schlüpfe zwischen den Streben durch und laufe ihm direkt in die Pranke, die mir so oft das Rückgrat gestaucht hat.

Kong wickelt mich in seine Finger ein und hebt mich hoch. Riesige schwarze Augen blicken mich aus einem schwarzen Fellberg an. »Da wird mir doch ein kleines Erdmännchen nicht auf den letzten Metern noch sentimental werden?«

»Schon passiert«, schluchze ich und werfe mich ihm an den Hals, was wahrscheinlich so aussieht, als würde ihm eine Klette im Fell kleben.

»Weißt du«, sagt er, und ich spüre die Vibration seiner Stimmbänder durch sein Fell hindurch, »manchmal ist es ganz gut, wenn das Leben einem einen Schubs gibt. Sonst wird man träge auf Dauer, auch im Kopf. Im Grunde hätte ich längst eine neue Herausforderung gebraucht.«

Witzbold, denke ich. Als wäre es *deine* Entscheidung gewesen, nach Australien zu gehen.

Kong kratzt sich am Kinn. »Ich hab mir sagen lassen, dass man von meinem künftigen Gehege aus einen schönen Blick auf die Skyline haben soll. Sogar die Oper soll man sehen können. Wärmer ist es auch, erheblich. Und ich bekomme ein größeres Gehege.«

»Und was machst du jetzt schon in der Kiste?«

»Probeliegen. Hatte es schon bequemer, muss ich sagen. Aber für den Transport werden sie mich sowieso mit Beruhigungsmitteln vollpumpen. Wird vermutlich das Schönste an der Überfahrt – die Beruhigungsmittel.«

Er will mich aus seinem Fell pflücken, aber ich kralle mich fest, also lässt er mich, wo ich bin, und geht langsam zu den anderen hinüber. Ist sicher alles richtig, was er sagt, aber gehen lassen will ich ihn trotzdem nicht.

»Wie nett von euch, mir ein letztes Mal Adieu zu sagen«, höre ich Kongs Stimme, während ich hemmungslos in sein Fell sabbere. Er beugt sich zu Lea hinab. »Wen haben wir denn da? Groß bist du geworden. Und bildhübsch obendrein.«

Phil und Lea können Kong nicht verstehen, aber die Verständigung zwischen Lea und ihrem Retter von einst hat schon immer ohne Worte funktioniert.

Ach ja: Wir mussten sie mal bei Kong verstecken, weil ein paar üble Typen hinter ihr her waren. Wie sich zeigte, konnte nicht einmal er sie beschützen. Hat Kong damals ziemlich persönlich genommen. Für Lea ging am Ende alles gut aus, für die Typen eher nicht so.

Kong und Lea sehen einander an – wie gesagt, Worte sind bei denen voll nicht nötig –, dann fragt Kong: »Willst du wirklich?«

Lea nickt.

»Also schön, ein letztes Mal.«

Kong zupft mich aus seinem Fell und setzt mich neben Rufus ab, der vor Rührung ganz steif dasteht. Anschließend schwingt der Gorilla seinen riesigen Körper mühelos die Streben hinauf, überwindet den Zaun und klettert auf der anderen Seite wieder hinunter. Auf halber Höhe hält er inne, umfasst mit einem Fuß und einer Hand die Strebe und streckt einen Arm nach Lea aus.

Die greift nach seiner Hand, im nächsten Moment lösen sich ihre Füße vom Boden, sie schwebt hinauf zu ihm, Kong setzt sie auf seinen Rücken und klettert ins Gehege zurück.

Wir fragen uns noch, was das zu bedeuten hat, als der Gorilla sie absetzt und sie sagt: »Augen zuhalten. Und nicht schummeln.«

Gehorsam wendet Kong seinem Gehege den Rücken zu, hält sich die Pranken vor die Augen und beginnt zu zählen: »Eins. Zwei. Drei ...«

Oh, mein Gott. Das mitzuerleben ist derart herzergreifend, dass ich etwas mache, was ich schon ewig nicht mehr gemacht habe: mir auf die Hinterbeine pinkeln. Es ist nämlich so, dass die beiden, als wir Lea bei Kong in Obhut geben mussten, immer Verstecken gespielt haben. So wie jetzt.

»Sieben. Acht ...«

Lea ist längst in der Transportkiste verschwunden.

»Neun. Zehn!« Kong wendet sich um. »Na, dann wollen wir dich mal suchen, du kleiner Strolch!«

Natürlich weiß er längst, wo Lea sich versteckt hält, und sie weiß, dass er es weiß. Worauf es ankommt, ist, dass beide so tun, als wüssten sie es nicht.

»Hab dich«, ruft Kong, als er einen Stein von der Größe eines Kleinwagens in die Höhe stemmt. »Na so was! Ich hätte schwören können ...« Er lässt den Stein fallen, geht zur Rückseite des Geheges, wird eins mit der Dunkelheit. Nur seine dröhnende Stimme ist zu hören. »Ich weiß schon, wo du steckst, nämlich ... Nein, hier auch nicht ... Na schön, du verschlagenes Ding, dann wollen wir mal ... Jetzt! ... Kann doch wohl nicht sein. Hat die sich unsichtbar gemacht?«

Längst hat Lea so laut angefangen zu giggeln, dass Kong es unmöglich überhören kann. Er taucht aus der Dunkelheit auf, bleibt direkt vor der Kiste stehen, sieht aber nicht hinein.

»Ich hör doch was!« Er legt eine Hand ans Ohr. »Die muss hier irgendwo sein. Ah, jetzt weiß ich ...«

Er klettert auf die Kiste, während Lea die Luft anhält. Oben angekommen, schlägt er auf den Deckel ein und brüllt: »Das gibt's doch gar nicht! Wie kann mich dieses Biest so an der Nase herumführen!«

Aus der Kiste dringt ein spitzer Schrei.

Sofort erstarrt Kong. »Da war's doch schon wieder.« Vorsichtig drückt er sein Ohr auf den Deckel. »Hm.« Er klopft das Holz ab. »Mäuschen, piep einmal!«

»Piep« kommt es aus der Kiste.

Langsam steigt Kong herunter, klopft die Rückseite ab, legt sein Ohr an das Holz.

»Mäuschen, piep einmal!«

»Piep.«

»Wo kann denn nur ...« Er schleicht um die Kiste herum, klopft von allen Seiten. »Mäuschen, piep einmal!«

»Piep.«

»Lauter!«

»Piep!«

Endlich schiebt sich Kongs Pranke vor die Öffnung. Einen Augenblick später springt er mit einem Riesensatz auf die heruntergelassene Seitenwand und brüllt: »Hab dich!«

Lea wirft sich in seine Arme und macht dasselbe wie ich eben: sabbert ihm das Fell voll. »Ich hab dich sooo lieb!«

Kong streicht ihr vorsichtig über den Rücken. »Ja, so ist das. Nur wer geliebt hat, darf trauern. Ist ein Privileg.«

Ich sage: »Da wird doch ein großer Gorilla nicht auf den letzten Metern noch sentimental werden?«

Lea an sich gedrückt, kommt Kong zum Zaun, schwingt sich hinauf, setzt Lea ab und schwingt sich zurück.

Anschließend stehen wir da, Kong auf der einen Seite, wir auf der anderen. Und alle haben einen Kloß im Hals.

Er beugt sich herab, schiebt seine Pranke durch die Streben und streicht Lea über die Wange. »Mach's gut, mein Sonnenschein. Hab ein schönes Leben.« Als Nächstes schiebt er Phil seine Pranke hin. Der ergreift sie.

An Rufus und mich gewandt, orgelt der Gorilla: »Ihr könnt eurem menschlichen Kumpel sagen, dass von allen Exemplaren seiner Gattung er mir immer der Liebste war.«

Dann ist mein Bruder an der Reihe. »One of a kind«, sinniert Kong und zupft an Rufus' Klettgurt. »Kein leichtes Leben. Aber tröste dich: Die Genies hatten es noch nie leicht. Kannst nichts tun – außer es anzunehmen.«

Schließlich steht er über mir, und es wird noch dunkler, als es ohnehin ist. Einen Moment lang schwebt Kongs Pranke über mir, dann tätschelt er mir in gewohnter Manier den Kopf. Mit »gewohnter Manier« meine ich, dass es wieder Tage dauern wird, ehe sich das eingerenkt hat. »Damit du mich nicht so schnell vergisst«, sagt er.

»Werde ich nicht«, bringe ich hervor.

Er stemmt die Fäuste in den Boden, schnauft. »Hat Spaß gemacht mit dir.«

»Gleichfalls.«

»Also dann …« Schwerfällig richtet er sich auf. »Soll ja

nicht zu einer Zeremonie ausarten.« Die Schultern gebeugt, wendet er sich ab.

»Ach, Kong!«, rufe ich.

Ein letztes Mal dreht er sich um. Ich greife Rufus ins Kreuz, ziehe das As aus Phils Pokerdeck aus dem Klettgurt und bringe es ihm.

Kong dreht die Karte zwischen den Fingern. »Verstehe. Eine Schützerkarte.«

»Ist zwar nicht von einem Lama gesegnet, wie die, die du mir damals gegeben hast. Aber Phil meint, ein Kreuz As im Ärmel zu haben, kann nie schaden.«

»Recht hat er. Danke.« Kong hebt die Hand zum Abschied. »Macht's gut. Oder wie man in Sydney zu sagen pflegt: See you.«

Er lässt mich auf dem Rasen stehen, schlurft zur Kiste hinüber, kommt mir plötzlich sehr alt vor, wie er da die Klappe hochgeht und in der Kiste verschwindet. Dann, sehr langsam, schließt sich die Seitenwand.

8

Drei Tage später – ich komme gerade von meinem morgendlichen Rundgang zurück – sitzt Rufus schon wieder in aller Frühe auf dem Gefechtsturm. Ich erkenne ihn easy vom Waldrand aus, weil er von seinem iPhone angestrahlt wird, das weit und breit die einzige Lichtquelle ist. Ganz schön verschwenderisch, denke ich, wie der mit seiner schmal bemessenen Akkuzeit umgeht.

Er fuchtelt vor seinem Handy herum, und ich überlege schon, ob er, um sein inneres Gleichgewicht zu finden, einen Thai-Chi-Kurs belegt hat, als mir klar wird, dass er gerade mit Lea telefoniert.

Bis ich mich auf den Panzer gehangelt und zu Rufus gesellt habe, bin ich nicht nur außer Puste, sondern Lea muss in die Schule. Rufus und ich winken also wie blöde in die Kamera, als Phil ins Zimmer kommt, ihr über die Schulter guckt und sagt: »Oh, sind das Ray und Rufus?«

Lea zwinkert in die Kamera. »Nö. Heinz und Erwin.«

»Darf ich mal?«, fragt Phil.

Lea reicht ihm das Handy.

»Hallo Jungs, wie geht's euch da draußen im Wald?«

»Ganz okay so weit«, sage ich.

»Schön.« Phil blickt ins Nichts. »Das ist doch schön.«

Nanu, denke ich, mit dem stimmt doch was nicht.

»Also, bis auf den Meteoriten, der gestern eingeschlagen ist«, sage ich, »und der den halben Wald abgefackelt hat.«

»Schön«, sagt Phil. »Schön.«

»Phil?«

»Das ist doch schön.«

»Phil!!«

Er stellt mich scharf.

»Hm?«

»Ist was nicht in Ordnung?«

»Nein, wieso?«

»Weil ich dir gerade gesagt habe, dass ein Meteorit unseren halben Wald vernichtet hat.«

»Schön.«

»Nein, nicht schön.«

Inzwischen trottet Phil über den Flur, als würde er die Treppe ins Erdgeschoss nicht finden. »Nein«, sagt er gedankenverloren. »Nicht schön.«

Rufus und ich sehen einander an.

»Midlife-Crisis?«, schlage ich vor.

Mein Bruder zuckt mit den Schultern, was bei ihm immer etwas kümmerlich aussieht, denn er hat keine. »Sieht mir eher nach spontanem Alzheimer aus.«

»Phil!«, rufe ich ins Handy.

Er befindet sich etwa auf der Mitte der Treppe, als er stehen bleibt. »Oh, hi, Ray.«

»Was ist los?«

Er setzt sich auf die Stufen. »Wie geht's euch da draußen?«

»Diesen Teil des Gesprächs hatten wir schon«, wirft Rufus ein. »Kannst du mir den Namen deiner Frau und deiner Tochter nennen?«

Phil stiert ins Handy. »Hast du getrunken, Rufus?«

»Richtig, ich bin Rufus«, sagt Rufus. »Sehr gut. Und weißt du auch, wer hier neben mir sitzt?«

Phil fixiert mich. »Ray, kann es sein, dass dein Bruder irgendwelche Selbstversuche mit unbekannten Baumwurzeln gemacht hat?«

Bevor ich antworten kann, ruft Rufus: »Ganz genau, das hier neben mir ist Ray, prima! Und jetzt sag mir: Welche Automarke fährst du?«

»Skoda Fabia.«

»Leider wahr.« Rufus sieht mich an. »Ich glaube, Alzheimer können wir ausschließen.«

»Phil«, sage ich, »ist irgendwas nicht in Ordnung bei euch?«

»Ist eigentlich nichts …«

Wir warten.

Dann sagt Phil: »… außer …«

»Mach's nicht wie Rufus und lass dir jedes Wort aus der Nase ziehen«, mahne ich. »Sonst stech ich dir mit meiner Zeigekralle ein Ohrloch, wenn wir uns das nächste Mal sehen. Kann Rufus ein Liedchen von trällern.«

»Allerdings«, bestätigt mein Bruder.

Zum Beweis zieht er sich ein Ohr lang und bringt es direkt vor die Kamera. Tatsächlich erkennt man mehr kleine Löcher, als ich zählen kann, also mal mindestens sechs oder so. Ich denke daran, was Kong zum Abschied gesagt hat – dass Genies es noch nie leicht hatten –, und bekomme ein schlechtes Gewissen. Ich sollte wirklich damit aufhören, Rufus dafür zu bestrafen, dass er schlauer ist als – äh – der Rest der Welt.

»Da pfeift der Wind durch wie durchs Unterholz«, erklärt Rufus.

Phil blickt in die Kamera. »Erinnert ihr euch noch an Wandlitz?«

»Den dicken Ernie?«, frage ich. »Klar erinnere ich mich an den.« Wie sollte ich einen Meeressäuger auf Beinen vergessen.

»Kriminalkommissar«, sagt Phil.

»Wissen wir«, sagt Rufus.

»Korrekter Typ«, fährt Phil fort. »Wir kennen uns schon seit einer halben Ewigkeit.«

»Wissen wir ebenfalls.«

»Hm. Was ihr vermutlich nicht wisst, ist, dass er verschwunden ist.«

Unmöglich, überlege ich. Jemand, der so dick ist, kann nicht einfach verschwinden. Das wäre, als würde über Nacht der Teufelsberg verschwinden.

»Ernies Tochter hat mich angerufen. Hat mir erzählt, dass Ernie auf eine Kreuzfahrt gegangen ist. Gestern hat man sie informiert, weil ihr Vater sie als Kontaktadresse angegeben hatte. Seit zwei Tagen hat ihn an Bord niemand mehr gesehen.«

»Vielleicht ist er zurück ins Meer«, sage ich.

Phil blickt mich vorwurfsvoll an. »Seine Tochter glaubt, Ernie sei an was dran gewesen. Dass er deshalb diese Kreuzfahrt gemacht hat. Was mir einleuchtet. Ernie sitzt am liebsten irgendwo auf einem Steg und hält seine Angel ins Wasser. Kreuzfahrtschiffe sind für den, was für andere die Vorhölle ist.«

»Wie meinst du das«, frage ich, »dass er *an was dran* war?«

»Vergiss es, Ray. Das ist kein neuer Fall. Ich dachte nur …«

»Du dachtest nur was?«

»Ernies Tochter klang ziemlich kryptisch. Wandlitz hat

nur ein paar Andeutungen gemacht. Offenbar ging es um Dinge, die verschwinden. Oder Leute, die Dinge verschwinden lassen. Scheint irgendetwas mit Frauen zu tun zu haben. Ernies Tochter meint, sich an die Namen Katharina und Anastasia zu erinnern. Hast du da zufällig einen Eintrag zu, Rufus?«

Rufus strafft sich. »Oh, zu Katharina habe ich eine Menge Einträge, angefangen bei Katharina von Alexandrien, die ja, wie ihr sicherlich wisst, zu den vier großen, heiligen Jungfrauen gezählt wird. Dann natürlich die Zarin, Katharina II. Und wie die Bezeichnung verdeutlicht, gab es da vorher bereits eine Katharina I., verehelicht mit – kurz nachdenken – Peter dem Großen, wenn ich mich recht erinnere.« Rufus beginnt, seine Krallen zu zählen. »Ui, und natürlich Katharina von Aragon, Königin von England. Und nicht zu vergessen: Katharina von Kastilien, Königin von Portugal. Außerdem …«

»Rufus«, unterbricht ihn Phil.

»Ich war noch nicht fertig. Also …«

»Stop, Rufus. Überspring mal das Mittelalter und die Neuzeit und überleg mal, was dir zu heute einfällt.«

»Puh, wie glanzlos. Aber bitte: Es gibt eine Reihe von Schriftstellerinnen – weiß auch nicht, warum die alle Katharina heißen müssen. Außerdem Schauspielerinnen, die Thalbach natürlich, und im Sport ist ebenso was zu finden …«

Phil runzelt die Stirn. »Und in Kombination mit Anastasia?«

»Um ehrlich zu sein: Die Übereinstimmung, die mir als Erstes in den Sinn kommt, ist in der Tat die mit Katharina von Alexandrien. Anastasia ist nämlich ebenfalls eine bekannte Märtyrerin. Was lebende Personen betrifft …« Rufus' Schultern zieht es nach unten. »Da reicht die Akkuzeit nicht, fürchte ich. Jede Menge Tennisspielerinnen, Eiskunstläuferinnen und Bodenturnerinnen. Musikerinnen gibt es auch. DIE Anastasia kennt ihr ja.« Er beginnt, mit der Hüfte zu kreisen, und summt dazu: *»All my life I've been waiting / for you to bring a fairytale my way …«*

»Lass gut sein, Rufus«, sagt Phil. »Ich glaube, ich muss das erst einmal sacken lassen. Aber danke. Wenn euch noch etwas einfällt …«

»Mir fällt was ein«, sage ich und bin genauso überrascht wie Rufus und Phil.

Rufus sieht mich an, als wäre ein Hologramm neben ihm aufgepoppt. »*Dir* fällt etwas zu Katharina ein?«

»Nein, zu Anastasia.«

»Dann spann uns nicht länger auf die Folter.«

Ich versuche, meine Erinnerung zu schärfen. »Es kommt mir vor, als hätte ich den Namen neulich irgendwo gesehen.«

»Dir ist bewusst, dass du nicht lesen kannst?«, fragt Rufus.

»Das A kann ich.«

»Was ja schon neulich nicht hilfreich war.«

»Wie viele A sind in Anastasia?«, frage ich.

Rufus zählt es mir vor: »A-nA-stA-siA.« Er streckt mir eine Klaue hin und spreizt die Krallen. »Vier, Ray. Vier! Die Zahl zwischen drei und fünf.«

Weiß ich, bin schließlich nicht bescheuert. Bis sechs kann ich locker zählen. Manchmal sogar bis, äh, nee, bei sechs ist meistens Schicht. »Genau«, sage ich, »vier. Die hab ich neulich irgendwo gesehen.«

»Du hast neulich vier A gesehen?«

»Ich weiß, das kommt jetzt wenig zwingend rüber, aber so viele Wörter mit vier A gibt's ja nicht, oder?«

»Nichts für ungut, Ray, aber Akkuzeit ist quality time.«

Phil schaltet sich ein. »Ich muss sowieso los – Lea zur Schule bringen. Wie gesagt: Wenn euch noch etwas einfällt …«

9

Wir haben Glück, Rufus insbesondere. Die Sonne ist herausgekommen. Und das bedeutet: Nachdem wir heute früh mit Phil dreizehn Prozent von Rufus' Akku verplappert haben, schiebt sich die Ladeanzeige seines Handys laaangsam wieder nach oben. Dem Herren sei Dank.

Auf die allgemeine Gemütslage im Wald wirken sich die Sonnenstrahlen übrigens genauso aus wie auf Rufus' Handy: Der Stimmungsbalken schiebt sich nach oben. Ich treffe den alten Miesepeter Spanner dabei an, wie er Erna, der Waldspitzmaus, hilft, die Vorratskammer in ihrem Bau auszupolstern, damit die Nüsse über die kalten Monate keine Feuchtigkeit ziehen. Dann, auf dem Weg zu den Spaßbädern, höre ich plötzlich eine Stimme über mir. »Ich grüße Sie!«

Siehe da: Stefan Albert von der Wiese. Sitzt auf dem Ast einer Wildkirsche, und zwar so weit oben, dass er wahrscheinlich selbst keine Ahnung hat, wie er da raufgekommen ist. Der Typ ist ein Iltis. Das letzte Mal habe ich ihn auf einen Baum klettern sehen, als die sibirischen Braunbären in unseren Wald eingefallen sind.

»Was machen *Sie* denn da oben?« Wie er da raufgekommen ist, frage ich lieber nicht, sonst fällt ihm noch ein, dass er nicht weiß, wie er wieder runterkommen soll.

»Sonne tanken.« Er breitet gefährlich die Vorderbeine aus. »Carpe diem!«

»Ihnen auch«, rufe ich, schüttle innerlich den Kopf und trabe weiter.

Auch bei den Spaßbädern scheint sich etwas zu tun, allerdings bin ich nicht sicher, ob ich wirklich wissen will, was. Und die Stimmung hebt es auch nicht. Je näher ich dem Wasserfall komme, desto stärker wird der Geruch. Verschlägt einem glatt den Atem. Fäulnis, Schimmel und … ah, logisch: abgestandener Waschbärfurz.

Als ich aus dem Wald und auf die Liegewiese trete, reibe ich mir kurz die Augen. Bernie, Eddie und Freddy haben ihr Versprechen wahr gemacht und den Darkroom im *Acapulco* ausgemistet. Oder sind noch dabei. Weiß keiner so genau, wo der Darkroom anfängt und wo er aufhört.

Das *Acapulco* – für die, die es noch nicht wissen – ist ein verzweigtes Höhlensystem, das hinter dem Wasserfall in den Hügel führt. Bevor unser Clan hier aufschlug, haben es die Waschbären als Abhänge-Spot genutzt. Dann kam ich und hatte die Idee vom ACAPULCO. Hier sind schon epische Partys abgegangen. Ich sag nur: Sex, Drugs, Rock'n'Roll. Mehr sag ich nicht, als Clubbetreiber ist Diskretion schließlich oberstes Gebot. Nur so viel: Wer mal twerkende Dachsladys in action sehen will oder nicht glaubt, dass Iltisse auf zwei Beinen Moonwalk machen können, der darf sich auf einer unserer Partys gerne eines Besseren belehren lassen.

Das Ausmisten der Darkrooms geht folgendermaßen vonstatten: Bernie, Eddie und Freddie sitzen auf den Steinen am Spaßbecken, warten darauf, dass Abigail, Alina und Olivia etwas durch den Wasserfall werfen, und springen dann ins Becken, um den Müll zu bergen. Was für den Winter gebraucht wird – also vor allem die Sitzpolster und Decken aus dem Schrottauto –, wird in der Sonne zum Lüften ausgebreitet. Der Rest kommt in zwei bereits überquellende Weinkisten und soll später bei Bauer Fröhlich abgeladen werden. Von dem stammen die Kisten schließlich.

»Eddie, Freddy, Bernie!«, rufe ich.

»Ray!«

Sofort kommen meine Freunde angewackelt, und dann hauen wir uns alle gegenseitig volle Lotte die Vorderpfoten auf die Nasen. Machen Waschbären so. Ist zwar schmerzhaft, aber das gilt ja generell für Freundschaften: den Schmerz musst du aushalten. Shabby, der vierte in der Gruppe, ist nicht dabei. Den hat schon seit Wochen keiner mehr gesehen.

»Willste mitmachen?« Bernie deutet zum Becken. »Macht voll Laune.«

Vorsichtig tauche ich eine Hinterklaue ins Wasser. »Das ist arschkalt, Freunde!«

»Geil, oder?«

»Macht voll wach so«, ergänzt Eddie.

»Euch vielleicht«, sage ich. »Ich geh da drin unter wie ein Stein. Und im Frühjahr zieht mich dann einer von euch an den Hinterbeinen raus.«

Von hinter dem Wasserfall dringt Abigails Stimme zu uns: »Achtung, hier kommt die nächste Ladung!«

Nacheinander fliegen durch den Wasserfall: ein schimmliger Fahrradsattel, Teile einer Luftpumpe, ein Schlüsselbund, ein zerbrochener Verbandskasten, ein Straßenschild und etwas, das wie die Blende einer Ampel aussieht.

»Eins«, sagt Freddie.

Bernie: »Zwei.«

Eddie: »Drei!«

Sie nehmen Anlauf, machen gemeinsam Arschbombe ins

Becken, fischen die Sachen aus dem Wasser und, kaum dass sie wieder an Land sind, dödeln damit herum. Freddie hängt sich den Schlüsselbund um den Hals, setzt sich die Ampelblende als Oversize-Mütze auf und fängt an zu rappen:

»Wir sind Freddie, Bernie, Eddie / Und wir sagen dir / Verlieb dich nie, nie, nie / Nie, nie, nie / In das Mädchen / Hinter der Theke ...«

Bernie tut derweil so, als würde er auf der Luftpumpe Querflöte spielen.

Plötzlich ruft Olivia hinter dem Wasserfall: »Überraschung! Schaut mal, was wir gefunden haben!!«

Wir hören Abigail und Olivia gemeinsam bis drei zählen, und dann ... fliegt ein Waschbär durch den Wasserfall!

»Shabby!«

Sofort gibt's die nächste Mannschaftsarschbombe, und Bernie, Freddie und Eddie ziehen ihren lang vermissten Freund aus dem Wasser.

»Du stinkst echt krass, Alter!«, ruft Eddie, als wäre es eine Auszeichnung.

Bernie drückt seinem Kumpel die Nase in die Achsel und simuliert einen Ohnmachtsanfall. »Whallah Kriese!«

Freddie: »Was meint ihr – sollen wir ihn waschen?«

Eddie, Bernie und ich rufen: »Wa-schen, wa-schen, waschen!«

Shabby, der noch mit dem Tageslicht zu kämpfen hat, sagt: »Echt? Waschen? Ist denn schon Frühling?«

Aber da haben ihn seine drei Artgenossen schon ins Becken geschubst, tauchen ihn unter und schrubben ihm das Fell.

»Alter, du hast voll die Asselkolonie am Arsch!«, ruft Bernie.

»Ach, lass die doch«, meint Shabby nur. »Die tun keinem was.«

Während Freddie, Bernie und Eddie sich noch an den Dingen erfreuen, die sich in Shabbys Fell finden, mach ich ein bisschen Ordnung und verteile schon mal den Müll auf die Kisten. Das Straßenschild sehe ich mir genauer an. In dem Namen ist ein A. Und ein T, glaube ich. Das ist das mit dem Strich drüber.

Wäre schon cool, wenn ich auch lesen könnte. Ganz unrecht hat mein kleiner Bruder da nicht. Aber mir nur das A einzuprägen, war schon krass anstrengend, und dann gibt es das ja auch noch in Groß und Klein. Rufus kapiert einfach nicht, dass gewönlichen Erdmännchen – anders als ihm – Grenzen gesetzt sind. Aber, wie Kong bereits festgestellt hat: Genies hatten es eben noch nie leicht.

Ich werfe das Straßenschild zu den anderen Sachen, als mein Blick an der Weinkiste hängen bleibt. Auf dem Holz sind ebenfalls Buchstaben aufgedruckt. Dunkle Buchstaben auf hellem Holz. Vermutlich steht da, wo der Wein herkommt oder so. Ich versuch's, echt, aber mehr als die beiden A krieg ich einfach nicht zus …

Fuck!

Gibt's doch nicht, denke ich. Und als Nächstes: Ray, manchmal bist du so dämlich wie ein Flamingo.

Ich höre Bernie rufen: »Hey, Ray, willste eine Assel aus Shabbys Fell probieren? Schmecken gar nicht mal so ungeil!«

Doch da bin ich schon im Sauseschritt im Wald verschwunden.

10

Einen Heureka-Moment also«, sagt Rufus.

»What?«

»Du hattest einen Heureka-Moment. Das Wort stammt aus dem Altgriechischen und bedeutet so viel wie: ›Ich habe es gefunden!‹ Der Ausspruch geht auf Archimedes zurück, der Plutarch zufolge unbekleidet durch die Stadt gelaufen sein und ›Heureka‹ gerufen haben soll, nachdem er in der Badewanne das später nach ihm benannte Archimedische Prinzip entdeckt ha …«

»Rufus!«

»Bitte?«

»Gleich ist das nächste Ohrloch fällig, schwöre!« Dann fällt mir plötzlich noch etwas ein. »Dieser Hauruck-Typ …«

»… Heureka-Typ, meinst du.«

»Ist doch Rille. Ist dieser Hauruck-Fritze …«

»… Heureka-Fritze.«

»… ist das der, nach dem du deinen Sohn benannt hast?«

»Meinen und Roxanes Sohn. Was niemand weiß außer …«

»Was alle wissen – außer Rocky.«

Rufus kreuzt beleidigt die Vorderbeine vor der Brust. »Die Antwort ist jedenfalls: ja.«

»Ein Typ, der nackt durch die Stadt läuft und …«

»Heureka.«

»… Heureka ruft, nachdem er in die Badewanne gestiegen ist?«

»In der Tat. Und nein, ich erwarte nicht, dass du das verstehst.«

Wir sitzen im Gefechtsturm des T-72, während wir diese Unterhaltung führen. Den haben Rufus und ich zu unserem Headquarter erklärt. Das Krasseste ist, dass mein Bruder, während er mir seine Lektion in Altgriechisch erteilt, gleichzeitig auf dem Display seines Handys herumwischt.

»Was ist denn jetzt?«, frage ich.

Er hebt eine Klaue, ohne den Blick vom Display zu lösen, scrollt, macht es echt spannend und sagt: »Tatsächlich.«

Zur Erklärung: Ich habe Rufus gerade eröffnet, dass mir wieder eingefallen ist, wo ich die vier A aus »Anastasia« schon einmal gesehen habe. Auf der Transportkiste von Kong nämlich. Ist mir eingefallen, als ich die Schrift auf der Weinkiste inspiziert habe. Heureka.

Rufus lehnt sich in den speckigen Kommandantensitz. »Das Schiff, auf dem Kong vor vier Tagen den Hafen von Hamburg verlassen hat, ist in der Tat die *Anastasia*. Fährt unter Billigflagge, eingetragen auf eine Briefkastenfirma in Mauritius.« Mein Bruder gibt sich großzügige drei oder vier Sekunden zum Nachdenken, dann beugt er sich wieder nach vorne und tippt und scrollt weiter.

Meine kleinen Erdmännchen-Gehirnwindungen glühen derweil wie Heizdrähte. Irgendetwas mit Frauen, hatte Wandlitz' Tochter gesagt. Anastasia und …

»Rufus?«

Wieder sieht er nicht auf. »Hm?«

»Kannst du mal nachsehen, ob es auch ein Schiff gibt, das *Kath…*«

»Oha!« Er weicht vom Display zurück, als fürchtete er, sein Handy könnte ihn einsaugen. Schließlich sieht er mich doch noch an. Hat immer etwas Beruhigendes, wenn Rufus erkennen lässt, dass er sich der Tatsache bewusst ist, dass außerhalb von ihm auch noch eine Welt existiert. »Ich fürchte, da braucht es keinen Verschwörungstheoretiker, um das sonderbar zu finden.«

Ich tue ihm den Gefallen und frage nach: »Um was sonderbar zu finden?«

»Es verhält sich folgendermaßen.« Rufus legt die Spitzen seiner Krallen aneinander. »Es gibt in der Tat ein Schiff namens *Katharina*. Das schreibt sich übrigens mit drei A. Ebenfalls auf eine Briefkastenfirma in Mauritius eingetragen. Vielmehr gab es dieses Schiff. Vor ziemlich genau vier Monaten ist es unter ungeklärten Umständen im Indischen Ozean gesunken. Es wurden Untersuchungen eingeleitet wegen des Verdachts auf Versicherungsbetrug, aber da das Schiff ausgerechnet über dem Sundagraben gesunken ist – ein Schelm, wer Böses dabei denkt –, liegt das Wrack jetzt in siebentausend Meter Tiefe.«

Kaum hat Rufus das gesagt, schnellt sein Oberkörper wieder nach vorne. Seine Krallen bearbeiten das Display in einer Geschwindigkeit, dass mir allein vom Zusehen schwindelig wird. Wieder denke ich an das Gespräch mit Phil. Es gehe um Dinge, die verschwinden. Oder um Leute, die Dinge verschwinden lassen. So wie die *Katharina*. Was, wenn das Schiff, auf dem Kong …

»Nicht gut«, höre ich Rufus sagen, »gar nicht gut.«

Diesmal schnappe ich mir sein Ohr und ziehe so lange daran, bis er mich ansehen muss. »WAS ist nicht gut?«

»Loslassen«, presst er hervor, »mein Ohr, sofort.«

Ich lasse es los.

Mein Bruder stößt den berühmten Rufus-Seufzer aus, der zum Ausdruck bringt, dass niemand außer ihm ermessen kann, wie schwer es Genies wirklich haben. »Diese Defatigation.«

Er legt eine Klaue an die Stirn, als probte er fürs Schultheater. Natürlich weiß er, dass ich keine Ahnung habe, was »Defatigation« bedeutet. Ich frage trotzdem nicht nach.

Irgendwann sinkt seine Hand nach unten, und er sagt: »Also bitte: Laut der Zollpapiere der *Anastasia* hat das Schiff lauter unglaublich wertvolle Fracht geladen. Kong, der mit 1,2 Millionen Dollar versichert ist, nimmt sich dagegen geradezu bescheiden aus. Um dir einen Geschmack zu geben: Es befindet sich auch ein Oldtimer an Bord. Und jetzt kommt's: Er ist Baujahr 57 und wurde nur ein einziges Mal gefertigt.« Rufus sieht mich erwartungsvoll an.

Ich blicke erwartungsvoll zurück.

»Was schätzt du, wie hoch der versichert ist?«, fragt er.

»Zehnhunderttausendmillionmilliarden.«

»Die Zahl gibt es nicht.«

»Okay, dann fünfzehn.«

»Fünfzehn was?«

»Euro?«

Der arme Rufus reibt sich die Schläfen. »28,4 Millionen. Dollar.«

»Klingt wie ein krasser Haufen«, sage ich.

»Wie auch immer: Die *Anastasia* ist ein abgehalfterter, ausgeflaggter Kahn. Das Schiff an sich hat nur noch Schrottwert. Da reicht ein Strohhalm, um ein Loch in die Bordwand zu bohren. Trotzdem transportiert sie Fracht, die auf insgesamt knapp einhundertsiebzig Millionen Dollar versichert ist. Was ich sagen will, ist: Falls der *Anastasia* das gleiche

Schicksal widerfährt wie vor vier Monaten der *Katharina*, dann …«

»… liegt Kong demnächst in irgendeinem Graben auf dem Meeresgrund«, bringe ich den Satz zu Ende.

Rufus und ich sehen einander an – so lange, wie jemand braucht, um heimlich bis drei zu zählen. Dann sagen wir gleichzeitig: »Wir müssen Phil anrufen!«

11

Wenn ich's nicht besser wüsste«, säuselt eine Stimme, »würde ich sagen: Da hat jemand Angst vor der eigenen Kammer.« Die Stimme kommt von oben, weil Rufus und ich immer noch im T-72 sitzen und auf Phils Rückruf warten.

»Ich sehe, was ich tun kann, und melde mich.« Das war's, was er vorhin geantwortet hat, nachdem wir ihm erklärt haben, was es mit der *Anastasia* und der *Katharina* auf sich hat. Seitdem sitzen wir hier, warten und popeln die letzten Schaumstoffbröckchen aus dem Sitzpolster, während draußen die Nacht hereinbricht.

Als ich zur Luke aufblicke, sehe ich den Umriss eines Erdmännchenkopfes, der sich schwach vom schwarzblauen Abendhimmel abhebt. Mehr erkenne ich nicht. Muss ich aber auch nicht. »Hey, Natalie.«

»Alles klar bei euch da unten?«

»Yep«, sagen Rufus und ich gleichzeitig.

»Da bin ich aber erleichtert. Dachte schon, du hättest dich verlaufen.«

Ich nehme an, das soll eine Anspielung sein. Keiner aus unserem Clan kennt sich im Wald besser aus als ich. Wenn es also jemanden gibt, der sich hier garantiert *nicht* verläuft, bin ich das. Irgendwie, finde ich, sind Natalie und ich zu alt für blöde Witze. Wir sollten uns verhalten wie das, was wir sind: erwachsene Erdmännchen.

»Gibt es etwas, worüber du reden willst?«, frage ich.

Ich weiß nicht, wie erwachsen das ist, so etwas zu fragen. Auf jeden Fall komme ich mir ziemlich erwachsen dabei vor.

»Mal nachdenken«, gurrt Natalie. »Was meinst du, Ray? Gibt es etwas, worüber wir reden sollten?«

Ich blicke Rufus an, der nur weiter Schaumstoffkrümel aus dem Sitzpolster bröckelt. Erwachsen, ermahne ich mich. Sei erwachsen. »Könnte sein«, sage ich.

»Und willst du das jetzt hier besprechen, mit mir hier oben und dir da unten und deinem Bruder als Zeugen? Oder sollen wir das lieber unter vier Augen machen?«

Am liebsten gar nicht, denke ich. Aber ich bin ein erwachsenes Erdmännchen, und das duckt sich nicht weg, nur weil es etwas mit der Partnerin zu klären gibt. Besser gesagt mit der On-and-off-Beziehung. Oder Geliebten. Freundin. Schwester plus. Und schon haben wir das Problem: Einerseits ist es cool und modern, keinen Namen zu haben für das, was Natalie und ich haben. Andererseits ist dann eben auch nicht klar, was wir haben.

»Komme gleich«, sage ich. »Wir treffen uns in meiner Kammer, okay?«

Meiner. Unserer. Whatever.

Al-ter. Im Bau ist voll der erhöhte Aktivitätslevel angesagt. Um es vorsichtig auszudrücken. Ein Gewusel in den Gängen, als müssten wir schon wieder umsiedeln. Außerdem riecht es hormonell komplett übersteuert. Da wabert ein Sexnebel durch die Gänge, dass einem schwindelig davon wird. Offenbar verwandelt sich der gesamte Bau gerade in ein riesiges Harmonienest.

Das Ding ist: Die Sache mit den Mistelzweigen hat sich

herumgesprochen, und jetzt hängen die Dinger an jedem Abzweig und überhaupt an jedem Ort, wo man etwas aufhängen kann. Und die Girls aus dem vierten und dem fünften Wurf lauern kichernd in den Gängen und warten darauf, dass einer ihrer Brüder um die Ecke biegt und es zum Kuss kommt. Besonders gefragt sind Kirk, Konrad, Nick und Nemo.

Natürlich ist auch Archi heiß begehrt, nur hat der Wichtigeres zu tun, als durch die Gänge zu schleichen. Hm. Das »natürlich« in dem Satz fühlt sich immer noch komisch an, wie ich gerade feststelle. Noch im Frühjahr wäre es alles andere als *natürlich* gewesen, dass irgendeins meiner Geschwister auf Archi steil geht. Da nannten ihn alle noch »Arschi«, und keiner außer Rufus wollte etwas mit dem Besserwisser-Nerd zu tun haben. Dann kamen die Flucht, der Wald, und Archi nutzte seine besonderen Fähigkeiten, um bewusstseinserweiternde Substanzen herzustellen und sich gleichzeitig von seinem Vater freizuschwimmen. Bandana statt Klettgurt und so weiter. Und jetzt ist es plötzlich natürlich, dass er gefragt ist. Vom Arsch zum Absahner. So spielt das Leben. Flucht ist für jeden eine schlimme Erfahrung. Was nicht bedeutet, dass nicht trotzdem etwas Gutes daraus werden kann.

Im Moment hat Minka die besten Chancen bei Archi, denn nachdem vor ein paar Wochen bei einigen von uns leichte Vergiftungsanzeichen aufgetreten sind, hat Archi eine Art Krankenzimmer eingerichtet. Offiziell ist Minka seine Assistentin und lässt sich von ihm zur Krankenschwester ausbilden. Was genau das bedeutet, kann sich jeder selbst ausmalen.

Ich bin gerade dabei, mir die Mistelzweige aus dem Gesicht zu fuchteln, die vor dem Gang zur -2 Ebene hängen, als mich aus dem Nichts ein Geschwister anspringt und zärtlich seine Schnauze auf meine drückt.

Ich habe gerade noch Gelegenheit, so etwas wie »Was ist denn jetzt los?« zu denken, da lösen sich die Lippen schon wieder von meinen.

»Ray, bist du das?«

Marcia. Ausgerechnet.

»Ich werde dich nicht heiraten«, erwidere ich, »egal, wie viele von diesen Dingern hier rumhängen.«

»Auf keinen!«, jault Marcia. »Bild dir bloß nichts ein. Ich wollte … Ich dachte, du wärst Mads.«

Mads. Nichts gegen den Spacko aus dem fünften Wurf, aber wenn ich die Wahl hätte zwischen Mads und mir … Egal. Sei erwachsen, Ray.

»Kein Problem«, sage ich, »kommt vor. Beim nächsten Mal hast du sicher mehr Erf …«

Schon wieder. Ihr zartes Schnäuzchen auf meins gedrückt. Hier ist vielleicht was los. Und ich frage mich: Stehe ich ernsthaft gerade am Gang zur -2 Ebene und küsse Marcia?

Irgendwann ist sie fertig und löst sich von mir.

»Für so einen alten Knacker küsst du gar nicht schlecht.«

Die Frage ist: Wie reagiert man als erwachsenes Erdmännchen in so einer Situation? Gibt es da eine Anleitung? Ein YouTube-Tutorial?

»Findest du das nicht ein bisschen, äh, übergriffig«, frage ich. »Mich einfach so zu küssen?«

»Du bist lustig.« Sie tippt mir auf die Nase, wackelt mit schwingendem Hintern an mir vorbei, und ich überlege kurz, ob so die weibliche Selbstermächtigung aussieht, von der neuerdings alle sprechen.

12

Ich bin noch dabei, den »alten Knacker« von Marcia zu verdauen, weshalb ich mir, als ich in meine Kammer komme, als Erstes schon wieder einen Mistelzweig aus dem Ohr ziehen darf. Zum Glück liegt Natalie nicht auch noch auf der Kusslauer, sondern räkelt sich in der mit Pinguin-Mauser ausgepolsterten Ecke.

»Hi«, sagt sie, und so, wie sie das sagt, kann es alles Mögliche bedeuten: »Da bist du ja endlich.« – »Ich will Sex.« – »Lass uns reden.« Womöglich alles drei, geht es mir durch den Kopf.

Ich bleibe auf Abstand und sage: »Weißt du, was mir gerade passiert ist? Ich wollte den Gang zur -2 Ebene runtergehen, als Marcia …«

»… dich geküsst hat«, sagt Natalie. »Nimm es nicht persönlich, Ray. Heute ist jeder irgendwann dran.«

»Ich werde abgeknutscht und soll es nicht persönlich nehmen? Wann ist das passiert, dass ich zum alten Knacker geworden bin?«

»Ich finde, du bist ein ziemlich scharfer alter Knacker. Außerdem kannst du super küssen.«

Ich deute mit der Klaue über die Schulter. »Machst du da etwa auch mit?«

»Würde dich das stören?«

Natalies Antwort erwischt mich echt unvorbereitet. Klar

würde es mich stören, wenn ich wüsste, dass sie mit anderen rumknutscht. Andererseits sollte es mir nichts ausmachen. Ist Eifersucht okay? Oder ist sie kindisch? Will ich wirklich erwachsen sein?

»Ist das jetzt der Moment, an dem wir unsere erste Beziehungsdiskussion haben?«, frage ich.

»Wir haben eine Beziehung?«

»Genau das ist der Punkt. Ich bin total gerne mit dir zusammen. Und bis jetzt war ich immer super cool damit, dass wir keinen Namen haben mussten für das, was wir haben oder auch nicht haben. Aber in letzter Zeit stelle ich fest, dass es mich nervt, nicht zu wissen, ob wir zusammen sind oder nicht. Und deshalb komme ich mir total old school vor. Vielleicht bin ich wirklich ein alter Knacker.«

»Weil du gerne wissen würdest, ob das, was wir haben, eine feste Beziehung ist?«

»Genau. Und dieser Mistelzweig macht mich auch ganz wuschig, und zwar nicht, weil er mir ständig im Fell hängt, sondern weil ich nicht weiß, ob ich dich darunter küssen will oder nicht, weil es doch heißt, dass man dann im nächsten Jahr heiratet, und das würde bedeuten, dass wir gemeinsam einen Clan gründen, und bis jetzt hast du ja immer gesagt, dass du zwar eines Tages Mutter werden und einen eigenen Clan gründen willst – und vielleicht sogar mit mir –, aber dass du im Moment total cool damit bist, wie es ist.«

»Klingt, als wärst *du* nicht mehr cool damit.«

»Das frage ich mich. Hab ich etwa eine Midlife-Crisis? Fühlt sich so eine Midlife-Crisis an!?« Mein Gott, ich klinge total hysterisch.

Natalie kommt aus der Kuschelecke und legt mir die Vorderpfoten auf die Schultern.

Ich überlege, wie dicht wir an dem Mistelzweig dran sind, ob das schon als *unter* dem Mistelzweig zählt oder noch als *daneben*.

»Ich bin auch total gerne mit dir zusammen, Ray. Und wenn dir der Mistelzweig Angst macht, hängen wir ihn einfach ab. Andererseits ist es nur ein Zweig, und dass man ein Paar wird und einen eigenen Clan gründet, wenn man sich darunter küsst, ist nur eine Geschichte.«

»Ein Zweig ist ein Zweig ist ein Zweig«, stottere ich.

»Wie auch immer«, sagt Natalie. »Was ich meine, ist, dass wir uns küssen können, wo und wann wir wollen. Aber ob wir einen eigenen Clan gründen oder nicht, ist ganz allein unsere Entscheidung.«

»So, wie du das sagst, klingt es plötzlich total einleuchtend.«

Ihre Klauen tasten sich auf meinen Rücken vor, was bedeutet, dass unsere Barthaare Kontakt aufnehmen, knister, knister.

»Vielleicht«, flüstert Natalie, »vertrauen wir einfach darauf, dass wir beide das schon merken werden, falls wir einen eigenen Clan gründen wollen. Hat die Natur so eingerichtet. Bis dahin …«

»Großartige Idee.«

»… machen wir einfach …«

»Ja«, sage ich und drücke meine Schnauze auf ihre, was unsere Barthaare Funken sprühen lässt, und während wir uns küssen, ist es mir so was von Rille, ob der Mistelzweig über oder neben uns hängt, weil Natalie natürlich recht hat und ein Mistelzweig am Ende nur ein Mistelzweig ist und uns gar nichts zu sagen hat – wobei, ganz sicher bin ich mir nicht, aber im Moment geht es mir voll an meinem pelzigen

Hinterteil vorbei, von mir aus kann Natalie mir das Ding als Mütze aufsetzen, und gerade in dem Moment, als uns beiden die Knie weich werden und klar ist, dass es uns so was von in die Kuschelecke zieht, raschelt es in den Misteln, und Rufus ruft: »Ray?«

»Du musst nicht so schreien«, sage ich, »ich stehe direkt neben dir.«

»Du musst sofort kommen. Phil ist dran!«

Natalie drückt ihr Schnäuzchen an mein Ohr. »Rettung in letzter Sekunde«, kichert sie. »Habt ihr euch etwa abgesprochen?«

»Sehr witzig. Wenn ich zurück bin, machen wir genau da weiter, wo wir gerade unterbrochen wurden. Und wenn du willst, benutze ich den Mistelzweig als Massagebürste.«

Sie beißt mir zärtlich ins Ohr. »Will da etwa jemand sein Schicksal herausfordern?«

Ich denke daran, wie vertraut wir miteinander sind, was wir schon alles gemeinsam erlebt haben. Wie sehr sie schon Angst um mich hatte und wie mich das größer gemacht hat, als ich eigentlich bin.

»Wenn nicht mit dir«, flüstere ich zurück, »mit wem dann?«

13

Da seid ihr ja«, begrüßt uns Phil, als Rufus und ich unsere Köpfe in den Schein des Displays halten.

Rufus hat das iPhone gegen das Kanonenrohr gelehnt. Mir zuckt das Fell, so kalt ist es auf dem Gefechtsturm, aber ich hab noch den Geruch von Natalie in der Nase, deshalb spüre ich die Kälte eigentlich nicht. Kann man sich fragen, weshalb wir zum Telefonieren extra auf den Panzer klettern. Die Antwort ist einfach: Es ist der einzige Ort mit stabilem Empfang. Der Himmel ist sternenklar, und das Metall des Panzers hat diesen Glanz, der mir sagt, dass es heute Nacht unter Garantie friert.

Phil sitzt derweil auf der Couch im Wohnzimmer und hat die Füße hochgelegt. Im Hintergrund flackert Kaminfeuer, neben seinem Kopf hängt eine Leselampe ins Bild. Schön für ihn. Mo und er haben sich neulich ein weißes Ledersofa zugelegt, was überhaupt nicht zu Phil passt, wie ich finde. Wahrscheinlich dürfte ich da nicht mal drauf – wegen der Haare und so. Was soll's. Weiß gar nicht, warum ich mir da jetzt Gedanken drüber mache. Phil hat sein Leben, ich hab meins. Was vergangen ist, ist vergangen.

Phil nippt an seinem Rotwein. »Ich muss sagen, ihr habt hier ganz schön die Pferde scheu gemacht mit eurer Schiffsgeschichte.«

»Na ja«, erwidere ich, »immerhin ist Ernie Wandlitz

verschwunden, und offenbar gibt es eine Verbindung …«

»Nicht so eilig, Ray.« Wieder nippt Phil an seinem Wein. »Ich hab sämtliche Hebel in Bewegung gesetzt, die mir zur Verfügung stehen, ehrlich. Herausgekommen ist nicht viel. Der Zoll sagt, sie hätten keine juristische Handhabe. Und die Wasserschutzpolizei ist nur für grenzpolizeiliche Maßnahmen bis zur Zwölf-Meilen-Zone zuständig. Spielt aber alles keine Rolle. Selbst wenn die deutschen Behörden wollten, könnten sie nichts veranlassen. Die *Anastasia* ist ausgeflaggt, Malta …«

»Mauritius«, verbessert Rufus.

»Von mir aus auch Mauritius. Jedenfalls sind die deutschen Behörden überaupt nicht zuständig. Und international geht auch nichts. Das Schiff ist irgendwo vor Afrika in internationalen Gewässern unterwegs, und auf so einen mageren Verdacht hin …«

»Also, ich finde den Verdacht alles andere als mager«, sage ich.

Wieder nippt Phil an seinem Wein. Er schmunzelt. »Nichts für ungut, Freunde, aber ihr müsst schon zugeben, dass euer Verdacht ein bisschen aus der Luft gegriffen ist. Ich meine, *Katharina* und *Anastasia*, das kann doch alles mö …«

Wir werden von einem »Ping« unterbrochen. Auf dem Display poppt ein Kästchen auf.

»Sekunde, Phil«, sagt Rufus, »ich hab gerade einen Google-Alert für die *Anastasia* bekommen, bleib dran.«

Er wischt über das Display, worauf Phils Gesicht auf die Größe einer Skorpionsfliege zusammenschrumpft und sich in eine Ecke verkrümelt. Rufus tippt einen Link an und wartet. Wir warten. Rufus zischt: »G5. Ich will G5. Mobile

Daten können mich mal.« Und dann noch: »Brandenburg.«

Während wir auf die mobilen Daten warten, fällt mir ein, dass die Skorpionsfliegen der Grund dafür sind, weshalb neulich bei einigen von uns diese Vergiftungssymptome aufgetreten sind. Skorpionsfliegen schmecken ganz würzig, sitzen im Herbst in jedem zweiten Grasbüschel, sind eigentlich superschlau und können alle möglichen Sachen, nur fliegen können sie nicht so besonders, was natürlich für eine Fliege suboptimal ist, wie Rufufs sagen würde. Jedenfalls haben sich die Homies aus dem vierten und fünften Wurf einen Spaß daraus gemacht, sie aufzuscheuchen, einzufangen und zu fressen. Blöderweise haben Skorpionsfliegen ziemlich viel von so einem Zeug im Körper, das sich schwer verdauen lässt – Chitin –, und deshalb, meint Archi, sind die nur in kleinen Mengen genießbar. Kannst du den Berufsjugendlichen aus dem vierten Wurf natürlich lange erzählen. Die verstehen das Konzept gar nicht: *wenig* von etwas zu fressen, obwohl *viel* davon da ist. Macht für die keinen Sinn.

»Nein, nein, NEIN!«, reißt Rufus mich aus den Gedanken. Er drückt auf dem Display herum, als müsste er Herzmassage machen oder so, bis sich ein Fenster öffnet, auf dem ein flackernder Punkt vor schwarzem Hintergrund zu sehen ist. Oben in dem Fenster blinkt ein Wort. Die Kamera scheint sich sehr langsam auf den leuchtenden Punkt zuzubewegen.

Ich guck mir das eine Weile an, aber schlau werde ich nicht draus. »Was ist das?«, frage ich.

Rufus tippt auf das blinkende Wort in der Ecke. »Das ist live.« Seine Stimme hat etwas Endgültiges, das mir kalt den Rücken runtergeht.

Ich will ihn fragen, was ich da sehe, aber inzwischen hat

sich die Kamera so nah an den flackernden Punkt herangearbeitet, dass es kein Punkt mehr ist, sondern eine Form hat, und der schwarze Hintergrund ist auch nicht einfach nur schwarz, sondern bewegt sich. Wasser. Man erkennt es an der Art, wie die Flammen sich darin spiegeln. Da brennt was auf dem Wasser, etwas Großes, ein Schiff. Jetzt kapiere ich auch, was es mit der Kamera auf sich hat. Die filmen aus einem Hubschrauber heraus. Der ist inzwischen so nah an das Schiff herangeflogen, dass man nur noch Feuer sieht, was irgendwie kein Kunststück ist, denn es gibt praktisch keinen Teil des Schiffs, der nicht in Flammen steht. Selbst die Kommandobrücke ist nur noch ein brennendes Kreuz. Man kann die Hitze praktisch fühlen.

Als ich genau hinsehe, erkenne ich vor dem Bug ein paar Menschen, die richtungslos in einem Rettungsboot auf dem Wasser treiben. Die Crew scheint sich gerettet zu haben.

»Ist das etwa …?«, setze ich an, aber dann sehe ich es selbst, vorne am Schiff. Der Schriftzug wird von den Flammen erleuchtet und verschmort gerade in der Gluthitze, aber die vier A erkenne ich noch. Ich glaube, Phil sagt irgendwas, aber ich kann nur dieses brennende Schiff anstarren.

Der Hubschrauber hängt inzwischen über dem Boot mit den Geretteten in der Luft, sechs oder so. Der Wind der Rotorblätter fegt über das Wasser. Einer der Männer hat lange graue Haare, die um seinen Kopf wirbeln.

Plötzlich reißen alle im Boot ihre Köpfe herum. Die Kamera folgt den Blicken der Männer, und dann sehen Rufus und ich, wie die *Anastasia* ziemlich genau in der Mitte auseinanderbricht. Würde man nicht glauben, dass das überhaupt geht. Dass etwas so Mächtiges einfach auseinanderbrechen kann.

»Da ist Kong drin, oder?«, frage ich.

Rufus nickt nur.

Wieder höre ich Phils Stimme, wieder ist sie zu weit weg. Die Flammen des untergehenden Schiffes flackern über Rufus' Fell. Der hintere Teil mit der Brücke lehnt sich langsam nach hinten, als wollte er mit ausgebreiteten Armen ein letztes Mal die Sterne betrachten, dann kippt er langsam zur Seite.

Endlich höre ich, was Phil die ganze Zeit sagt: »Was ist denn da los bei euch?«

»Schau es dir auf CNN International an«, erwidert Rufus nur.

Danach sagt keiner mehr irgendwas.

Phil fummelt an seinem iPad herum, die *Anastasia* sinkt weiter.

Genauso wenig, wie ich glauben kann, dass dieser riesige Stahlhaufen tatsächlich absäuft, kann ich glauben, dass ich gerade dabei zusehe, wie Kong ertrinkt. O Mann, das ist so …

»Fuck«, höre ich Phil sagen.

Ich denke an die Schützerkarte, die ich Kong zum Abschied gegeben habe. Ich weiß noch, wie er mir damals seine gegeben hat. Dabei wollte ich eigentlich Drogen von ihm. Ich hatte Liebeskummer, hardcore, die Sorte, wo man echt nicht sieht, wie es einem je wieder gut gehen soll. »Kann ich nicht bringen, Kleiner«, hat Kong damals gesagt. Und mir stattdessen diese fucking Karte gegeben, die angeblich von irgendeinem Lama gesegnet sein sollte. Dabei war es nichts weiter als eine Quartettkarte mit einem Berggorilla drauf. Trotzdem hat sie mir später das Leben gerettet. Lange Geschichte. Das hier ist eine kurze Geschichte. Schiff sinkt, Affe tot. Karte am Arsch.

Der hintere Teil des Schiffes ist im Meer versunken, und der vordere ist gerade dabei, ihm zu folgen, als das Display uns von dem Anblick erlöst und schwarz wird. Akku alle. Leben alle. Alles alle.

Erst langsam merke ich, dass ich vor Kälte ganz steif bin. Ich blicke hinauf in die Sterne. Werden und Vergehen. Du wirst geboren, du lebst, du stirbst. Weiß jeder, so läuft es halt. Das Leben ist ein riesengroßer Beschiss.

»Er dachte, Australien wird ein Neuanfang«, sage ich.

»Ja«, sagt Rufus.

Ich erinnere mich daran, wie Kong darüber sprach, dass er von seinem Gehege aus die Oper sehen würde.

»Er hat sich richtig darauf gefreut.«

»Ja.«

»Und jetzt ist er tot.«

Rufus legt ein Vorderbein um mich.

14

Ich habe keinerlei Erinnerung daran, wann und wie ich letzte Nacht noch in den Bau gekommen bin, aber als ich aufwache, liege ich in meiner Kammer. Mein Kopf ruht an Natalies Schulter, die tröstend ihre Vorderpfoten um mich gelegt hat. Ich fühle mich, als hätte mich ein Wiederkäuer zerkaut, verschluckt, wieder herausgewürgt und aufs Neue zerkaut.

»Kong ist tot.«

Ich lausche meinen Worten nach, die sofort von den Wänden und der Mauser verschluckt werden. Weg für immer.

Natalie streicht mir über die Schulter. »Ich weiß.«

Eine Weile lasse ich meine Gedanken kreisen. Dann stelle ich etwas fest. »Ich fühle mich schuldig.«

»Hättest du den Untergang denn verhindern können?«

»Vermutlich nicht. Aber das meine ich auch nicht.«

»Sondern?«

»Ich hab ein schlechtes Gewissen. Weil ich weiterleben darf. Weil für mich auch heute wieder die Sonne aufgehen wird. Weil ich in deiner Umarmung liege. Während Kong die Oper von Sidney niemals sehen wird.«

»Verstehe.«

»Das Leben ist eine riesige Verarsche«, sage ich.

Natalie sagt eine Weile nichts. Dann sagt sie: »Du und ich. Hier. Jetzt. Ist das auch eine riesige Verarsche?«

»Nee. Das ist gut.«

»Dann kann das Leben auf keinen Fall nur eine riesige Verarsche sein, oder? Dann muss es noch mehr sein.«

Ich hab Natalie lange Zeit unterschätzt. Geht den meisten so. Hab immer nur die scharfe kleine Schwester aus dem vierten Wurf in ihr gesehen. Das hat alles andere überdeckt. Ihr großes Herz zum Beispiel. War wirklich nicht besonders schlau von mir.

Ich lege ihr eine Vorderklaue auf den Bauch. »Ich bin ein Glückspilz.«

»Sehe ich genauso.«

»Aber scheiße fühle ich mich trotzdem.«

»Du trauerst um einen Freund. Da solltest du dich scheiße fühlen. Alles andere würde eure Freundschaft kleiner machen, als sie war.«

In diesem Moment hab ich einen komischen Gedanken. Wahrscheinlich, weil gerade alles zusammenkommt und irgendwie zu viel ist. Jedenfalls, hier ist der Gedanke: Lass uns knutschen, unter dem Mistelzweig, jetzt sofort, einen eigenen Clan gründen. Das Leben ist so schnell vorbei, wäre bescheuert, es nicht getan zu haben, bloß weil der Schiss größer war als der Mut.

Ich löse mich aus Natalies Umarmung, setze mich auf und streiche mir das Fell glatt. Immerhin ist das hier so etwas wie ein Antrag, da sollte eine gewisse Form schon gewahrt werden. Dann räuspere ich mich.

»Was kommt denn jetzt?«, fragt Natalie.

Los, denke ich, tu es, sei erwachsen! Ich nehme eine ihrer Vorderklauen zwischen meine, hole tief Luft, und höre jemanden rufen:

»Ray!«

Marcia? Im Ernst?

»No way«, flüstere ich.

»Bestimmt«, flüstert Natalie zurück, »will sie wieder den alten Knacker küssen.«

Marcia steht im Eingang zu meiner Kammer, unter dem Mistelzweig. »Ray, bist du hier?«

»Was immer es ist«, sage ich zu Marcia, »lass uns später drüber reden, okay?«

»Hä? Wie kommst'n darauf, dass ich mit dir reden will?«

»Wenn du nicht reden willst«, sage ich und habe ein bisschen Angst vor dem, was jetzt kommt, »was willst du denn dann?«

Marcia ist empört. »Ich will gar nichts!«

»Und wieso stehst du dann in meiner Kammer – unter dem Mistelzweig?«

»Dein Typ ist gefragt. Draußen.«

Puh. Bernie und Freddie. Für die bin ich jetzt allerdings echt nicht in der Stimmung. »Ach so. Kannst du ihnen sagen, dass ich später im *Acapulco* vorbeikomme? Im Moment ist …«

»Wieso ihnen? Da draußen steht der Typ, mit dem du früher immer diese Fälle gehabt hast.«

»Phil ist hier?«

»Hab ich doch gerade gesagt. Bist du taub oder was?«

Ich wende mich Natalie zu und will etwas sagen, aber sie legt mir eine abgespreizte Kralle auf die Schnauze. »Geh schon. Den Rest klären wir später.«

Tatsache: Phil. Er erwartet Rufus und mich im Morgengrauen am Rand der Savanne, die Hände in den Taschen,

Atemwolken vor dem Gesicht, alleine und mit hängenden Schultern. Der fühlt sich auch schuldig, denke ich.

»Morgen«, sagt er.

»Morgen«, sagen Rufus und ich, und wenn ich jetzt, so wie Phil, eine Jacke anhätte, würde ich auch die Vorderklauen darin vergraben.

»Tut mir leid wegen Kong«, sagt er.

»Danke«, sagen Rufus und ich.

»Falls es euch tröstet: Ich gebe zu, ich hab nicht wirklich dran geglaubt, dass es einen Zusammenhang zwischen der gesunkenen *Katharina* und der *Anastasia* gibt. Versucht hab ich es trotzdem. Bin aber überall nur auf taube Ohren gestoßen. Ich wüsste wirklich nicht, wie ich es hätte verhindern sollen.«

Wir stehen da und sehen alle drei ziemlich betreten aus. Die Kälte kriecht mir die Beine herauf.

Phil versucht, etwas Tröstliches zu sagen. »In Berlin schafft er es heute auf sämtliche Titelseiten: *Kong ertrinkt bei tragischem Schiffsunglück*.«

»Das war kein tragisches Schiffsunglück«, sagt Rufus.

Phil sieht ihn an. »Wie kommst du darauf?«

»Wusstest du, dass die Ladung der *Anastasia* auf hundertsiebzig Millionen versichert war, obwohl das Schiff selbst nur noch Schrottwert hatte?«

»Hundertsiebzig Millionen?« Phil nimmt eine Hand aus der Tasche, um sich damit am Kopf zu kratzen.

»Und selbst wenn die Ladung gar nicht versichert gewesen wäre«, fährt Rufus fort, »du hast das Schiff doch gesehen, bevor es auseinandergebrochen ist. Das brannte an allen Ecken und Enden gleichzeitig. Was soll denn das bitte für ein Unglück sein – bei dem überall gleichzeitig Feuer ausbricht?«

Mir kommt mal wieder ein Gedanke. »Wieso bist du überhaupt hier?«

Phil steckt seine Hand wieder in die Tasche. »Ich wollte euch eigentlich anrufen, aber euch ist mal wieder der Akku abgeschmiert.«

»Warum wolltest du uns denn anrufen?«

Phil stellt seine Umhängetasche ins feuchte Gras und hockt sich hin. So ähnlich wie ich eben bei Natalie. Und ich denke dasselbe wie Natalie eben: Was kommt denn jetzt?

»Vor ungefähr zwei Stunden bin ich ausgesprochen unsanft von einer Frau namens Montgomery aus dem Schlaf geklingelt worden«, erklärt Phil. »Wie sich herausstellte, ist Frau Montgomery Sonderermittlerin bei Interpol.«

Bei dem Wort »Interpol« schnalzt Rufus mit der Zunge. »International Criminal Police«, erklärt er.

»Verarschen kann ich mich selber«, gebe ich zurück.

Rufus rückt seinen Klettgurt zurecht. »Interpol ist eine weltweit operierende Organisation, die sich um die Zusammenarbeit der nationalen Polizeibehören kümmert.«

»Korrekt«, sagt Phil. »Und irgenwie scheinen die mitbekommen zu haben, dass ich gestern, kurz bevor die *Anastasia* gesunken ist, bei allen möglichen Stellen angerufen habe.«

»Und jetzt«, sagt Rufus, »hätte Frau Montgomery gerne von dir gewusst, woher du wusstest, dass genau das passieren würde.«

Phil kratzt sich wieder am Kopf. »In zwei Stunden soll ich zur Befragung in ihrem Berliner Büro erscheinen.«

Rufus und ich blicken einander an. Denkt mein Bruder dasselbe, was ich denke? Denke schon.

»Na dann …« Ich schlage den Deckel von Phils Tasche zurück.

»Äh ... Moment mal«, sagt Phil. »So war das jetzt nicht gemeint.«

Ich bin bereits in die Tasche geklettert, strecke den Kopf heraus und sage: »Rufus gibt dir alle nötigen Infos auf dem Weg.«

Jetzt klettert auch Rufus in die Tasche. »Sorry«, meint Phil, »aber ihr habt da eindeutig was missverstanden. Das hier ist kein neuer Fall.«

»Natürlich nicht«, sage ich.

Rufus, der inzwischen neben mir hockt, legt eine Vorderpfote auf den Rand der Tasche, als säße er in einem Cabrio. »Wenn ich dich richtig verstanden habe, haben wir keine Zeit zu verlieren.«

»Ehrlich, Jungs«, sagt Phil, »das ist ein Missverständnis, wir haben keinen neuen ...«

Aber da habe ich den Überschlag bereits über die Tasche gezogen.

15

Bis wir in Berlin eintreffen, habe ich mir aus dem, was Rufus und Phil miteinander bereden, mein eigenes Bild davon gemacht, was dieses Interpol ist. Also, wenn die Kriminalpolizei so etwas wie die Bundesliga ist, dann ist Interpol die FIFA. So ungefähr jedenfalls.

Die Büros von Interpol sind im Bundeskriminalamt untergebracht. Und Alter, das ist riesig. Und sieht außerdem aus wie eine Raumstation. Zumindest von außen. Von innen eher so wie ein Krankenhaus.

Bevor wir reindürfen, muss Phil durch einen Metalldetektor gehen und seine Tasche auf ein Band legen, das uns durch einen Kasten schiebt.

»Röntgen«, flüstert Rufus mir zu.

»Soll heißen?«

»Soll heißen: gleich fliegen wir auf.«

Fakt. Sobald wir auf der anderen Seite des Kastens wieder herausbefördert werden und Phil sich die Tasche greift, hören wir jemanden sagen: »Mo-ment!«

Rufus macht seine klassische Rufus-Geste: Was hab ich gesagt?

»Ja?«, sagt Phil.

»Da ist etwas Verdächtiges auf dem Scan. Bitte einmal die Tasche öffnen.«

Phil schlägt den Deckel zurück, und da sitzen wir: zwei

Erdmännchen, die so auszusehen versuchen, als hätten sie gerade ihr Ticket verlegt.

Ein Beamter mit Hipsterbart und – kein Witz – gezupften Augenbrauen beugt sich über die Tasche, schubst Rufus und mich hin und her und zieht schließlich eine Plastikhandschelle mit einer pinkfarbenen Bommel aus dem Seitenfach.

»Was hatten Sie denn hiermit vor?«, fragt er Phil.

»Das ist ein Schlüsselanhänger. Hat mir meine Tochter gebastelt.«

»Hm. Damit kann ich Sie hier nicht reinlassen.«

»Und was machen wir jetzt?«, fragt Phil.

»Ich konfisziere das, und wenn Sie gehen, können Sie es sich beim Pförtner wieder aushändigen lassen.«

Beiläufig schiebt Phil den Deckel wieder über die Tasche. »In Ordnung.«

»Was war'n das für 'ne Aktion?«, flüstere ich Rufus zu.

»Schon Goethe hat es gewusst«, zischt er zurück. »Der Mensch kann nur sehen, was er versteht.«

Phil setzt sich auf eine Bank und stellt die Tasche neben sich ab. Im Hintergrund öffnen und schließen sich Fahrstuhltüren. Ich spähe durch den Seitenschlitz zwischen Tasche und Deckel. Ganz schön was los hier.

Eine Fahrstuhltür öffnet sich, und eine Frau tritt in den Flur, die vom Körperumfang her locker Wandlitz' Schwester sein könnte, nur von der Hautfarbe her nicht. Und vom Naturell her auch nicht. Sie hat ihre schwarzen Locken zu einem Knoten gebunden, knallrot geschminkte Lippen, trägt jede Menge Schminke, jede Menge Parfüm und eine lila Glitzerbluse mit Fransen vor dem Busen.

»Sind *Sie* etwa Phil Mahlow?« Ihre Stimme ist save noch im dritten Stock zu hören.

»Bin ich«, gibt Phil zurück.

»Lucky me.« Sie lacht. Gleich fallen die Lampen aus der Decke. »Muss ja nicht jeder Tag mit einer Enttäuschung losgehen. Ich bin Mary Montgomery, kommen Sie.«

Wir fahren im Fahrstuhl, dreizehnter Stock.

»Die Aussicht ist Zucker«, erklärt Montgomery. Als sich die Fahrstuhltüren öffnen, fragt sie: »Wollen Sie einen Kaffee? Sie sehen müde aus. Ich besorg uns erst mal Kaffee. Flat white? Sie sehen nach Flat white aus.«

»Ist das eine Anspielung auf meine Hautfarbe?«, fragt Phil.

Den Satz findet sie derart lustig, dass sie sich vor Lachen gar nicht einkriegt. »Glauben Sie, nur weil ich schwarz bin, mache ich mir einen Spaß daraus, Witze über Weiße und ihre Hautfarbe zu machen?«

»Keine Ahnung. Machen Sie sich einen Spaß daraus?«

»Und ob! Hahaha! Aber in Ihrem Fall meinte ich wirklich den Kaffee. Doppelter Espresso, nicht zu viel Milch. Obwohl – wenn ich Sie mir so anschaue, sehen Sie tatsächlich ziemlich flat und ziemlich white aus.«

Das Büro von Mary Montgomery ist enttäuschend klein und außer einem Tisch, zwei Stühlen und einem Computer steht nicht viel drin. Der Kaffee, den sie Phil vorsetzt, riecht eher nach einem vierfachen als nach einem doppelten Espresso.

»Danke«, sagt Phil.

»My pleasure.« Sie gibt Phil einen Schluck Gnadenfrist, dann legt sie los: »Sie haben gestern alle möglichen Stellen kontaktiert mit dem Hinweis darauf, dass der *Anastasia* möglicherweise eine Havarie drohe. Keine zwölf Stunden später geht das Schiff unter.«

Phil trinkt einen zweiten Schluck. »Der ist gut.«

»Lassen Sie sich nicht alles aus der Nase ziehen, davon krieg ich schlechte Laune. Und das wollen Sie nicht. Woher wussten Sie von dem bevorstehenden Untergang der *Anastasia*.«

»Wusste ich nicht.«

»Aber Sie haben es ... vermutet.«

»Ich hab es befürchtet. Vor vier Monaten ist die *Katharina* gesunken, im Indischen Ozean. Ein ausgeflaggter alter Kahn mit zu hoch versicherter Fracht. Die *Anastasia* war ebenfalls ein ausgeflaggter, schrottreifer Kahn, ebenfalls mit Ziel Malta.«

Rufus sieht mich an, verdreht die Augen und formt mit den Lippen: Mau-ri-ti-us!

»Und ebenfalls mit zu hoch versicherter Fracht«, fährt Phil fort. »Ich hab einfach nur eins und eins zusammengezählt.«

»Und warum?«

»Ich bin Privatdetektiv. Schätze, das ist, was man Berufskrankheit nennt.«

Montgomery blickt auf ihren Computer. »Hier steht, Sie seien Projektmanager bei einer Security-Firma namens Safe-City.«

»Großes Wort – Projektmanager.« Phil trinkt noch einen Schluck. »Bevor ich geworden bin, was da steht, war ich Privatschnüffler.«

»Meine Frage haben Sie trotzdem nicht beantwortet: Woher das Interesse an den beiden Schiffen?«

Phil nimmt einen weiteren Schluck. Und noch einen. Danach ist sein Glas leer. »Ab hier wird es ein bisschen kompliziert«, sagt er.

»Try me«, erwidert Montgomery. »Abitur hab ich.«

Also erzählt Phil: von Wandlitz, der Kreuzfahrt und dass Ernies Tochter sich bei ihm gemeldet habe, nachdem ihr Vater als verschwunden gemeldet wurde. Und dass Ernies Tochter denkt, dass ihr Vater an etwas dran war, irgendwas mit *Katharina* und *Anastasia*. Und dass er, Phil, eigentlich nur herausfinden wollte, wo sein Kumpel aus alten Tagen abgeblieben ist. Eins und eins eben.

»Chapeau.« Montgomery sieht ihn an, als überlegte sie, was sie mit Phil anstellen soll. »Eins und eins zusammenzählen können sie jedenfalls.«

Phil sagt nichts. Ist auch besser so. Schließlich war nicht er es, der hier eins und eins zusammengezählt hat. Kaffee ist auch alle.

»War's das?«, fragt er.

»Leider nein.«

Phil stellt seine Tasche auf den Tisch und rückt sie so, dass wir durch den Spalt den Screen sehen können, den Montgomery ihm zugedreht hat.

Ich muss ganz schön lange auf das Foto starren, bevor ich begreife, was ich sehe. Offenbar gilt das mit Goethe ebenso für Erdmännchen: Auch wir können nur sehen, was wir verstehen.

Eine große Wanne voller Fische, also voll viele so. Fritz, der Eisbär aus dem anderen Zoo in Berlin, würde denken, es ist Weihnachten, Ostern, Silvester und Geburtstag auf einmal. Aber irgendetwas stimmt mit dem Bild nicht. Finde den Fehler. Und dann kapiere ich, dass zwischen den vielen Fischen ein Stück von einem Bauch rausguckt, einem menschlichen Bauch, also komplett ohne Fell. Und ein Stück daneben der Teil eines Kopfes, der offenbar zu dem Bauch gehört. Da steckt ein Mensch in dem Fischhaufen. Ein toter, aufgequollener, sehr blasser und sehr fellloser Mensch.

Und Phil sagt: »Kann ich noch so einen Kaffee haben?«

16

Phil bestätigt, was Montgomery bereits vermutet hat. Er ist es, Ernie Wandlitz. Auf den ersten Blick nicht leicht zu erkennen, aber ja.

»Ist letzte Nacht französischen Fischern ins Netz gegangen«, erklärt Montgomey. »Kein Hinweis auf Gewalteinwirkung. Mehr wissen wir noch nicht.«

Phil wartet, bis die Tür geöffnet wird, jemand hereinkommt, einen Kaffee vor ihm abstellt und die Tür sich wieder schließt. Dann sagt er: »War ein guter Typ – Ernie.«

»Sie mochten ihn.«

»War nicht einfach, ihn zu mögen. So nah hat er einen in der Regel nicht an sich herangelassen. Aber ja, ich mochte ihn.«

»Tut mir leid.«

»Er hat für Sie ermittelt, stimmt's? Ernie. Auf diesem Kreuzfahrtschiff.«

»Sie meinen die *Golden Silverstar*.«

»Hat er?«

»Ich mag, wie Sie eins und eins zusammenzählen«, antwortet Montgomery.

»War nicht schwer. Freiwillig wäre Ernie niemals auf ein Kreuzfahrtschiff gegangen. Und auf eins mit diesem Namen schon mal gar nicht. *Golden Silverstar*? Wer denkt sich so einen Schwachsinn aus? Was ich mich frage …« Phil kippt den

Kaffee, als wollte er damit das Bild des toten Ernie herunterspülen. »Was geht auf einem Kreuzfahrtschiff vor sich, das so gefährlich ist, dass man dafür über Bord geht?«

Montgomery dreht den Bildschirm wieder zu sich hin, sieht Phil an. »Sie wissen, dass ich Ihnen über laufende Ermittlungen keine Auskunft geben darf.«

»Hab ja auch nicht Sie gefragt. Hab nur mich selbst gefragt.« Phil stellt das Glas ab. »Weiß seine Tochter schon Bescheid?«

»Nein.«

»Dann weiß ich immerhin, wo ich als Nächstes hinfahre. Das war's, oder? Danke für den Kaffee. Ich hoffe, dass nicht nur Ernie Ihnen ins Netz geht, sondern auch der, der ihn auf dem Gewissen hat.« Phil steht auf, hängt sich die Tasche über die Schulter.

»Warten Sie«, sagt Montgomery.

Phil stellt die Tasche zurück. Montgomery stützt die Ellenbogen auf, verschränkt die Hände unter dem Kinn, präsentiert ihren Kopf wie eine schwimmende Seerose.

»Die geht voll steil auf Phil«, flüstere ich Rufus zu.

»Was du nicht sagst«, zischt mein kleiner Bruder.

»Streng genommen, darf ich Ihnen keine Auskunft geben.« Ein Lächeln breitet sich auf der Seerose aus. »Es sei denn …« Sie lässt den halb fertigen Satz in der Luft hängen, ein-und-zwan-zig, zwei-und …

»Vergessen Sie's«, sagt Phil. »Ich werde ganz sicher keine Kreuzfahrt machen.«

»Wir brauchen jemanden, der Wandlitz' Ermittlungen an Bord weiterführt. Außerdem: Haben Sie nicht gerade selbst gesagt, Sie hoffen, dass derjenige, der für Wandlitz' Tod verantwortlich ist, uns ins Netz geht?«

»Hab ich. Aber mein Wunsch ist nicht groß genug, um selbst im Netz zu landen. Wenn ich jetzt nachträglich an Bord dieses Schiffes gehe, um die frei gewordene Kabine von Wandlitz zu beziehen, dann haben die mich doch sofort auf dem Schirm.«

»So würden wir es auch nicht machen. Wir brauchen jemanden, der hinter die Kulissen blicken kann, ohne automatisch Verdacht zu erregen. Sie müssten als Crewmitglied an Bord, am besten als eins, das überall Zutritt hat. Können Sie Betten machen?«

»Geht so.«

Montgomery sieht ihn an. »Wie sieht's mit Kochen aus?«

»Ich weiß, wie man eine Raviolidose aufkriegt.«

»Schon mal als Croupier gearbeitet?«

»Nein, aber schon jede Menge Geld verloren. Im Geldverlieren bin ich noch besser als im Eins-und-eins-zusammenzählen.«

Die gute Mary Montgomery ist hin und her gerissen. Ihr Blick sagt: Ich finde dich echt hot, Phil Mahlow, aber was soll ich mit dir anfangen?

Bei mir laufen derweil die Drähte heiß: Wenn Phil jetzt auf dieses Kreuzfahrtschiff gehen würde. Und uns mitnehmen würde. Im Auftrag von Interpol. Dann hätten wir einen neuen Fall. Wie früher. Nur besser, weil für Interpol und auf einem Kreuzfahrtschiff. Aber erstens will er nicht, und zweitens, weshalb sollte er uns mitnehmen?

»Wie sieht es mit Ihren Showqualitäten aus?«, fragt Montgomery. »Können Sie Klavier spielen? Trompete? Harfe?«

»Hab zur Einschulung mal eine Blockflöte bekommen.«

»Jonglieren?«

»Nö.«

»Zaubern?«

»Ich kann Ihnen ein X für ein U vormachen.«

»Mein Gott, Mahlow«, schnauft Montgomery, und ich spüre den Luftzug bis in die Tasche hinein, »Sie müssen doch irgendetwas können, das auf einem Kreuzfahrtschiff gebr ... What the hell?!«

Ihr plötzlicher Aufschrei ist kein Aufschrei des Entsetzens, sondern einer des Entzückens. Denn in diesem Moment schlägt Phils Tasche praktisch von selbst ihren Deckel zurück, und heraus klettern zwei herzerweichend süße Erdmännchen.

»O nein«, schnauft Phil.

»Und ob«, rufe ich zurück.

Montgomery versteht natürlich nur kntzlbzl.

Ich präsentiere mich vor der Ermittlerin und verbeuge mich. Rufus rückt derweil seinen Klettgurt zurecht und salutiert.

Vor Freude schlägt Montgomery die Hände zusammen. »Was sind denn das für zwei lustige Vögel?«

»Ich geb dir gleich lustiger Vogel«, sage ich. Knzbzbrlfmn.

»Das«, sagt Phil, »sind zwei Erdmännchen.«

»Das sehe ich. Aber was machen die in Ihrer Tasche?«

»Ich nehme sie manchmal mit. Sie sind ... äh ... dressiert.«

Ich drehe mich zu Phil um. »Bei dir hackt's wohl!« Krtzmfl bzmpkf.

Rufus durchstöbert die Gadgets, die an seinem Klettgurt baumeln. »Dann werden wir Frau Montgomery mal demonstrieren, wie dressiert wir sind.« Er entscheidet sich für den Laserpointer und funzelt Phil damit in die Augen.

»Lass das, Rufus!«, ruft der genervt.

Frau Montgomery hingegen findet unsere Einlage herzallerliebst.

»Mach das Ding aus«, sagt Phil, »oder Susie bekommt nachher ein Erdmännchen als Spielzeug.«

Die Vorstellung, als Spielzeug für Leas bekloppten Cockerspaniel zu enden, ist natürlich Gift für die Stimmung. Rufus lässt den Laserpointer zurückschnappen.

»Versteht der Sie etwa?«, fragt Montgomery.

»Besser als mir lieb ist«, erwidert Phil.

Sie überlegt. »Wenn Sie behaupten, die sind dressiert – heißt das, die machen, was Sie sagen?«

Phil sieht uns an, dann Montgomery. »Was hätten Sie denn gerne, das sie machen sollen?«

»Uh, ich weiß nicht. Mir auf die Schultern klettern? Können Sie machen, dass die mir auf die Schultern klettern?«

»Wenn es weiter nichts ist. Legen Sie mal Ihre Hände auf den Tisch.«

Montgomery tut es, legt ihre Hände auf den Tisch.

Phil wendet sich uns zu. »Ihr habt's gehört, Jungs.«

»Ernsthaft?«, knurre ich. »Wir sollen so tun, als hättest du uns dressiert?«

»Ihr seid es, die unbedingt auf dieses Schiff wollen. Up to you.«

Also balancieren Rufus und ich Montgomerys Arme hinauf – sie quiekt vor Vergnügen – und hocken uns, einer rechts, einer links, auf ihre Schultern.

»Das ist ja unglaublich!«, ruft die Ermittlerin.

Rufus spielt ein bisschen mit ihrem Ohrring, bevor er ihr zuflüstert: »Story of my life, Baby.«

Knitzlbrzflm.

17

Na bitte, geht doch. Der Raum, in den Montgomery uns als Nächstes führt, ist nicht so eine Schuhschachtel wie ihr Büro. Fensterfront zum Wasser, ein runder, sehr glänzender Echtholztisch, um den sich eine Reihe Chromschwinger versammelt haben, eine Wand mit einem riesigen und ein paar normal großen Monitoren. Ist noch nicht die Bond-Kategorie, aber auf halbem Weg dahin.

»Jalousien runterfahren, bitte«, sagt Montgomery.

Ein Surren ertönt, und die Fensterfront wird langsam von Lamellen verdunkelt, die das einfallende Licht in coole Streifen schneiden.

»Sprachsteuerung.« Rufus klingt, als würde er etwas anbeten. »Bei Interpol müsste man arbeiten.«

»Du glaubst, die Sprachsteuerung versteht dich?«, gebe ich zurück.

»Mpf.«

Als die Jalousien vollständig heruntergefahren sind, sagt Montgomery: »Danke, das war's fürs Erste.«

Ein Mitarbeiter, den bis dahin keiner von uns wahrgenommen hat, weil es nichts gibt, das ihn vom Hintergrund unterscheidet, löst sich von der Wand und verlässt den Raum.

Ich stoße Rufus in die Seite. »Sprachsteuerung.«

»Mpf.«

Mein Bruder und ich hocken uns auf die sehr glänzende

Tischplatte, Phil setzt sich in einen Freischwinger mit Blickrichtung Monitorwand.

»Ich kann uns etwas zu essen kommen lassen«, sagt Montgomery, stellt ihren Laptop auf den Tisch und setzt sich auf Phils Schoß, äh, nein, knapp daneben. In letzter Sekunde schwenkt sie um und entscheidet sich für den Freischwinger neben ihm.

»Gerne«, sagt Phil.

»Puh, ich dachte schon, Sie sagen Nein. Was ist mit Ihren Erdmännchen?«

»Jungs?«, fragt Phil.

»Bisschen Lebendessen wär ganz gut«, sage ich. »Ein paar Würmer, Asseln, Käfer. Aber nichts, was zu schnell laufen kann.«

Phil übersetzt es für Montgomery, die uns kurz anblickt, es an ihre Freisprechanlage weitergibt und gleich noch ein paar Pizzen dazubestellt. Anschließend klappt sie ihren Laptop auf. Beinahe zeitgleich erwachen die Monitore an der Wand.

»Dann wollen wir mal.«

Indem sie ihre Computermaus auf der sehr sauberen Tischplatte spazieren führt, verteilt sie unterschiedliche Fotos von unterschiedlichen Personen auf die Screens. Als sie damit fertig ist, wendet sie sich an Phil. »Schon mal was vom Ocean's Club gehört?«

»Gibt einen in Marbella. Für Leute, die gerne zweihundert Euro am Tag für eine Sonnenliege verballern, damit sie nicht merken, dass sie nichts mit sich anzufangen wissen.«

»Den meine ich nicht«, sagt Montgomery.

»Dann wird's dünn.«

»Das ist das Problem. Wir wissen zu wenig über den Ocean's Club. Ein Mythos. Wir können nicht einmal sicher sagen, ob er existiert.« Ihre Ohrringe schaukeln hin und her, als sie das sagt.

Phil sagt erst einmal nichts.

Montgomery bringt die pinken Glitterfransen über ihrem Busen auf Linie. »Was wir wissen, ist: Der Ocean's Club besteht aus einer Gruppe von Personen, die Schiffshavarien planen und durchführen. Die spielen Schiffe versenken, und zwar big time. Dabei wird ohnehin wertvolle Fracht überversichert und das meist marode Schiff anschließend auf den Meeresgrund geschickt. Da an die Schiffe später kein Rankommen mehr ist, bleibt den Versicherungen nichts anderes übrig, als die Prämien zu zahlen.«

»Die *Katharina* und die *Anastasia*.«

»Das waren nur die letzten. Insgesamt sind es über ein Dutzend. Vermutlich. Die machen das schon seit Jahren.«

»Und was hat das mit diesem Kreuzfahrtschiff zu tun?«, fragt Phil.

»Genau das hätte Ernie für uns herausfinden sollen. Eine Organisation wie der Ocean's Club braucht Mitglieder, Eingeweihte und Helfer. Wir haben Grund zu der Annahme, dass der Club oder ein Teil seiner Mitglieder mindestens einmal im Jahr zusammenkommt, vermutlich, um den nächsten Schiffsuntergang zu planen.«

»Auf der *Golden Silverstar*.«

»Wir vermuten es.«

»Immer noch ein Scheißname.« Phil deutet auf die Monitorwand. »Und das da sind die Mitglieder.«

»Leider ist es etwas komplizierter, aber falls ich es noch nicht erwähnt haben sollte: Ich mag, wie Sie eins und eins zusammenzählen. Zu den Fotos, die Sie dort sehen: Wir haben ein paar Namen von Personen, die zum Kreis der Mitglieder gehören könnten, was aber nicht bedeutet, dass das auch stimmt. Zudem sind vermutlich Personen auf dem Schiff, die ebenfalls mit dem Club in Verbindung stehen, aber noch nicht identifiziert werden konnten.«

Die Tür wird geöffnet, und Montgomery ruft aus: »Na endlich, ich bin am Verhungern!«

Zwischen Rufus und mich wird eine Schale mit allerhand Käfern gestellt, bunte Krabbelmischung. Die Tierchen sehen aus, als wären sie vorher einzeln geputzt worden. Keine Ahnung, wo sie die aufgetrieben haben, schmecken aber ganz ordentlich.

Montgomery schlägt den Deckel ihrer Schachtel zurück, der Geruch von scharfer Salami mit extra Peperoni zieht mir ins Gehirn, sie faltet die Hälfte ihrer Pizza zu einem Stück zusammen, wirft uns einen Blick zu, sagt »guten Appetit«, und beißt ab.

»Gleichfalls.« Ich halte einen Feuerkäfer in die Höhe, als wollte ich mit ihr anstoßen.

Den Mund noch halb voll, sagt sie zu Phil: »Verrückt. Wenn ich es nicht besser wüsste, würde ich glauben, die verstehen mich tatsächlich.«

»Ja«, erwidert Phil, »verrückt.«

18

Drei Bissen später ist die halbe Pizza in Montgomerys Mund verschwunden, und sie kann wieder klar denken. »Die beiden Schätzchen auf dem rechten Monitor sind Natalia Burgakov nebst ihrer liebreizenden Tochter Betty Blue.«

Das Foto zeigt Mutter und Tochter vor einer glänzenden Stahlwand. Könnte alles Mögliche sein, eine Dunstabzugshaube, ein Kühlschrank, ein Raumschiff. Beide blicken in die Kamera, lächeln, wie sie schon tausend Mal gelächelt haben, zeigen aber nicht ihre Zähne. Dabei sind die garantiert makellos. Natalia, Ende vierzig aber auf Anfang dreißig gemacht, trägt ein sehr luftiges schwarzes Kleid, die Tochter eine frühlingsgrüne Flatterkombination, die möglichst viel von ihrem Oberkörper freilässt.

»Natalia hält sich gerne im Hintergrund«, erklärt Montgomery. »Sie führt die Geschäfte ihres Mannes Sergej Burgakov weiter. Der Oligarch ist vor zwei Jahren unter ungeklärten Umständen verstorben. Seitdem trägt sie Schwarz. Macht in Bodenschätze, seltene Erden, alles, wovon es wenig gibt, aber wovon viel gebraucht wird. Außerdem ist sie Anteilseignerin der Werft, in der die *Golden Silverstar* gebaut wurde. Wir sind ziemlich sicher, dass sie mit drinsteckt, wissen aber nicht, wie oder warum. Sie ist über eine Milliarde schwer, gibt eigentlich keinen Grund, weshalb sie sich in kriminelle Aktivitäten verstricken sollte.«

So geht es weiter. Auf dem benachbarten Screen ist Kim Gong Suk zu sehen, der im Gegensatz zur Burgakov und ihrer Tochter so gewinnermäßig in die Kamera lacht, dass man sämtliche Zähne inklusive Gaumenzäpfchen sieht. Schwer, sich vorzustellen, dass er irgendwann mal nicht lacht. Der Koreaner würde locker für fünfundzwanzig durchgehen, ist aber fünfundvierzig, wie wir erfahren. Zu Reichtum hat er es durch seine Softwarefirma *SukSuk* gebracht, die Sicherheits- und Überwachungssoftware für Privatunternehmen und Regierungen programmiert. Das Überwachungssystem auf der *Golden Silverstar* stammt ebenfalls von *SukSuk*.

Auf dem dritten Screen sehen wir Magic Nick, wie er während eines Live-Auftritts in ein Mikro singt. Weißer Hut, Glitzerlidschatten, wild gemustertes Jacket. Ich gebe zu, ich kenne keinen Magic Nick, Phil aber sagt: »Den hab ich jünger in Erinnerung.«

Rufus klärt mich auf: Magic Nick ist ein klassisches *One-hit-wonder*. Kam in den Neunzigern mit einem Song raus, der wochenlang auf Platz 1 stand: *Me/You/We/Two*. Seitdem hat sich nie wieder jemand für ihn interessiert, was ihn nicht davon abhält, sich immer noch für den größten Entertainer aller Zeiten zu halten.

Auf dem fetten Screen in der Mitte ist ein gut gelaunter Mann mit weißen Haaren und Halbglatze zu sehen. Wie wir erfahren, handelt es sich um Viktor Weisz, den Eigner der *Golden Silverstar*.

»Lassen Sie sich nicht täuschen«, sagt Montgomery. »Weisz liebt den großen Auftritt, die gönnerhafte Geste. Er klopft freundschaftlich auf jede Schulter, die in seine Reichweite kommt. Aber versuchen Sie mal, ihn zu fassen, dann ist er glitschiger als ein Aal. Könnte sein, dass er der Schlüssel zu allem ist. Oder einfach nur ein reicher Mann, der kleinen Kindern gerne Geldstücke aus der Nase zieht.«

Auf den anderen drei Monitoren sind weitere Personen zu sehen, aber die scheinen für Interpol vor allem große Fragezeichen zu sein. Sabrina Jorgensen ist die Security-Managerin an Bord. Sie hat sehr blaue Augen und eine Frisur, die jedem Orkan standhält. Außerdem Tamás Kovác, Chef eines weltweit operierenden Logistikunternehmens. Bei den Olympischen Spielen 1984 gewann er Gold für Ungarn im Säbelfechten. Zu guter Letzt der Kapitän der *Golden Silverstar*, Costas Papadopoulos, der wie gemacht ist für eine Kapitänsuniform.

Als Montgomery mit ihren Ausführungen fertig ist, ist unsere Schale leer und ihre Pizza aufgegessen. Von Phils Pizza allerdings liegt noch ganz schön viel im Karton.

»Wollen Sie das nicht?«, fragt Montgomery.

»Nein. Sie?«

»Ist der Papst katholisch?« Sie zieht sich den Karton heran, klappt aufeinander, was noch drin ist, und beißt rein.

»Wonach genau suchen wir?«, fragt Phil.

»Wenn ich Ihnen das so genau sagen könnte«, erwidert Montgomery mit vollem Mund. »Verbindungen. Nach allem, was uns hilft, dem Ocean's Club auf die Spur zu kommen. Sie können eins und eins zusammenzählen, Phil. Folgen Sie Ihrer Intuition! Sonst noch Fragen?«

Phil wendet sich uns zu. »Jungs?«

»Wie sieht's mit Spezialausrüstung aus?«, fragt Rufus.

Phil schaut Montgomery an. »Wie sieht's mit Spezialausrüstung aus?«

Die Ermittlerin blickt zwischen Phil und uns hin und her. »Das ist echt schräg, was Sie da abziehen.«

»Verrückt«, erwidert Phil, »ich weiß. Was ist mit der Spezialausrüstung?«

»Keine Ahnung, was wollen Sie? Taucherflossen, Sun-Blocker, Aspirin? Die *Golden Silverstar* ist ein Kreuzfahrtschiff der Top-Kategorie, was die nicht an Bord hat, brauchen Sie nicht.«

»Rufus?«, fragt Phil.

Mein kleiner Bruder überlegt einen Moment. »Sag ihr, wir machen eine Liste.«

Phil wendet sich an die Ermittlerin. »Ich mach Ihnen eine Liste.«

»Von mir aus. Aber was immer Sie auf diese Liste schreiben – tun Sie es zeitnah. In anderthalb Stunden geht unser Flieger.«

Rufus haut sich vor Begeisterung eine Klaue aufs Ohr. »Wir fliegen mit einem Privatjet?«

Phil gibt die Frage weiter.

Montgomery wird das mit der Kommunikation zwischen Phil und uns langsam unheimlich. Sie weiß gar nicht mehr, wen sie ansehen soll.

»Eine Bombardier Global 5000.«

»Nice!«, ruft mein Bruder.

Phil lächelt Montgomery an. »Nice.«

19

Rufus' Liste war ganz schön lang. Siebzehn Punkte, was recht viel ist, glaube ich. Voll im Bond-Fieber, mein Bruder. Leider hat Interpol von den siebzehn Punkten sechzehn gestrichen. Montgomery meint, die meisten Sachen auf der Liste wären noch gar nicht erfunden. Die Minitaucherflossen mit Elektroantrieb und die Babydrohne wären vielleicht noch drin gewesen, aber nicht in der Kürze der Zeit. Das Einzige, was wir bekommen, sind drei abhörsichere Ohrstecker, die sich automatisch verbinden und über die wir miteinander reden können.

Rufus ruckelt seinen Klettgurt zurecht. »Danke für nichts, Montgomery!«

Die Ermittlerin quietscht vor Vergnügen. »Ihr werdet *die* Attraktion an Bord!«

Eine Stunde später sitzen wir in einer Bombardier Global 5000, und das ist echt fett. Mit dem Ding könnte unser gesamter Clan nach Afrika fliegen, Grete inklusive. Komische Vorstellung. Es riecht nach Leder, Citrus-Raumspray und dem Parfüm von Montgomery. Als ich aus dem Fenster sehe, wird mir kurz schlecht. Wir sind voll weit oben!

»Rufus«, sage ich, »wir fliegen!«

»Ist doch nichts Besonderes«, sagt er, dabei merke ich ganz genau, dass er's genauso geil findet wie ich.

»Für einen wie dich natürlich nicht«, sage ich. »Du fliegst ja auch zweimal die Woche geschäftlich nach New York.«

»Mpf.«

Die Maschine soll uns direkt nach Mallorca bringen. Ich weiß nicht, wo das ist, aber als wir eine Kurve fliegen und sich das Flugzeug zur Seite neigt, sehe ich nur Wasser.

Der Plan ist, dass wir in Palma an Bord der *Golden Silverstar* gehen. Die liegt da nämlich gerade, damit sich die fünftausend Gäste die Füße vertreten und zur Abwechslung an Land betrinken können. Offiziell kommt Phil als Ersatz für den Typen, der sonst im Showprogramm das Reisequiz moderiert. Der musste nämlich sehr plötzlich von Bord – ein Todesfall in der Familie. Das jedenfalls glaubt das Entertainment-Management der *Golden Silverstar*. Ein Glücksfall also, dass Phil & Friends so kurzfristig einspringen können.

Erster Eindruck von Mallorca: Warm. Nice. Für Savannentiere wie uns ist das schon deutlich angenehmer als der angefrorene Boden im Brandenburger Wald. Auf dem Parkplatz vor dem Flughafen wartet ein Wagen mit getönten Scheiben. Ebenfalls nice.

Als Phil und Montgomery darauf zugehen, steigt ein Mann aus, dessen Brille dieselbe Tönung hat wie die Scheiben des Wagens. Er öffnet den Kofferraum und nimmt Phil das Gepäck ab. Dann setzt er sich ans Steuer, Montgomery auf den Beifahrersitz, derweil Phil und wir auf der Rückbank Platz nehmen.

»Alles, was Sie über sich wissen müssen«, sagt der Mann und reicht einen Umschlag nach hinten, »ist hier drin.«

Während Phil den Inhalt des Umschlags studiert, studiere

ich die Umgebung. Der Geruch von Salzwasser liegt in der Luft. Beim Blick aus dem Fenster: Yachten. Viele. Sehr viele. Al-ter, das hört überhaupt nicht mehr auf.

»Philipp Müller?«, fragt Phil. Er hält einen Reisepass in der Hand. »Wie originell.«

Montgomery dreht sich zu ihm um. »Falls jemand an Bord auf die Idee kommt, Sie zu googeln, erhält er siebenundvierzig Millionen Einträge. Selbst wenn er ›Philipp Müller plus Erdmännchen‹ eingibt, sind es noch achtzigtausend. Eine bessere Tarnung gibt es nicht.«

Wir parken vor einem grauen Verwaltungsgebäude. Ein Stück weiter vorne ist ein Kontrollhäuschen mit Schranke zu sehen, dahinter, am Pier, das Kreuzfahrtschiff. Und das ist fucking riesig! Etwas so Großes aus einem Stück habe ich noch nie gesehen.

Bevor Phil Rufus und mich in seiner Umhängetasche verstaut, krault uns Montgomery noch einmal unter dem Kinn. »Echt verrückt, die kleinen Viecher!«

»Jetzt werden Sie mal nicht gleich zutraulich«, sagt Rufus.

»Ich mag's«, sage ich.

Kaum ist der eine emotionale Moment vorbei, werden wir Zeugen des nächsten. Montgomery schließt Phil in die Arme und drückt ihn an sich, zack, einfach so.

»War mir eine Freude«, sagt sie. »Passen Sie auf sich auf. Wäre zu schade, wenn wir nächste Woche Sie aus dem Meer ziehen müssten. Ach so … Moment.«

Sie geht um den Wagen herum, öffnet den Kofferraum und nimmt eine gefaltete Anzugtasche aus dem Kofferraum. Oben schauen die Haken von zwei Kleiderbügeln heraus. Sie benutzt ihren Zeigefinger als Kleiderstange, hängt die Tasche daran auf und reicht sie Phil.

Phil liest den Aufdruck: »Dolce & Gabbana?«

»Jetzt nehmen Sie schon«, sagt Montgomery, »wir wollen doch nicht, dass Phil & Friends beim Publikum ihre Wirkung verfehlen.«

20

Wie sich zeigt, werden wir an Bord bereits sehnsüchtig erwartet. Von Stagemanager Maxi. Oder Stagemanage*rin* Maxi. Ist unklar. Der oder die Maxi selbst legt sich da nicht fest. Um das zu unterstreichen, trägt Maxi im einen Ohr ein Männlichkeitssymbol als Ring, im anderen ein Weiblichkeitssymbol.

»*Der* Maxi oder *die* Maxi«, sagt Maxi, »Hauptsach, du mogst mi!«

Wer es danach noch nicht kapiert hat – so wie Phil –, dem zeigt Maxi den Stern, den er oder sie oder er *und* sie sich auf ihren und/oder seinen Adamsapfel hat tätowieren lassen. »Mein Gendersternchen!«

Maxi trägt ein schillerndes Spitzenhemd, durch das man einen durchtrainierten Oberkörper erkennt. Ich erwähne das nur, weil das grünliche Leibchen diesen Oberkörper umflattert wie Libellenflügel, als Maxi uns voraus durch die Flure hüpft.

Maxi bringt uns in die »Künstlerkolonie«. Das dauert. Jede neue Etage deckt ein neues Farbspektrum ab. Nichts für schwache Nerven. Wer auch immer sich dieses Konzept ausgedacht hat, scheint eine ausgeprägte Vorliebe für schräge Drogen zu haben. Nicht einmal nach einer *Holy Shit* von Archimedes kriegt mein Gehirn solche Farben zustande.

Während wir gefühlt einmal das gesamte Schiff ablaufen, erhalten wir eine Blitzeinführung in die *Golden Silverstar*.

Insgesamt gibt es zwanzig Decks, etliche Restaurants, mindestens ebenso viele Bars, einen Wellnessbereich, der so groß ist wie das Olympiastadion, Pools bis zum Abwinken und natürlich eine Shopping-Mall. Aber vor allem – Maxi wirft die Hände in die Luft – »Entertainment!«

Die Gäste dürfen alles machen, nur langweilen dürfen sie sich nicht. An Bord der *Golden Silverstar* ist Langeweile eine Todsünde. Deshalb gibt es auf den meisten Decks die *public spaces*. Die bieten Fressen, Saufen, Shoppen, und zwar rund um die Uhr. Und natürlich: Entertainment!

Bevor wir die »Künstlerkolonie« erreichen, hat Phil bereits Kopfschmerzen und fragt Maxi nach Aspirin. Maxi zieht den Reißverschluss der Hip-Bag auf und kramt zwei Aspirin plus C heraus.

»Wenn du no wos anders braast – i hob ois.« Wieder wirft Maxi die Arme in die Luft. »One Team, one dream!«

»Aspirin reicht fürs Erste«, sagt Phil.

Von Deck neun aufwärts bis ganz nach oben sind die Gäste untergebracht. Wenn ich es richtig verstehe, gibt es so ungefähr dreitausend Kabinen, was schon wieder nach echt viel klingt, aber alles, was Maxi uns erzählt, klingt irgendwie nach wahnsinnig viel.

»Do samma!«

Wir stehen am Ende eines Flurs, vor uns eine Tür, die eher nach Tresor aussieht.

Rufus späht aus Phils Tasche und liest den Glitzer-Schriftzug, der sich über die Tür zieht. »Artists Area«, flüstert er.

Maxi drückt den Verriegelungsbalken, die Tür schwingt auf, und sofort schlägt uns eine Geruchsmischung sämtlicher Körperflüssigkeiten entgegen, die Menschen so absondern.

»Auf was für einem Deck sind wir hier?«, erkundigt sich Phil.

»Drei.«

»Hast du nicht gesagt, die Gäste sind von Deck neun aufwärts untergebracht?«

»Ihr seid koane Gäste, ihr seid Teil des Teams! Gäste kannst du do ned unterbringa. Gibt koa Fensta.«

»Und warum nicht?«

»Weil mia unterhoib da Wassalinie san.«

Phil dreht sich um und blickt den gräulichen Flur hinunter, durch den wir hergekommen sind. Tatsächlich scheint denen hier unten die Farbe ausgegangen zu sein. Beruhigend.

»Was ist denn außer der Artists Area noch hier unten?«

Maxi kratzt sich am Gendersternchen. »Oiso: De Krankenstation, de Quarantäne und a boh Hundert unterbezoide Fillipinos, da ohm den Baaz wegmachn.«

»One Team, one dream«, bemerkt Phil.

Hinter der Sicherheitstür macht der Flur einen Knick, rechts und links gehen Kabinen ab. Maxi erklärt uns, wer wo untergebracht ist. Die wirklichen Stars wohnen natürlich nicht in der Artists Area, sondern haben Kabinen auf Deck zehn. Sie sind vertraglich verpflichtet, den wesentlichen Teil ihrer Zeit an Deck zu verbringen und mit den Gästen zu socialisen. In der Artists Area sind die Semi-Stars (Kabinen 1 bis 8), die Unterhaltungs- und Kleinkünstler (9 bis 36) und die »Füller« untergebracht (37 bis 52). Füller heißen so, weil sie dafür da sind, Leerzeiten zu füllen. Unsere Kabine hat die Nummer 35.

Maxi zieht die Tür auf und ruft: »One team, one dream!«

Das Echo aus der Kabine klingt matt: »One team, one dream.«

Die Kabine hat die Größe eines Zugabteils, rechts ein Doppelstockbett, links ein Doppelstockbett. Der Mittelgang ist ein Berg aus Keulen, Stangen, Reifen und Bällen.

Auf den oberen Betten sitzen zwei Asiaten, die so klein sind, dass ihre Köpfe tatsächlich nicht an die Decke stoßen. Sie werfen einander Bälle zu, und zwar in einer Geschwindigkeit, dass ich gar nicht mitkriege, wie viele das sind. Auf jeden Fall sind immer mindestens zwei oder drei oder vier davon in der Luft. Richtig konzentrieren müssen sie sich dabei nicht. Als Phil reinkommt, nicken sie ihm freundlich zu, lächeln und sagen »hi!«. Die Bälle fliegen die ganze Zeit weiter.

Auf einem der unteren Betten liegt ein Mann, dessen Füße über die Kante ragen. Er hält ein Kartendeck in der Hand, und jedes Mal, wenn seine freie Hand daran vorbeiwischt, ist eine andere Karte oben. Wie Gestensteuerung. Also, mir gefällt es hier.

»Eure Show is fia secks Uah ogsetzt«, erklärt Maxi. »In da Rock'n'Roll-Bar. Noch am Quiz und voa da Karaoke. Aba vorha miassn ma dia no de Hoa schneidn. So gäd ma do koana auf de Bühne. Hoppla!« Maxi spürt einer Vibration nach, die durch das Schiff geht. »Do fahrn ma scho wieda. One team, one dream.«

»One team, one dream«, erwidern der Zauberkünstler und die Jongleure.

Maxi wirft Phil einen Blick zu und stemmt die Hand in die Hüfte.

»One team, one dream«, grummelt Phil.

»So is brav.«

Phil hängt die Anzugtasche an den Bettrahmen. Als Nächstes erfahren wir, dass die beiden Jongleure Dan und Han heißen und der Kartentrickser Frederick.

»Phil«, sagt Phil. »Philipp Müller.«

»Und«, fragt Frederick, während weiter auf unerklärliche Weise die obersten Karten seines Decks wechseln, »was machst du so?«

Phil schiebt mit dem Fuß die Keulen und Stangen zusammen und stellt die Umhängetasche auf den Boden. »Jungs«, meint er, »warum sagt ihr euren neuen Zimmergenossen nicht guten Tag?«

Rufus und ich schlagen den Deckel zurück, steigen aus der Tasche, treten an Frederick heran und strecken ihm jeweils eine Klaue hin.

Er beugt sich vor, lächelt. Über uns hören plötzlich die Bälle auf zu fliegen. Nacheinander schütteln wir Fredericks Hand.

»Rufus«, sagt Rufus, »angenehm.«

»Ray.«

Sofort ist das Eis gebrochen. Erdmännchen sind einfach krass die Sympathieträger.

Gleichzeitig sagen Han, Dan und Frederick: »Cool!«

21

Hut ab: Montgomery hat ein gutes Auge für Konfektionsgrößen. Beinahe zu gut. Bei der Farbwahl allerdings würde ich ein Fragezeichen setzen. Der Anzug, den sie Phil für seinen Act als Phil & Friends mit auf den Weg gegeben hat, sitzt wie aufgesprüht. Das Ding ist: Er glänzt wie eine Verheißung und ist, na ja, golden.

Maxi gefällt's. »Hoassa Schoass!«, ruft der/die Stagemanager*in, als er/sie uns abholt und zur Visagistin bringt. Flure, Farben, Aufzüge, Menschen in zu kurzen Shorts und Badelatschen, die nach Sonnencreme und kaltem Schweiß riechen. Noch mehr Flure.

Zendaya – so heißt die Visagistin – ist jung, hat eine makellose Bronzehaut, und auch der Rest von ihr sieht aus wie gefotoshopped.

»Des do is der Phil«, stellt Maxi unseren Partner vor. »Machst ma do wos draus, des schnackelt, jo?«

Zendaya blickt Phil eine, zwei, drei Sekunden lang an. Dann sagt sie: »Gib mir fünfzehn Minuten.«

»Zehn miassn reichen«, sagt Maxi und rauscht aus der Kabine.

Als er und/oder sie zehn Minuten später wieder in die Kabine reinrauscht, hat Phil Eyeliner und Wimperntusche drauf, und seine Haare sehen aus, als hätte der Blitz eingeschlagen. Rufus und ich haben es uns auf dem Schminktisch gemütlich gemacht, tuschen uns gegenseitig die Barthaare und amüsieren uns prächtig, unser Partner eher so mittel.

»Na bittschön!« Der und/oder die Stagemanager*in klatscht in die Hände. »Jetzt aba schnei, eure Show startet in fünf Minudn.«

Phil sieht uns an. Dann sagt er: »Fuck.«

In dem Moment klickt's auch bei Rufus und mir. »Wir haben gar keine Show.«

Und Maxi sagt: »Auf gäd's!«

Sehr zu unserer Überraschung ist die Rock'n'Roll-Bar um sechs Uhr abends bereits knallvoll. Lange Stehtische durchziehen den Raum, genauso wie der Biergeruch. Die Leute stehen dicht an dicht. Und erwarten das Rock'n'Roll-Quiz, das hier sonst jeden Tag um diese Zeit stattfindet und bei dem der Gewinner VIP-Karten für die Gesangsshow um acht im Theatrium ergattern kann. Die meisten Einrichtungsgegenstände sind aus Metall – Tische, Stühle, Deckenplatten, Wandverkleidung. Offenbar ist das die Gleichung, die hinter der Rock'n'Roll-Bar steckt. Rock'n'Roll = Stahl. Der Rest ist blaues Neonlicht. Aus den Lautsprechern dröhnt *Jump* von van Halen.

Wir haben immer noch keine Idee für eine Show, aber ich hab Phil gesagt, dass die wirklich Großen auf jeder Bühne zu Hause sind. Mit oder ohne Skript.

Seine Antwort: »Dein Wort in Gottes Ohr.« Der Spruch der Verzweifelten.

Während sich unser gold glitzernder Partner – mit uns in der Tasche – durch die Reihen und vor zur Bühne zwängt, sage ich zu Rufus: »Lass mal 'n Abgang machen.«

Mein Bruder sieht mich an. »Das kannst du nicht bringen, Ray.«

»Ist Teil der Show«, sage ich.

»Dein Wort in Gottes Ohr.«

Wir lupfen den Deckel an, schlüpfen durch die Öffnung und verkrümeln uns im Trubel unter einen der Stehtische.

Al-ter, was für ein Fußgeruch! Die Umkleide einer Schulturnhalle ist nichts dagegen. Wo man hinsieht – angetrunkene Menschen in Badelatschen. Zum Glück sind die Barhocker und die Tische alle im Boden verschraubt. Umfallen kann hier nix. Rock'n'Roll!

Mitten im Gitarrensolo wird van Halen der Saft abgedreht, was bei den Anwesenden ein mittelschweres Unmutsbeben auslöst, das aber schnell abebbt. Als Nächstes hören wir eine Stimme, die nicht Phils ist und die den Anwesenden erklärt, dass das Rock'n'Roll-Quiz bis auf Weiteres abgesetzt ist. Stattdessen darf sich das Publikum auf einen total neuen, tollen, aufsehenerregenden Weltklasse-Act freuen, Yay! »Lassen Sie sich überraschen! Hier sind: Phil and Friends!«

Die Neonbeleuchtung wird heruntergedimmt, die Spannung steigt. Ich suche mir ein behaartes Bein, das nach mindestens eins Komma fünf Promille riecht, und zwicke dem Besitzer in die Wade. Von oben herab kommen zwei glasige Augen auf mich zu, die sich fragen, ob ihm jemand was in den Drink gemixt hat. Genau was ich wollte.

Ich lege eine Kralle auf die Schnauze – pssst! – und bedeute dem Typen, dass er uns hochheben soll.

Macht er natürlich. Er setzt Rufus und mich auf dem Tisch ab, sieht uns an und sagt: »Speziell!«

Zum Glück bemerkt uns niemand, weil alle Aufmerksamkeit der Bühne gilt, auf der gerade Phil und sein Glitzeranzug und seine Windstärke-10-Frisur von einem einzelnen Spot angestrahlt werden. Irgendjemand hat ihm außerdem ein Headset übergestülpt.

»Hallo«, tönt es aus den Lautsprechern. »Ich bin Phil.«

Ich sag es mal so: Phil als Entertainer mit gestylten Haaren und im goldenen Dolce & Gabbana-Dress – das hat Gott nicht gewollt. Es ist, als hätte sich Keiler Herrmann einen Eichhörnchenschwanz angeklebt und würde versuchen, auf einen Baum zu klettern.

Phil platziert seine Umhängetasche auf dem Stehtisch neben sich. »Und das hier«, er versucht sich an einer dramatischen Pause, »sind meine Freunde.«

Er schlägt den Deckel zurück, das Publikum reckt die Hälse, und aus der Tasche kommt: nichts.

22

Phil beugt sich über die Tasche, sieht, dass sie leer ist, und sagt mit einer Überraschung, die unmöglich gespielt sein kann: »Fuck.«

Das bringt ihm immerhin erste Lacher ein.

»Die müssen irgendwie aus der Tasche gefallen sein«, entschuldigt er sich. »Alle mal bitte die Füße still halten! Können Sie unter sich gucken, ob da irgendwo zwei …«

In diesem Moment zerspringt ein halb volles Bierglas, das ich gerade über die Tischkante geschoben habe, geräuschvoll auf dem Stahlboden. Alle Augen richten sich auf unseren Tisch, der Spot folgt den Blicken … Und da stehen sie: Phil's Friends, zwei Erdmännchen, von denen eins einen rosa Klettgurt um den Bauch geschnallt hat und das andere sich gerade eine weiße Serviette um den Kopf bindet, damit es wie eine Erdmännchen-Krankenschwester aussieht. Ta-taaa!

»Da sind ja die beiden Ausreißer!«, ruft Phil. Mann, ist der schlecht.

Plötzlich kommt Bewegung in die Menge, alles drängt an unseren Tisch, will die supersüßen Erdmännchen in Augenschein nehmen. Ich bedeute Phil, dass ich ebenfalls ein Headset brauche. Großes Gelächter. Menschen sind sowieso schon einfach zu kriegen, aber ab ein Promille aufwärts ist es echt ein Kinderspiel.

Headset gibt es keins, dafür wird ein Mikro durch die

Menge gereicht und kommt schließlich an unserem Tisch an. Ich knarze etwas hinein, das nur Phil versteht, das aber alle sehr lustig finden: »Sag diesen Dödelfreaks, dass Doktor Rufus und Krankenschwester Ray heute kostenlose Gesundheits-Checks vornehmen!«

»Darf ich vorstellen?«, fragt Phil. »Das sind Doktor Rufus und Krankenschwester Ray. Sie haben erstaunliche diagnostische Fähigkeiten. Wer möchte sich untersuchen lassen?«

Ein Freudenschrei geht durch den Laden, Rock'n'Roll. Alle wollen sich untersuchen lassen. So ist er, der Mensch. Wenn man da länger drüber nachdenkt, fängt man entweder an zu lachen oder zu weinen.

Rufus und ich gehen die Reihe der uns entgegengereckten Hände ab. Ich tue so, als würde ich den Puls fühlen, lege mein Ohr auf Schlagadern, während Rufus mit der LED-Leuchte, die an seinem Klettgurt befestigt ist, in Augen funzelt, Ohren ausleuchtet und Menschen seinen Minikompass gegen die Stirn drückt. Das finden sie besonders lustig – wenn ein Erdmännchen ihnen einen Kompass gegen die Stirn drückt und so tut, als würde es etwas ablesen.

Unsere Blitzdiagnosen gibt Rufus über das Mikro an Phil weiter. Dafür brauchen wir allerdings weder LED-Leuchte noch Kompass, da reicht einem geübten Erdmännchen, einmal an der Haut zu schnuppern.

»Der hier frisst eindeutig zu viel Cheddar-Käse!«, sagt Rufus.

Phil ruft in die Menge: »Doktor Rufus sagt, Sie sollten weniger Cheddar essen!«

Der Typ ist aus dem Häuschen. »Dasselbe hat mein Arzt gesagt!«

Rufus ist bereits zwei Patienten weiter. »Frag den hier mal, wie er heißt.«

Phil: »Junger Mann, Doktor Rufus hätte gerne Ihren Namen erfahren.«

Der Typ ist jung, unsicher, Pausbacken, Sommersprossen, Pickel, hat zu lange sinnlos in der Sonne gelegen. »Ich bin Einar«, sagt er.

»Oh«, sagt Phil, »tut mir leid.«

Gelächter.

»Ich meine«, beeilt Phil sich zu sagen, »wenn ich das gewusst hätte, hätte ich nicht gefragt.«

Noch mehr Gelächter.

Der arme Einar macht das, was er in seinem Leben bestimmt schon tausendmal gemacht hat: lächelt die Schmach seines Namens unter den Tisch.

Rufus riecht noch einmal an seinem Arm, nur um sicherzugehen. »Sag ihm«, ruft mein kleiner Bruder, »Doktor Rufus hat gute Neuigkeiten für ihn. Die Cortisoncremes und die Tabletten kann er sich sparen, die bekämpfen sowieso nur die Symptome. Wenn er auf tierisches Eiweiß verzichtet, geht die Schuppenflechte von alleine weg. Jeden Morgen drei Eier sind sowieso nicht gesund. Und warum stopfen sich hier an Bord eigentlich alle mit Cheddar voll?«

Phil gibt Rufus' Diagnose an das Publikum und an Einar weiter. Darauf wird es ziemlich ruhig in der Rock'n'Roll-Bar. Unglauben macht sich breit. Das kann nicht mit rechten Dingen zugehen. Einar blickt erst Rufus, dann mich, dann wieder Rufus an. Um ihm etwas Zuversicht zu vermitteln, versuchen Rufus und ich, wie zwei Daumen-hoch-Emojis auszusehen.

»Danke«, nuschelt er, zieht seinen Arm zurück und verschwindet in der Menge.

Nach dieser Nummer ist im Publikum ein deutlicher Sensationshunger spürbar. Wir brauchen dringend etwas, das die Arztnummer noch toppt.

Ich überlege, was dieses Etwas sein könnte, als mich – entfernt, ein Strang unter vielen – ein Geruch streift, der wie ein heller Punkt in dieser ansonsten alkoholschwangeren Testosteronsuppe leuchtet. Ich spüre dem Geruch nach und entdecke in zweiter Reihe eine amüsiert dreinblickende Frau mit Pagenkopf.

Ich nehme Blickkontakt auf und eine extrem coole Pose ein. Dann winke ich sie zu mir.

Sie zeigt mit dem Finger auf sich selbst und fragt: »Ich?«

Ich mache eine Geste: Wer denn sonst?

Sie kommt an den Tisch, wo Rufus und ich sie ausgiebig beschnuppern. Ich klettere sogar ihren tätowierten Arm hinauf und rieche an ihrem Hals. Und siehe da, es ist, wie ich vermutet habe: unternehmungslustig, im besten gebärfähigen Alter, Hetero, Single, enttäuscht, aber nicht frustriert, emotional. Falls sich jemand fragt – ja, das kann ich riechen, easy, und noch so einiges andere, aber da möchte ich jetzt nicht ins Detail gehen.

Ich sehe sie an und lege mir eine Klaue hinters Ohr. Soll heißen: Ich höre.

»Birgit«, sagt Birgit.

Rufus hält mir das Mikro hin, und ich sage: »Phil, frag Birgit, ob sie will, dass wir ihr unter den Anwesenden den perfekten Sexpartner herausschnüffeln.«

»Ähm«, Phils Stimme tönt etwas verlegen aus den Deckenlautsprechern, »also, es ist so, Birgit, dass Rufus und

Ray gerade angeboten haben, unter den Anwesenden den perfekten Partner für dich herauszuschnüffeln. Möchtest du das?«

Birgit nimmt Rufus das Mikro aus den Klauen. »Immer her damit!«

Natürlich wollen so ziemlich alle in diesem Schuppen der ideale Sexpartner für Birgit sein. Unzählige Arme werden uns entgegengestreckt.

Rufus und ich teilen uns auf und lassen uns durch die Bar reichen, von einem Tisch zum nächsten. Als ich bei den Toiletten ankomme, explodiert mein Gehirn gleich vor lauter eingeatmeten menschlichen Ausdünstungen. Leider war der passende Partner für Birgit nicht dabei. Ich habe also mein Maul mal wieder zu voll genommen. Jetzt was?

In dem Moment schallt Rufus' Stimme aus den Lautsprechern: »Ray, komm mal!«

Phil schaltet sich ein. »Wenn Sie bitte Ray einmal zu Rufus auf die andere Seite hinüberreichen könnten! Offenbar hat Rufus etwas erschnüffelt. Nein, stop, Ray ist der mit der Schwesternhaube!«

Über die Köpfe der Anwesenden hinweg werde ich durch den Raum gereicht – bis ich bei Rufus ankomme, der auf dem Geländer sitzt, das den DJ-Bereich vor aufdringlichen Gästen schützt. Die Spannung im Publikum ist kaum noch steigerbar.

»Riechst du das?«, fragt mein Bruder.

Und ob ich das rieche. Der perfekte Partner für Birgit, aber so was von. Nur: Woher kommt der …

Ich drehe mich um. Hinter dem Pult steht der Beleuchter und sieht uns aus großen braunen, verunsicherten Kulleraugen an.

»Phil«, spricht Rufus ins Mikro. »Sag Birgit, sie soll herkommen!«

Während Birgit sich durch die Menge arbeitet, bedeuten wir dem Beleuchter, dass er aus seinem Sicherheitsbereich herauskommen soll.

Kurz darauf stehen sich zum ersten Mal in ihrem Leben Birgit und der Mann gegenüber, der ihr gleich sagen wird, dass er Nabil heißt, und Birgit sagt: »Birgit.«

Und, bitte, da kommt's. »Nabil«, sagt Nabil.

Sie sehen einander an, ihre Hormone tanzen Kasatschok, sie können es nicht glauben, ist aber egal, denn im nächsten Augenblick fallen sie einander in die Arme und knutschen.

Rufus und ich verbeugen uns, das Publikum johlt und klatscht, van Halen bringt sein Gitarrensolo zu Ende, und Phil & Friends sind der neue hot shit an Bord der *Golden Silverstar*.

23

Phil zieht unsere Kabinentür mit deutlich mehr Schwung ins Schloss, als notwendig wäre, streift angewidert sein Glitzerjacket ab und lässt es auf den Boden fallen. Rufus und ich steigen aus der Tasche und beobachten ihn dabei, wie er zu aufgebracht ist, um sich zu setzen. Wenn er könnte, würde er jetzt auf und ab gehen, ist aber kein Platz da. Groll steigt von ihm auf und sammelt sich unter der Kabinendecke. Rufus entriegelt sein Smartphone und beginnt zu scrollen.

Dan und Han haben ihre Position seit vorhin nicht verändert. Einziger Unterschied ist, dass sie sich jetzt Keulen statt Bälle zuwerfen. Der Kartentrickser ist irgendwo an Deck unterwegs und bespaßt die Gäste.

»Hätte mir jemand gesagt, dass ich mal als Animateur auf einem Kreuzfahrtschiff enden würde«, mault Phil, »hätte ich demjenigen gesagt, er soll mir einen Strick geben.«

»Und was sagst du jetzt?«, frage ich.

Phil sieht mich an. »Erschieß mich.«

»Keine Sorge«, tröstet ihn Rufus, »es besteht Anlass zur Hoffnung, dass das Ende noch nicht erreicht ist.«

Jetzt setzt Phil sich doch aufs Bett. Herumstehen bringt es nicht. »Das Ende vielleicht noch nicht«, sagt er, »auf jeden Fall aber der Tiefpunkt.«

Unsere erste Show war ein derart durchschlagender Erfolg, dass Phil & Friends sich danach ungefähr eine Million

Mal fotografieren lassen mussten. Fotos mit grölenden Engländern, denen getrockneter Bierschaum in den Mundwinkeln klebt, Selfies mit Amerikanerinnen, denen die Brüste aus den Tanktops ploppen, Gruppenfotos, Phil in der Mitte, Rufus und ich auf seinen Schultern, alle drei lächelnd, umringt von streng gescheitelten Rock'n'Rollern mit identischen Basecaps: Kegelclub Horchheim 1984 e. V.

Und alles längst auf Insta und tausendfach geliked, wie Rufus feststellt. Auf den Fotos, die mit Blitz gemacht wurden, sieht Phil in seinem Reflektoranzug aus, als würde er in einem goldenen Feuerball explodieren.

»Das Internet vergisst nie«, doziert Rufus und zeigt Phil ein besonders bescheuertes Foto, auf dem sich zwei Frauen an ihn schmiegen, während Rufus und ich auf ihren Schultern sitzen, so tun, als würden wir in ihre Ausschnitte glotzen, und sie so tun, als würden sie das frivol finden.

»Denk an unsere Mission«, sage ich.

»Tue ich.« Phils Blick streift noch einmal das Foto. »Die brauchen mich nicht über Bord werfen. Ich springe freiwillig. Außerdem frage ich mich, wie es unserer Mission dienen soll, wenn wir Doktorspielchen mit betrunkenen Portugiesinnen veranstalten. Wir müssen an die Burgakov und die anderen rankommen und herausfinden, was hinter dem Ocean's Club steckt.«

Wie wir das machen sollen, darauf haben Rufus und ich zwar auch noch keine Antwort, zum Glück aber, und das wissen wir in diesem Moment noch nicht, wird die Antwort in fünf Sekunden … vier, drei, zwei, eins:

Die Tür schwingt auf, und ein euphorisches »one team, one dream!« dringt in die Kabine.

Maxi strahlt über das gesamte Gesicht, hebt Phils Jacket

vom Boden auf und hält es ihm hin. »Gratulation! Des kannst du glei wieda oziang. Und dei Frisur braucht dringend a refresh.«

Phil sieht fragend zu ihm/ihr auf.

Maxi wirft sich in Pose. »Ihr seid de Show fias Captain's Dinner!«

»Du verarschst mich.«

»I muaß scho song: Reschpekt. Seit siebn Joar bin i etz Stagegemanaga, aba so schnei wia ihr hod's no koana na obn gschofft.«

»Seit sieben Jahren machst du das?«

»Logisch. One team, one dream und so weida.«

»Maxi?«

»Wos?«

»Ich brauch einen doppelten Whisky, Single Malt, wenn möglich, und ohne Eis.«

Maxi stemmt eine Hand in die Hüfte. »Wenn 's weida nix is.«

Der und/oder die Stagemanager*in hüpft uns voran durch die Flure, fährt mit uns auf Ebene 6, wo er und/oder sie Phil kurz bei Zendaya in der Maske abgibt. Der Visagistin reichen drei schnelle Bewegungen und ein Haarspray, um Phils Haare in Form zu dirigieren.

Danach steht Maxi vor ihm mit einem breiten Grinsen im Gesicht und einem doppelten Single-Malt in der Hand, ohne Eis. »Eini damit!«

Phil kippt den Whisky, schließt einen Moment die Augen. Dann beugt er sich zu Rufus und mir herunter. »Irgendeine zündende Idee, womit Phil & Friends die Gäste beim Captain's Dinner bei Laune halten sollen?«

Als mich sein Whisky-Atem trifft, herrscht in Zendayas

Kabine plötzlich hoher Seegang, und die *Golden Silverstar* dreht sich im Kreis.

»Hauptsache, du hältst dich von offenem Feuer fern.« Kaum hab ich das gesagt, kommt mir eine Idee. »Was unsere Show für das Captain's Dinner angeht: Sag Maxi einfach, wir möchten vorher in der Restaurantküche abgeliefert werden.«

24

Das Seafood-Restaurant von Sternekoch Olivier Martinus befindet sich auf Deck 18 und heißt, kein Witz: Ocean's. Phil greift sich an die Stirn, als er die Speisekarten mit dem weißen Prägeaufdruck sieht. »Ocean's Club«, murmelt er. »Wäre ich nur ein bisschen dümmer, wäre ich früher draufgekommen.«

Wir stehen hinter der Pendeltür mit den Bullaugen, die den Gastraum von der Küche trennt. Besser gesagt, Phil steht. Rufus und ich hocken, und zwar auf einem Porzellanteller, der wiederum auf einem Servierwagen liegt. Phil hat Martinus erklärt, was wir vorhaben, und der Starkoch, der immer für einen Scherz zu haben ist, hat sich einverstanden erklärt, Phil den ersten Gang servieren zu lassen.

»Von uns aus kann es losgehen«, sagt Rufus.

Phil rührt sich nicht.

»Phil?«, frage ich.

»Hab's gleich.«

Phil greift sich die durchsichtige Flasche, die ebenfalls auf dem Servierwagen steht, zieht den Korken heraus und nimmt einen Schluck. In der Flasche steigen Luftblasen auf. Angewidert blickt er auf das Etikett. »Abricotine?«

Martinus wirft sich seine Tolle aus der Stirn. »Aprikosenbrand«, erklärt der Koch.

»Und es gibt Menschen, die trinken das – freiwillig?«

Martinus hebt verschwörerisch die Brauen. Und ob.

Phil rülpst und drapiert sich die Handserviette über den Arm. »One team, one dream.«

Rufus und ich setzen uns die selbst gefalteten Kochmützen auf, dann stülpt Phil die silberne Speiseglocke über uns, es wird schwarz, und wir werden durch die Pendeltür geschoben.

Als der Servierwagen anhält, höre ich dumpf Phils Stimme. Er sagt etwas von geänderter Menüfolge und einem besonderen Gruß aus der Küche.

»Und dieser Gruß wird Ihnen heute von zwei fachkundigen Köchen serviert!«

Er hebt die Speiseglocke an, Rufus und ich verbeugen uns, und der Captain's Table ist augenblicklich vor Entzücken ganz entflammt. Dabei haben Rufus und ich mit unserer Show noch gar nicht angefangen.

Außer uns und der Flasche Abricotine befinden sich eine Reihe kleiner Schalen auf dem Servierwagen, in denen jeweils eine karamelisierte Aprikose und ein cremeweißer Keks liegen. Rufus und ich nehmen die Flasche, machen eine ziemliche Show daraus, mit vereinten Kräften den Korken herauszuziehen, und schütten über jede der Aprikosen einen Schluck Abricotine, wobei wir uns ziemlich dämlich anstellen, weil uns der verdunstende Alkohol direkt in die Birne steigt.

Immerhin sehe ich noch klar genug, um zu erkennen, dass am Captain's Table einige der Nasen versammelt sind, die Montgomery uns als mögliche Mitglieder des Ocean's Club präsentiert hat. Zunächst ist da Kapitän Costas Papadopoulos, der in echt noch vertrauenswürdiger aussieht als auf dem Foto, das Montgomery uns gezeigt hat. Wenn er Arzt wäre und dir sagen würde, dass du Krebs hast, würdest du nur antworten: Sie machen das schon. So einer.

Neben Papadopoulos sitzt die Oligarchenwitwe Natalia Burgakov und neben ihr das Oligarchenwitwentöchterchen Betty Blue. Als Nächster ist da der Typ, dem das Schiff gehört und der, wenn ich mich richtig erinnere, Viktor heißt. Viktor trägt Smoking und Fliege und sieht aus, als wäre er zur Oscar-Verleihung angereist. Wenn er lacht und dabei »fantastic!« ruft, so wie jetzt, wackelt der Tisch. Sein Kinn geht nahtlos in den Hals über, seine letzten silber glänzenden Haare sind liebevoll in Form geföhnt, und seine Zähne leuchten vermutlich auch noch, wenn der Strom ausfällt.

Der Burgakov gegenüber sitzt Kim Gong Suk, der Typ mit der Softwarefirma. Wie auf dem Foto, das Montgomery uns gezeigt hat, hat er auch heute eine Mütze auf. Bei Interpol munkelt man, dass er die Mütze nicht mal im Schlaf abnimmt, wie Lindenberg seinen Hut. Er behält die Mütze auf, weil alle Versuche, Suk Haare zu transplantierern, gescheitert sind. Sein Kopf verweigert es. Und wenn man in Südkorea eine Glatze hat, dann ist das so, als würde man bei uns mit heruntergelassener Hose herumlaufen. Meint Montgomery. Suks Gesicht ist rund wie eine Bowlingkugel, und ein kurzer Blick genügt, um zu wissen, dass er vor allem eins ist: ein fünfundvierzigjähriges Spielkind.

Okay, zwei fehlen noch. Der eine ist Magic Nick, das *One-hit-wonder*. Der ganze Typ ist ein schillerndes Pfauenrad, selbst Phils Goldanzug wirkt bieder dagegen. Die Fingernägel hat sich Nick in den Farben des Regenbogens lackieren lassen, mit Metallic-Effekt, versteht sich. Der Erfolg kommt und geht, aber Diva bleibst du für immer.

Die Letzte in der Runde ist eine Frau, die Montgomery nicht auf dem Schirm hatte. Sie hat weiße Haare, die nach Flokati aussehen, trägt jede Menge Ketten und Ringe, ist wahrscheinlich hundert oder so, sitzt im Rollstuhl und hat es faustdick hinter den Ohren. Während sie Rufus und mir dabei zusieht, wie wir den Aprikosenbrand verschütten, grinst sie amüsiert in sich hinein.

Nachdem Rufus und ich den Aprikosenbrand großzügig auf die Schälchen verteilt haben, verbeugen wir uns. Rufus dämpft in falscher Bescheidenheit den Applaus. Dann kommt das eigentliche Highlight der Show.

Er dreht mir seinen Rücken zu, worauf ich ein sehr langstieliges Streichholz aus seinem Klettgurt ziehe. Ich tue so, als würde ich unter dem Gewicht schwanken, was sogar der maximal gelangweilten Betty Blue die Andeutung eines Lächelns entlockt. Rufus streckt mir seinen Hintern entgegen, ich greife das Streichholz wie den Stab eines Stabhochspringers, benutze den Klettgurt als Reibefläche, ratsche mit dem Streichholz darüber und halte das brennende Streichholz in die Höhe wie eine Fackel. Applaus, bitte. Danke. Verbeugung.

Reihum gehe ich die Schälchen ab, senke mein Streichholz und setze mit einem beeindruckenden »Wuff« den Schnaps in Brand. Damit der arme Phil auch etwas zu tun hat, darf er anschließend die Feuer spuckenden Schälchen an die Gäste verteilen. Nachdem auch die letzte Aprikose flambiert ist, strecke ich Rufus das Streichholz hin, der die Flamme auspustet. Wir verbeugen uns, und dann sehe ich, wie Betty Blue ganz große Augen bekommt, und denke: Da staunt sogar die verwöhnte Göre.

Dann merke ich, dass auch die anderen Gäste am Tisch ganz große Augen bekommen, wende mich Rufus zu, der dieselben großen Augen bekommt und ruft: »Du brennst!«

Ich drehe mich um, stelle fest, dass die letzte flambierte

Aprikose mir bereits den halben Hintern versengt hat, und denke: Deshalb riecht es hier so.

Rufus reißt derweil Phil die Serviette vom Arm, taucht sie in das Wasserglas von Kim Gong Suk, wirft sich in einem halsbrecherischen Hechtsprung auf mich und erstickt die Flammen, die von meinem Hintern aufzüngeln.

Standing ovations.

25

Ich sag mal so: Nachdem mein Hintern in Flammen gestanden hat, wüsste ich nicht, was der internationalen Karriere von Phil & Friends noch im Weg stehen sollte. Jedenfalls wird eilig ein weiterer Stuhl herbeigeschafft und Phil aufgefordert, am Captain's Table Platz zu nehmen.

Als sich alle beruhigt haben und schließlich sogar Kim Gong Suk wieder Luft bekommt, stellt Phil sich offiziell als Philipp Müller vor. Bei dieser Gelegenheit erfahren wir, dass es sich bei der Lady im Rollstuhl um eine gewisse Madame Esterházy handelt, von der Kapitän Papadopoulos sagt, die *Golden Silverstar* sei ihr Zuhause. Dann bringt Martinus persönlich den ersten Gang an den Tisch: Edelfisch-Ragout im Safrancrêpe.

Phil wird zwischen Magic Nick und Madame Esterházy platziert, Rufus und mir wird der Servierwagen zugewiesen. Das fühlt sich zwar ein bisschen wie der Kindertisch an, aber ich will mal nicht so sein. Immerhin bekommen wir unsere eigene Portion Edelfisch-Ragout serviert, und ich muss sagen: Das ist ganz lecker. Schmeckt ja alles besser, sobald man Mayo draufkippt.

Vom Servierwagen aus haben Rufus und ich übrigens freie Sicht auf den VIP-Pool, an dessen Rand sich sehr gekonnt zwei Badenixen langweilen.

Wer es auf Deck 18 schafft, dessen Blick geht automatisch

nach unten. Runter auf die gewöhnlichen Gäste von Deck 9 bis 12, runter auf die Massen, die sich im Beach-Club auf Deck 16 um einen Platz am Pool streiten, runter auf die Bier trinkenden Badelatschen.

»Wie kommt man zu zwei solchen Erdmännchen?«, möchte Madame Esterházy wissen. »Oder sind *Sie* den Erdmännchen zugelaufen?«

Phil wirft Rufus und mir einen Blick zu.

»Bin gespannt wie ein Flitzebogen«, rufe ich und lecke mir die Mayo aus dem Maulwinkel.

Phil bleibt nichts anderes übrig, als aus dem Stegreif eine Geschichte zu erfinden. Das liegt ihm eigentlich nicht, aber er bringt es so überzeugend rüber, dass selbst mir ganz warm ums Herz wird. Er war in Ghana unterwegs, geschäftlich, und als er abends auf der Terrasse seiner Lodge saß, da kamen plötzlich diese beiden Erdmännchen aus dem Busch angestromert und haben ihn auf eine Weise angesehen, also, das war wirklich unglaublich. Als hätten sie auf ihn gewartet, ihr ganzes Leben schon, voll die Schicksalsnummer so.

»Fantastic!« Viktor Weisz klatscht seine Hände zusammen. »But how did you get them to come with you?«

»I didn't«, sagt Phil.

Es war nämlich so: Am nächsten Tag auf dem Weg zum Flughafen saßen diese beiden Erdmännchen plötzlich in seiner Umhängetasche. Bis heute hat der gute Philipp Müller keine Erklärung dafür, wie wir das gemacht haben.

»Ich schätze, du hast sie im Sack, Partner!«, rufe ich.

Rufus schiebt sich ein zusammengerolltes Stück Crêpe ins Maul. »Außer dass es in Ghana keine Erdmännchen gibt. Aber wen interessieren schon Details?«

Ich lasse meinen Blick über die Gäste schweifen. Wenn

Montgomery recht hat, dann sitzt hier eine Bande zusammen, die im großen Stil Schiffe versenkt, um überhöhte Versicherungsprämien zu kassieren. Und die außerdem den Tod von Kong zu verantworten hat. »Rufus?«

Mein Bruder beißt gerade beherzt in den Hintern einer Garnele. »Hm?«

»Hier stimmt was nicht«, überlege ich laut. »Das sind keine Berufsverbrecher. Papadopoulos würde ich sofort einen Koffer Diamanten anvertrauen, der Burgakov quillt das Geld so schon aus den Ohren, Weisz würde am liebsten den ganzen Tag Babys küssen, Magic Nick glaubt seit zwanzig Jahren, dass sein Hit immer noch auf Platz eins ist, und die Esterházy ...«

»How much?«, höre ich jemanden sagen.

Plötzlich wird es ruhig am Tisch.

Phil, der sich gerade mit Madame Esterházy unterhält, blickt an Papadopoulos vorbei zu Betty Blue hinüber. »Excuse me?«, fragt er.

»Your meerkats. How much do you want for them?«

»Die Bitch will uns kaufen«, flüstert Rufus.

Phil tut so, als müsste er überlegen. Oder überlegt er wirklich?

»Denk nicht mal dran«, knurre ich.

Phil sieht uns an, dann Betty Blue, zuckt die Schultern. »Not for sale, sorry.«

Betty Blue macht ein Gesicht, das bezeugen soll, dass sie durchaus Mitleid mit Phil hat. In Grenzen.

»Everything is for sale. That much I know.«

»Maybe you don't know everything«, sagt Phil.

Betty Blue ist jetzt schon gelangweilt. Um die Verhandlungen abzukürzen, sagt sie: »One million. Each.«

»Yen?«, fragt Phil.

»Dollar.«

Danach ist das einzige Geräusch am Tisch das, was Rufus macht, als er sich die Scheren der Garnele aus dem Maul zieht.

Mutter Bulgakov versucht sich an einem gütigen Gesichtsausdruck. »My daughter always gets what she wants«, erklärt sie entschuldigend.

Phil wendet sich uns zu. »Was sagt ihr, Jungs? Eine Millionen für euch, eine für mich?«

»Nicht im Traum, Alter!«, schimpfe ich.

»Ist eine nicht unbeträchtliche Summe«, wendet mein Bruder ein. »Da könnte man …«

»Hast du sie noch alle, Rufus!?« Ich strecke eine drohende Klaue in Phils Richtung. »Kommt nicht infrage! Arschlecken: drei fünfzig!«

»Soll ich ihr das so weitergeben?«, fragt Phil.

»Warum nicht?«, erwidere ich. »Bei der Mutter hast du dann auf jeden Fall einen Stein im Brett. Die steht garantiert drauf, wenn jemand ihrer Tochter mal die Grenzen aufzeigt.«

Phil wendet sich an Betty Blue. »Ray says, for three Dollars fifty you can kiss his ass.«

Stille. Rufus würgt einen Garnelenfühler hervor, der in seinem Hals stecken geblieben ist, leckt ihn ab und legt ihn sorgsam auf dem Tellerrand ab.

Offenbar lag ich richtig mit meiner Vermutung. Während Betty Blue noch versucht, ihre Contenance zurückzugewinnen, wirft Natalia Phil einen Blick zu, der sagt: Der kann nicht nur Erdmännchen dressieren, der könnte auch meine Tochter dressieren. Ich sehe dich, Phillip Müller. Ich sehe dich.

Die ohnehin merklich abgekühlte Temperatur am Tisch sinkt endgültig unter den Gefrierpunkt, als eine Frau in Uniform an den Tisch tritt. Ihre Montur ist sehr weiß und sehr faltenfrei. Das Gleiche gilt für die Frau selbst. Sie hat blonde Haare, die mit einem sehr scharfen Skalpell auf Kinnhöhe getrimmt wurden, und ihr roter Lippenstift ist so exakt aufgetragen, dass man sich an den Rändern schneiden könnte. Ich mag mich täuschen, aber hat Montgomery uns nicht auch ein Foto von dieser Frau gezeigt?

»Sabrina Jorgensen«, nuschelt Rufus.

»Und weiter?«, flüstere ich zurück.

Rufus deutet unauffällig auf ihre Uniform. »Drei Streifen plus Stern. Die ist der Sicherheitsoffizier an Bord.«

In dem Moment bleibt Jorgensens Blick an mir und meinem Bruder hängen. Ein Gefühl, als würde mir jemand das Fell abziehen. Rufus und ich setzen unsere Unschuldsmienen auf.

»Wieso flüstern wir eigentlich?«, flüstere ich.

»Weiß auch nicht«, gibt Rufus zurück. »Bei der hat man automatisch das Gefühl, dass man nichts vor ihr verbergen kann.«

»Jorgensen!« Weisz lehnt sich in seinem Stuhl nach hinten. »What is it?«

Die Sicherheitsoffizierin beugt sich vor – immer noch keine Falte in der Uniform – und redet unhörbar mit dem Schiffseigner.

»Thank you.« Weisz wendet sich den Anwesenden zu. »Good news, my friends. In three days the private magic show will be on.«

»Good news indeed«, sagt die Burgakov.

»Hot shit«, sagt Suk.

Magic Nick zieht sich die Augenbrauen nach. »Epic!«

Phil blickt in die Runde: »What's so special about the private magic show?«

Betty Blue, die noch immer nicht glauben kann, dass er sie tatsächlich hat auflaufen lassen, zischt: »That it's private.«

26

Bis wir zurück in unsere Kabine kommen, liegen Han, Dan und Frederick in ihren Kojen und schlafen tief und fest. Phil hängt sein Jackett an den Bettpfosten, setzt sich auf die Kante und reibt sich die Schläfen. Er hat sich während des Captain's Dinner noch zwei-, dreimal unauffällig nach der »private magic show« erkundigt, lief aber jedes Mal gegen eine Wand.

Rufus trennt sein Handy vom Ladekabel, lehnt sich in Phils Kopfkissen und gibt sich seinem Lebensinhalt hin: scrollen und tippen.

Ich hocke mich neben Phil und denke nach. Dabei kommt Folgendes heraus: »Wenn Ernie aus dem Weg geräumt wurde, dann muss er dem Ocean's Club zumindest nahegekommen sein.«

Phil reibt sich weiter die Schläfen, also denke ich weiter nach. »Irgendetwas scheint er herausgefunden zu haben«, überlege ich. »Und falls noch keiner gemerkt hat, was genau er herausgefunden hat, dann …«

»… finden wir es in seiner Kabine«, bringt Phil die Überlegung zu Ende.

Ich habe das Gefühl, dass Phil nach diesem Tag ein bisschen Zuspruch gebrauchen kann, also sage ich: »Genau!« Und überlege weiter. »Das bedeutet, als Erstes müssen wir herausfinden, welche Kabi …«

»4338«, sagt Rufus, wie üblich ohne vom Display aufzusehen. »Deck 9.«

Ich sehe zu ihm hinüber. Wahrscheinlich sind alle Genies Nervensägen. Über uns schnarcht entweder Han oder Dan so laut, dass das ganze Bettgestell vibriert. »Du hast Zugriff auf die Passagierliste?«, frage ich.

»Noch nicht«, Rufus kratzt sich am Kinn, »aber auf das Überwachungssystem.« Er dreht uns das iPhone zu. Zu sehen ist der Bildausschnitt einer Überwachungskamera. Darauf ist eine Kabinentür mit einer Nummer zu erkennen, außerdem zwei violette Klebestreifen über dem Schloss und zwischen Tür und Rahmen.

»Oder fällt euch noch ein anderer Grund ein, weshalb eine der Kabinen polizeilich versiegelt werden sollte?«

»Nicht schlecht«, sagt Phil. »Kannst du uns auch die Magnetkarte dafür besorgen?«

»Fragt mich jemand, der bei einer Security-Firma angestellt ist.« Mein Bruder schüttelt ungläubig den Kopf. »Die Schlüsselkarten sind mit einem RFID-Chip ausgestattet. Entsprechend konfiguriert, kann jede Schlüsselkarte diese Tür öffnen.«

»Und das kriegst du hin?«

»Ist Wasser nass?«, fragt Rufus zurück. »Natürlich bekäme ich das hin. Es würde uns nur nicht viel helfen, fürchte ich.«

Schon klar, was gerade passiert, oder? Wir erleben Rufus in seiner Lieblingsdisziplin: Ich sag jetzt was, aber nur so viel, dass du nachfragen musst, damit ich es dir erklären und dir gleichzeitig unter die Nase reiben kann, wie unwissend du bist.

»Und warum nicht?«, fragt Phil.

»Weil die Firma von Kim Gong Suk bei der *Golden Sil-*

verstar ganze Arbeit geleistet hat. Insgesamt befinden sich 396 Kameras an Bord, Gesichtserkennung inklusive. Wenn sich einer von uns Ernies Kabine auch nur nähert, wird das automatisch registriert. An Bord der *Golden Silverstar* läuft niemand unbeobachtet herum. Und, bevor du fragst: Ja, ich könnte die Kameras oder einen Teil der Kameras deaktivieren, aber erstens nur mit erheblichem Aufwand und zweitens nicht, ohne eine Spur zu hinterlassen. Und wenn diese Jorgensen so schlau ist, wie ich vermute, wird sie sofort draufkommen, dass nur ich das gewesen sein kann.«

»Du glaubst, wenn hier an Bord jemand das Sicherheitssystem manipuliert, wird sie als Erstes ein Erdmännchen in Verdacht haben?«, fragt Phil.

»Okay, ich formuliere es anders. Die Spuren werden zu Phil & Friends führen. Zufrieden?«

Phil reibt sich weiter die Schläfen. »Irgendeine Chance, von außen an die Kabine zu kommen?«

»Die hätten wir, wenn Interpol meinem Wunsch nach Hochleistungs-Minidrohnen entsprochen hätte. So aber – negativ. Dennoch«, Rufus wartet, bis wir ihn ansehen, »scheint es eine Möglichkeit zu geben, von innen in die Kabine zu kommen.«

Ich frage mich, ob Rufus' geniales Superhirn wegen Überhitzung gerade den Geist aufgibt. »Hä?«

»Über die Klimaanlage. Vom Durchmesser her sind die Rohrleitungen so dimensioniert, dass Ray durchpasst. Das Problem ist, dass jedes Deck ein abgeschlossenes System hat. Wir müssten also eine Möglichkeit finden, auf Deck 9 das System zu infiltrieren, ohne dabei von einer Kamera gefilmt zu werden, was mir, um ehrlich zu sein, einiges Kopfzerbrechen bereitet. Die einzige Möglichkeit wäre, wenn wir auf Deck 9 eine eigene Kabine hätten.«

Wir hocken auf Phils Bett und brüten über der Frage, wie Rufus und ich unbemerkt in das Belüftungssystem auf Deck 9 gelangen können. Was wir nicht ahnen – und das hatten wir heute schon einmal – ist, dass die Antwort bereits auf dem Weg zu uns ist und dass wir in fünf Sekunden ein Déjà-vu erleben werden. Vier, drei, zwei, eins … Nein, offenbar dauert es diesmal …

Da! Die Tür schwingt auf. »One team, one dream!«

»One team, one dream«, antworten Dan, Han und Frederick im Schlaf.

Maxi kommt in die Kabine, und ich zische: »Rufus, Handy!«

Mein Bruder schiebt das iPhone unauffällig unter Phils Kissen und inspiziert beiläufig seinen Klettgurt.

Maxi, der/die gerade etwas sagen wollte, hält inne. »Spinn i oda hob i grod dei Eadmännchn an am Handy zoggn seng?«

Rufus ist in seiner Ehre gekränkt. »Sag dem hüpfenden Gendersternchen, dass ich mitnichten zocke«, ruft er Phil zu, »sondern dass ich gerade das Sicherheitssystem der *Golden Silverstar* in seine Einzelteile zerlege.«

Phil sieht zu Maxi auf. »Zocken hab ich ihm verboten. Ich glaube, er hackt gerade euer Security-System.«

»Oh, Mo, ihr seid's echt schräg!« Vor Freude über den vermeintlichen Witz schaukeln Maxis Ohrringe hin und her. Dann fällt ihm/ihr ein, weshalb er/sie gekommen ist. »Auf gäd's!«

Phil kann es nicht glauben. »Noch eine Show?«

Maxi macht eine wegwerfende Handbewegung: »Ihr ziagd um. Dei neia Fan hod eich a Suite auf Deck 9 spendiad.«

»Die Bulgakov?«

»Schmarrn. Die Esterházy. Hopp, hopp.« Maxi greift sich Phils Jackett. »I nehm de Jackn.«

27

Die Suite, die Madame Esterházy uns spendiert hat, besitzt diverse Vorzüge. Erstens: ein Bett, das diesen Namen auch verdient. Zweitens: ein Fenster. Drittens: ein Bad. Und in diesem Bad, viertens, eine Revisionsklappe, durch die sich, wie Rufus es ausdrückt, das Rohrsystem der Klimaanlage infiltrieren lässt.

Mein kleiner Bruder behauptet, dass er mich bei dieser Aktion nicht begleiten kann, leider. Er wird das Sicherheitssystem im Auge behalten und mich per Funk leiten. Das sei »zielführender«, wie er meint. Außerdem biete sich so die Gelegenheit, die drei Ohrstöpsel von Interpol auf »Herz und Nieren zu prüfen«.

Ich überlege, ihm zu sagen, dass er von mir aus ruhig zugeben kann, dass er einfach nur Schiss hat. Wenn du so sehr vom Bewusstsein der eigenen Genialität durchströmt wirst wie Rufus, kann ein gelegentlicher Dämpfer nicht schaden. Ich tue es trotzdem nicht, denn Rufus weiß auch so, dass ich weiß, dass er Schiss hat. Und das wiederum weiß ich, weil er als Entschuldigung etwas macht, das er sonst nie macht: Er leiht mir ein Gadget von seinem Klettgurt, nämlich die Mini LED-Leuchte. Die zurrt er so an meinem Kopf fest, dass ich sie als Stirnlampe benutzen kann. So habe ich die Klauen frei.

Phil hebt mich hoch, ich klettere durch die Visionsklappe. Los geht's.

»Wie ist der Empfang?«, fragt Rufus.

»Ich höre jeden eurer Atemzüge«, sage ich. »Und den Puls auch, glaube ich.«

»Die Kollegen von Interpol verstehen eben etwas von ihrem Job«, sagt Rufus stolz.

Kollegen. Ich habe den Verdacht, er hofft, von Interpol angeworben zu werden, sobald das hier vorbei ist. Ich schiebe mich durch die Röhre, bis sie auf eine weitere, größere trifft. »Hier ist ein Abzweig«, sage ich.

»Sehr gut«, sagt Rufus, »nimm den rechten.«

»Hm. Mit rechts und links hab ich es nicht so, wie du weißt.«

Rufus schnauft seinen Ich-kann-so-nicht-arbeiten-Schnaufer. Dann sagt er: »Kraul dir mal die Eier.«

»Hä?«

»Du hast mich ganz richtig verstanden. Eier kraulen. Machst du doch sonst auch.«

Ich tue es, kraule mir die Eier. »Und jetzt?«

»Die Klaue, die du benutzt hast, um dir die Eier zu kraulen – da ist rechts.«

»Cool.«

Von da an geht alles ziemlich einfach: rechts, nicht rechts, geradeaus. Rufus leitet mich durch das System, bis ich zu der Klappe komme, die zu Ernies Kabine gehört.

Bevor ich sie öffne, drücke ich mein Ohr dagegen. »Rufus?«

»Ich höre dich, klar und deutlich.«

Ich höre noch etwas anderes. »Müsste Ernies Kabine nicht leer sein?«, wundere ich mich.

»Da sie versiegelt ist, wüsste ich nicht …«

Ich lasse die Revisionsklappe aufschwingen. Die Badezimmertür steht offen, also habe ich direkten Blick auf das Bett, und auf dem haben gerade vier, fünf oder vielleicht auch sechs nackte Menschen Sex. Also, ganz nackt sind sie nicht. Sie tragen Augenmasken. Viel helfen tun die allerdings nicht.

»Hier ist gerade eine Gruppensexparty im Gange«, flüstere ich.

»Wie bitte?«, rufen Phil und Rufus gleichzeitig.

»Hier geht es zu wie bei den Bonobos – nur leider ohne Fell.«

Ich möchte mich hier ungern über die verschiedenen Stellungen auslassen, die da auf dem Bett gerade eingenommen werden. Was ich aber sagen will, ist, dass eine der Teilnehmerinnen dieser Veranstaltung, die sich bis eben über eine Frau im Vierfüßlerstand … Na ja, ist ja auch egal. Jedenfalls richtet sich eine der beteiligten Frauen so auf, dass ich ungläubig von den beiden Löchern ihrer venezianischen Augenmaske angestarrt werde.

Automatisch taste ich nach der Stirnlampe und schalte sie aus. Als würde mich das unsichtbar machen.

In dem Moment schnalzt Rufus mir ins Ohr: »Falsche Kabine!«

Ich winke der Frau mit der Maske freundlich zu – »falsche Kabine, supersorryyy!« –, dann schließe ich die Klappe.

Der Rest ist schnell erzählt. Ich steige in Ernies Kabine ein, sehe mich um und stelle fest, dass sie so leer und so sauber ist wie ein OP-Tisch. Vor der OP. Der Geruch unterschiedlicher Desinfektionsmittel zieht eine Leuchtspur bis in meinen Kopf. Da hat jemand sehr viel Aufwand betrieben, um jeden möglichen Hinweis auf Wandlitz zu tilgen.

»Da muss was sein«, höre ich Phil sagen.

Mit einer ausgestreckten Kralle fahre ich die Kante des

Nachttischs entlang. »Phil, du kannst dich gern selbst durch die Lüftung zwängen und nachsehen, wenn du mir nicht glaubst. Hier liegt nicht mal ein Staubkorn herum.«

Auf dem Rückweg in unsere Kabine scheine ich irgendwo »rechts« und »nicht rechts« zu verwechseln. Jedenfalls habe ich plötzlich allgemeines Gemurmel unter mir. Vorsichtig schiebe ich mich an einen Lüftungsschlitz. »Rufus?«, flüstere ich.

»Der Empfang wird schlechter. Wo steckst du?«

»Anscheinend bin ich im Casino gelandet«, sage ich.

»Das ...« Rufus kratzt sich ausgerechnet an dem Ohr, in dem sein Ohrstöpsel steckt. Es ist, als würde mir jemand von innen das Gehirn ausbürsten. »... ist unmöglich.«

»Unter mir dreht sich ein Rouletterad«, sage ich, »das ist definitiv ein Casino. Übrigens pflastert Kim Gong Suk gerade den Filz mit seinen Chips. Sieht aus, als würde er versuchen, das Grün in eine Blumenwiese zu verwandeln.«

»Aber das Casino ist auf Deck 7«, sagt Rufus. »Da gibt es keine ...«

»Rufus?«

»Ja?«

»Halt mal die Klappe, Victor Weisz ist gerade aufgetaucht.«

Ich beobachte, wie sich der Besitzer der *Golden Silverstar* neben Suk setzt. Die beiden unterhalten sich. Leider kann ich nichts verstehen. Die Kugel klickert in eins der Zahlenfächer, Suk verliert seinen Einsatz, freut sich und streut neue Blumen auf das Grün.

Da Weisz gerade keine eigenen Chips in der Tasche hat, bietet Suk ihm ein paar von seinen an. Weisz zuckt die Schultern, setzt die Chips. Sie reden weiter. Als die Kugel das nächste Mal in ein Kästchen fällt, verlieren beide ihren Einsatz. Und freuen sich.

»Das verstehe ich beim besten Willen nicht«, sagt Rufus. »Du bist tatsächlich über dem Casino. Ich hab Zugriff auf die Kamera, die den Roulettetisch überwacht. Streck mal unauffällig eine Kralle durch das Lüftungsgitter.«

Ich tue es.

»Ah, da. Hab dich.«

In dem Moment steht Weisz auf. Plötzlich hält er etwas in der Hand, das wie eine Geburtstagskarte oder so aussieht, nur edler. Suk nimmt die Karte, grinst und steckt sie ein. Anschließend klopft Weisz dem Koreaner freundschaftlich auf die Schulter, verabschiedet sich und verlässt mein Sichtfeld.

»Hast du das gesehen?«, frage ich.

»Wüsste man ja gerne«, überlegt Rufus, »was da drinsteht.«

»Kannst du an Weisz dranbleiben?«, höre ich Phil sagen.

»Ich?«, frage ich.

»Nein, ich meine Rufus. Können wir sehen, wo er als Nächstes hingeht?«

»Bis jetzt kein Problem«, antwortet Rufus, »denn im Moment steht er im Foyer vor dem Fahrstuhl – da, siehst du? Und jetzt – nein, warte, falsche Fahrstuhlkam … – da, hab ihn. Fährt rauf auf Deck 14, und weil wir wissen, welchen Knopf er gedrückt hat, erwarten wir ihn bereits im Foyer und … bitte sehr, da ist er auch schon …«

»Kann mir einer von euch Schlaumeiern auch noch sagen, wie ich von hier zu unserer Kabine zurückfinde?«, werfe ich ein. »Rufus? Phil? Hallo?«

28

Warte kurz, Ray«, höre ich Rufus sagen. »Sobald wir herausgefunden haben, für wen die nächste Karte bestimmt ist, bin ich wieder bei dir.«

»Woher wollt ihr wissen, dass es noch eine Karte gibt?«, frage ich.

»Viktor Weisz hat sie gerade aus seinem Sakko gezogen«, antwortet Rufus. »Mal sehen, wo er sie abgibt.«

»Roger«, sage ich, und da ich sowieso nichts tun kann, mache ich es mir in meinem Rohr gemütlich, indem ich mich auf den Rücken lege und die Vorderpfoten hinter dem Kopf verschränke. Lag schon in ungemütlicheren Tunneln, denke ich und höre dem leisen Wummern des Schiffes zu, das hier unten wie der Herzschlag eines Ungeheuers klingt. So hört es sich vermutlich an, wenn man bei lebendigem Leib von einem Wal verschluckt wurde. Rufus hat mir mal von einem Typen erzählt, der tatsächlich dieses Pech hatte, aber – Glück im Unglück – nach drei Tagen wieder ausgespuckt wurde. Sachen gibt's. Die *Golden Silverstar* gibt ihre Opfer ja erst nach ein oder zwei Wochen wieder frei. Aber anders als der Typ in dem Wal lassen die sich auch freiwillig verschlingen.

»And the winner is …«, höre ich Rufus sagen. »Ach, sieh an, Viktor Weisz klopft gerade an die Royal-Penthouse-Suite Numero 14 357.«

Klar, dass jetzt einer von uns nachfragen muss, was es mit dieser Suite auf sich hat. Aber ich mach's nicht.

Phil erbarmt sich. »Verrätst du uns noch, wem die Suite gehört?«

Rufus kostet seinen Auftritt aus. »Wollt ihr mal raten?«

»Wer auch immer es ist, er oder sie war auch beim Captain's Dinner«, vermutet Phil.

»So ist es. Die Suite gehört Natalia Burgakov«, verkündet Rufus. »Und gleich nebenan in der nicht ganz so feudalen, aber immer noch sehr exklusiven Premium-Suite wohnt ihre Tochter Betty Blue.«

»Diese verzogene Göre hat eine eigene Suite?«, empört sich Phil.

»Zum Dessert wollte sie zwei Millionen verballern, um deine Friends zu kaufen«, melde ich mich aus meiner Röhre zu Wort. »Was hast du erwartet? Eine bescheidene Einzelkabine?«

»Diese Leute leben echt auf einem anderen Stern«, murmelt Phil.

»Und das in jeder Hinsicht«, stimmt Rufus zu. »Ich meine, wenn der Schiffseigner es sich nicht nehmen lässt, die Einladungen höchstpersönlich zu überbringen, dann muss es um ein wirklich sehr exklusives Event gehen.«

»Wer sagt, dass es sich um Einladungen handelt?«, frage ich.

»Darauf würde ich wetten. Das sind Einladungen zu der privaten Zaubershow, von der Weisz beim Captain's Dinner gesprochen hat.«

»Wenn wir einen Blick in eine dieser Karten werfen könnten …«, überlegt Phil.

»Klingt nach einer Aufgabe für den besten Mann von

Interpol«, unke ich. »Und ganz zufällig habe ich gerade Zeit.«

»Ich muss den besten Mann von Interpol nur erst noch aus der Klimaanlage befreien«, erwidert Rufus. »Außerdem würde ich gern wissen, wie du es geschafft hast, auf Deck 7 zu kommen.«

»Keinen Schimmer«, antworte ich.

»Das sind mindestens sechs Meter«, fügt Rufus hinzu. »Bist du vielleicht irgendwo runtergeklettert?«

»Nö.«

»Oder gerutscht?«

»Nö.«

»Irgendwie musst du da aber runtergekommen sein.«

»Weiß nicht. Kam mir schon so vor, dass es mal ein wenig bergauf und dann wieder ein wenig bergab ging, aber ich dachte, das wären die Bewegungen des Schiffes.«

»Mmh«, sagt Rufus. »Ich muss mir das noch mal im interaktiven Schiffsplan ansehen. Leider sind das nur schematische Pläne, ich würde wahnsinnig gern mal einen Blick auf die echten Baupläne werfen, aber die sind blöderweise nirgendwo im Internet zu finden.«

»Die kann ich dir geben«, höre ich Phil sagen. »Montgomery hat mir Infos aufs Handy geschickt. Die Baupläne der *Golden Silverstar* sind auch dabei.«

»Na, toll!«, motzt Rufus. »Da mühe ich mich ab, jeden Winkel des Internets nach Fakten über dieses Schiff zu durchforsten, und du hast alle Top-secret-Informationen auf deinem Handy gespeichert.«

»Sorry, aber du hast mich nicht gefragt«, sagt Phil entspannt.

Rufus' Ärger währt nicht lange. Nachdem Phil ihm die Infos geschickt hat, höre ich meinen Bruder beim Durchklicken begeistert raunen. Offenbar hat er das große Datenlos gezogen.

»Und?«, frage ich. »Was ist des Rätsels Lösung?«

»Die Klimaanlage ist ein geschlossener Kreislauf, der sämtliche Decks umfasst«, antwortet Rufus. »Wenn man es weiß, ist es ganz einfach.«

»Hast du nicht eben das genaue Gegenteil behauptet?«, fragt Phil. »Nämlich dass jedes Deck ein abgeschlossenes System hat?«

»Leider konnte man das auf den miserablen Plänen, die im Internet kursieren, nicht erkennen«, erwidert Rufus pikiert. »Nur auf den amtlichen Bauplänen, die mir ja erst seit ein paar Minuten zur Verfügung stehen, ist zu sehen, dass die Rohre auf der Backbordseite im Zickzack verlaufen und die Decks miteinander verbinden.«

»Dann bin ich also, ohne es zu merken, zwei Decks nach unten spaziert?«

»So ist es«, antwortet Rufus.

»Ist doch bestens«, sagt Phil. »Das heißt, Ray kann auf dem gleichen Weg auch Deck 14 erreichen.«

»Theoretisch schon«, antwortet Rufus. »Praktisch muss er für jedes Deck zweimal durch die Rohre das komplette Schiff ablaufen. Bei sieben Decks und einer Schiffslänge von rund dreihundertfünfzig Metern ergibt das einen Spaziergang von knapp fünf Kilometern. Kann also ein paar Stunden dauern, bis er die Burgakov Suite erreicht hat. Vorausgesetzt, er verläuft sich nicht wieder. Dann dauert es nämlich die ganze Nacht.«

»Sagt der Typ, der mich mit falschen Plänen in die Irre geführt hat«, werfe ich ein.

»Weil mir unprofessionellerweise bis eben wichtige Informationen gefehlt haben …«, regt Rufus sich auf.

»Schon gut, Leute. Beruhigt euch«, sagt Phil. »Gibt es nicht eine andere Möglichkeit?«

»Genau, was ist zum Beispiel mit den Fahrstühlen?«, frage ich.

»Was soll damit sein?«, erwidert Rufus. »Auch in den Fahrstühlen sind Kameras installiert. Keine Chance, da unerkannt rein- und rauszukommen.«

»Ich will nicht *in* den Fahrstuhl, ich will *auf* den Fahrstuhl«, sage ich.

»Wie jetzt?«

»An den Abzweigungen hier unten sind auch so Rebellionsklappen, wie wir sie im Zimmer haben …«

»Die Dinger heißen Revisionsklappen.«

»Sag ich doch. Jedenfalls hab ich eine davon aufgemacht, weil ich wissen wollte, was es da zu sehen gibt. Dreimal darfst du raten.«

Ich höre Mausklicken, dann sagt Rufus: »Weißt du zufällig, ob das im Bug oder im Heck war?«

»Wo ist das Heck?«

»Hinten.«

»Das war keine ernst gemeinte Frage, Rufus. Wie soll ich wissen, wo bei diesem Kasten vorne und hinten ist, wenn ich in einem Rohr stecke?«

»Hast du drei oder vier Fahrstühle gesehen?«

»Vier ist mehr als drei, richtig?«

»Ich denke, du kannst bis sechs zählen?«

»Kann ich auch. Ich frag nur zur Sicherheit.«

»Ja, vier ist mehr als drei«, sagt Rufus.

»Dann waren es drei.«

»Alles klar. Du bist im Heck«, verkündet mein Bruder. »Könntest du zu diesen Fahrstühlen zurückfinden?«

»Klar, die sind hier gleich um die Ecke.«

»Dann los. Ich besorg dir ’n Lift.«

29

Mein genialer Bruder meint das mit dem Lift wörtlich. Er hat sich nicht nur in das Sicherheitssystem der *Golden Silverstar* gehackt, sondern auch in andere Teile der Schiffstechnik. »Die Brücke kann ich noch nicht kontrollieren«, erklärt Rufus großspurig. »Würde bestimmt Wochen dauern, sich da reinzuhacken. Aber so Kleinigkeiten wie die Fahrstühle, die Innenbeleuchtung oder die Raumtemperatur kann ich bequem vom iPhone aus steuern.«

»Und das fällt nicht auf?«, fragt Phil.

»Wenn wir es nicht übertreiben«, antwortet Rufus.

Ich öffne die Revolutionsklappe oder wie das Ding heißt, klettere auf das Rohr und taste mich langsam bis zu jenem Punkt vor, wo ich in den gähnenden Abgrund blicke.

»Wenn du vor dem Schacht stehst, gib uns Bescheid«, höre ich Rufus sagen.

Den Boden des Fahrstuhlschachtes kann man nicht erkennen. Schwarz wie die Tiefsee. »Bin da. Kann losgehen«, sage ich und merke, dass ich ordentlich Fracksausen habe.

Unter mir ist ein leises »Pling« zu hören, über mir knackt und knirscht es in den Eingeweiden des Schiffes. Dann ein Surren, und wie von Geisterhand taucht direkt vor meiner Nase die Oberkante einer Fahrstuhlkabine auf.

»Bitte aufsteigen«, sagt Rufus. »Nächster Halt ist Deck 14.«

Ich springe auf das Kabinendach, was easy wäre, würde es nicht diesen beunruhigenden Spalt zwischen Rohr und Fahrstuhlkabine geben, der ins Bodenlose führt und gerade groß genug ist, dass ich durchpassen könnte. »Okay. Ich bin an Bord.«

»Am besten, du legst dich flach auf den Rücken«, höre ich Rufus sagen. »Das Ding ist ganz schön schnell.«

»Jaja. Kann losgehen«, sage ich und bleibe absichtlich stehen, weil ich sicher bin, dass mein oberschlauer Bruder mal wieder übertreibt.

Als die Kabine abrupt beschleunigt und es mir dabei die Hinterbeine wegdrückt, weshalb ich mich mit Schmackes auf meinen bepelzten Hintern setze, ärgert mich am meisten, dass Rufus den Aufprall hört.

»Glaubst du mir jetzt?«, fragt er.

»Bin schon mit schnelleren Dingern gefahren«, entgegne ich.

»Und wir sind da«, verkündet Rufus.

Die Kabine bremst ebenso abrupt, wie sie gestartet ist. Diesmal werde ich hochgeschleudert, was mich wieder auf die Hinterbeine katapultiert. Super Service.

Ich springe auf das Rohr der Klimaanlage und öffne die ... »Wie heißt diese Klappe noch gleich?«

»Revisionsklappe«, antwortet Phil genervt.

Rufus fügt hinzu: »Wenn du im Rohr bist, musst du Richtung Heck gehen.«

»Und wo soll das sein?«

»Wenn der Fahrstuhlschacht hinter dir liegt, bist du auf dem richtigen Weg.«

»Okay.« Ich steige ins Rohr und luge im Vorbeigehen durch die Lüftungsgitter in die angrenzenden Kabinen, weil ich darauf setze, dass Burgakovs Suite mir schon aufgrund ihrer Größe auffällt.

Das ist auch so, allerdings hat sie längst nicht die ballsaalartigen Dimensionen, die ich mir vorgestellt habe. Sieht kaum größer aus als unsere, was natürlich täuscht. Außerdem hat diese hier zwei Etagen und ein riesiges Fenster zur See, hinter dem sich eine große Terrasse befindet.

»Ich glaube, ich bin da. Kannst du mich sehen?«, frage ich und schiebe meine Kralle durch das Lüftungsgitter.

»In den Kabinen sind keine Kameras«, erklärt mein Bruder. »Du bist jetzt auf dich gestellt.«

»Aber ich kann nicht lesen. Wie soll ich herausfinden, was auf der Karte steht?«

»Da siehst du mal wieder, dass es eine echte Bereicherung für dein Leben wäre, wenn du nicht nur den Buchstaben A erkennen könntest«, sagt Rufus. »Mal abgesehen davon, dass es kein gutes Licht auf die Interpol wirft, wenn ihr bester Mann ein Analphabet ist.«

»Willst du echt noch eins?«, frage ich.

»Ein was?«

»Ein weiteres Ohrloch.«

»Nö.«

»Dann hör auf. Und sag mir jetzt, wie wir das mit der Karte machen.«

»Wenn du sie gefunden hast, schiebst du sie unter der Tür durch. Ich mache ein Bildschirmfoto mit der Kamera, die auf dem Gang hängt, dann legst du die Karte wieder zurück an ihren Platz und machst dich aus dem Staub.«

»Klingt gut, ich leg jetzt los«, sage ich und spähe durchs Gitter.

Die Karte liegt unterhalb der Klappe auf einem edel glänzenden Schreibtisch neben einem goldenen Brieföffner. Der Umschlag sieht exakt so aus wie jener, den Weisz zuvor Suk gegeben hat.

Aber da ist noch etwas: ein Hauch von Lavendel. Eigentlich ist es nicht nur ein Hauch, sondern eine ordentliche Brise, die mir entgegenschlägt, als ich meine Nase gegen das Gitter drücke.

Ein leises Plätschern erklärt, wo die Lavendelschwaden herkommen. Natalia Burgakov genießt ein Entspannungsbad.

Wenigstens kommt sie mir so nicht in die Quere, denke ich. »Rufus? Wo ist von mir aus gesehen das Badezimmer?«

»Rechts. Also da, wo die Klaue ist, mit der du dir immer …«

»Schon gut«, unterbreche ich. »Das hab ich mir gemerkt.«

»Siehste. Ich hab ja schon immer gesagt, dass du Potenzial hast.«

»Ich öffne jetzt die Rezensionsklappe«, sage ich.

»Revisionsklappe! Revisionsklappe! Revisionsklappe!«, bellt Phil.

»Ist ja gut«, sage ich. »War nur ein Witz.«

Vorsichtig öffne ich die Revisionsklappe und riskiere einen Blick in Richtung Badezimmer. Durch den Türspalt sehe ich eine Badewanne mit einer gigantischen Schaumkrone. Eine Frauenhand, die ein Champagnerglas hält, ragt daraus hervor. Sieht danach aus, dass Natalia Burgakov noch eine Weile mit Nichtstun beschäftigt sein wird.

Ich krabble durch die Luke, klettere auf den Schreibtisch und schnappe mir die Karte. Dann lasse ich mich auf den superflauschigen Teppich gleiten und flitze zur Kabinentür. »Rufus? Achtung, die Karte kommt.«

Ich schiebe die Karte unter der Tür hindurch, um gleich danach von meinem Bruder zu hören: »Seltsam. Ist das die richtige Karte?«

»Klar, warum fragst du?«

»Weil da nur Nullen und Einsen drauf sind. Einladungen sehen anders aus.«

»Ist ganz bestimmt die richtige«, sage ich. »Sie sieht haargenau so aus wie die von Suk. Außerem liegt hier keine andere.«

»Dreh mal um«, sagt Rufus.

»Kann ich machen. Da steht aber nichts weiter drauf.«

»Dreh sie trotzdem mal um«, beharrt mein nerviger Bruder.

Ich ziehe die Karte unter der Tür hervor, drehe sie um und präsentiere ihm dann ihre blütenweiße Rückseite.

»Seltsam«, sagt Rufus.

»Das sagtest du schon.«

»Stand vielleicht was auf dem Umschlag?«, mischt Phil sich ein.

»Nein«, antworte ich. »Genauso blütenweiß wie diese Rückseite.«

»Dreh noch mal um«, sagt Rufus.

Ich seufze und tue es.

»10 001 001. Was soll das bedeuten?«

»Keine Ahnung. Aber können wir das später klären?«, frage ich.

»Es ist schon mal keine Primzahl«, sagt Rufus, der nicht zugehört hat. »Und auch keine Fibonacci-Zahl. Und keine Bellsche Zahl. Und auch keine Catalan-Zahl …«

»Rufus?«

»Mmmh?«

»Wenn du mich nicht mehr brauchst, dann würde ich gern abhauen.«

»Ja, verschwinde einfach«, sagt Phil. »Wir haben, was wir brauchen.«

»Okay.« Ich will nach der Karte greifen, aber ein wohliges Stöhnen von Natalia Burgakov lässt mich zusammenzucken. Dabei tippe ich die Karte an, und sie rutscht so weit unter der Tür hindurch, dass nur noch ein stecknadelgroßes Eckchen von ihr zu sehen ist. Ich versuche, den Fitzel mit der Krallenspitze zu erwischen, was misslingt, weil ich erneut zusammenzucke.

»Du machst das toll«, höre ich Natalia Burgakov sagen. »Manchmal weiß ich nicht, ob du ein besserer Bodyguard oder ein besserer Fußmasseur bist.«

»Wer redet denn da?«, fragt Rufus.

»Psst«, zische ich und fummle weiter nach der Karte – immerhin ist die Ecke schon ein Stück größer geworden. Leider schaben meine Krallen dabei versehentlich über die Türkante, was sich anhört, als würde ich den Lack eines Autos zerkratzen.

»Was war das?«, höre ich Phil, Rufus und eine Männerstimme aus dem Badezimmer fragen.

Hektisch ziehe ich die Karte unter der Tür hervor und versuche, so schnell wie möglich zum Schreibtisch zu kommen.

»Ich schau mal nach«, höre ich die Stimme im Bad sagen.

Ich stolpere, weil eine meiner Krallen im Flauscheteppich hängen bleibt. Dabei verliere ich die Karte.

Ein Schatten, der auf die halb geöffnete Tür des Badezimmers fällt, sagt mir, dass Burgakovs Bodyguard in einer Sekunde den Raum betreten und mich entdecken wird.

Also lasse ich die Karte Karte sein und rette mich unter den Schreibtisch.

Im selben Moment erscheint der Kerl im Türrahmen. Ein Schrank von einem Mann, eher zwei Schränke. Sein hellblaues Hemd wirkt freundlich, der kurz geschorene Schädel, der düstere Blick und das Klapperschlangentattoo auf seinem Unterarm sprechen eine andere Sprache.

»Lass gut sein, Gideon. Da ist nichts«, sagt seine Chefin.

Gideons Blick fällt auf die Karte, dann bemerkt er die geöffnete Revisionsklappe.

Ich halte den Atem an.

»Das war die Lüftungsklappe«, sagt Gideon. »Die ist aufgegangen und hat die Karte vom Schreibtisch gepustet.«

»Na bitte«, sagt Natalia ungehalten.

Gideon hebt die Karte auf, legt sie auf den Schreibtisch und schließt die Revisionsklappe. Dann geht er zurück ins Badezimmer und zieht die Tür hinter sich zu.

Erst jetzt wage ich zu atmen. Ganz vorsichtig, aber immerhin, ich atme.

»Ray?«, höre ich Rufus fragen. »Alles klar bei dir?«

»Keine Zeit«, sage ich und klettere auf den Schreibtisch, um die Revisionsklappe eilig mit dem goldenen Brieföffner aufzuhebeln und mich mit einem Klimmzug hochzuziehen.

Erst als ich die Klappe hinter mir zugezogen habe, sage ich: »Das war echt knapp.«

»So hörte es sich auch an«, erwidert Phil.

»Ich schick dir ’n Lift«, sagt Rufus.

30

Mitten in der Nacht klopft jemand an unsere Kabinentür. Gleich danach ist das Summen des Schlosses zu hören, und dann steht plötzlich Maxi in unserer Suite.

»Glei hoibe siebn«, verkündet der/die Stagemanager*in. »Auf gäd's. Wir ham vui zum doa.« Mit diesen Worten hängt Maxi den Kleidersack, den er/sie mitgebracht hat, an den nächstbesten Haken.

Phil schält sich knurrend aus seinem Kissen. »Ist das üblich hier, dass man einfach so in fremde Zimmer reinplatzt?«

»Da Stagemanaga deaf des. Aba mach dia koa Soagn, Phil. I hob scho ois gseng. Mia is nix Menschlichs fremd.«

Während sie/er das sagt, schaut Maxi auf die andere Seite des Bettes, wo Rufus und ich einträchtig nebeneinander auf dem Kopfkissen liegen und aussehen, als wären wir Phils haarige bessere Hälfte.

Phil bemerkt Maxis Blick. »Das ist nicht so, wie es aussieht«, erklärt er.

Maxi winkt ab. »Wia gsogt. I hob scho ois gseng.«

Phil seufzt müde. »Ist ja auch egal. Was ist denn los?«

»Guade Nochrichdn«, antwortet Maxi. »Ihr seids üba Nochd berühmt gwordn. A star is born.«

Phil unterdrückt ein Gähnen. »Schön. Freut mich. War's das? Dann würde ich gern weiterschlafen.«

»Na, i bin do, weil i eich fit machen muas fia des Socialising.«

»Für das was?«

»Für des Socialising«, wiederholt Maxi, indem sie/er jede Silbe einzeln betont. »Ihr seid jetzt ganz obn, und ganz obn muas ma mid die Gäste socialisen.«

»Danke. Ist wirklich nett gemeint«, sagt Phil. »Aber wir möchten nicht socialisen.«

»Miassts ihr aba«, erwidert Maxi. »Städ in eiam Vatrog.«

»In meinem nicht.«

»Doch in deim aa. Im Gloadruckdn.«

Phil verzieht das Gesicht. Die Aussicht darauf, socialisen zu müssen, verhagelt ihm den Tag, bevor der überhaupt richtig angefangen hat.

Maxi breitet seine/ihre Arme aus und zieht die Schultern hoch. »De Gäste woin ihrn Schtars nah sein. Und wos die Gäste woin, des kriagn s' aa.«

»Was müssen wir denn machen?«, fragt Phil schicksalergeben.

»Du muast gar ned so vui machn«, erwidert Maxi. »Es reicht, wenn du dei Eadmännchen beaufsichtigst und ob und zua a Autogramm gibst.«

»Beaufsichtigen?«, fragt Phil. »Wobei?«

»Zum Beischbui, wenn de beidn mid den Kindan schbuin«, sagt Maxi. »Ich schick eich nämlich zuaerst in den Kidsclub …«

Plötzlich bin ich hellwach. »Kidsclub? Hat er Kidsclub gesagt?«

»Sag Maxi, dass wir ganz sicher nicht die Animateure im Kidsclub spielen«, fügt Rufus panisch hinzu.

Ausnahmsweise sind mein Bruder und ich mal einer Meinung: Kinder generell sind nichts für uns. An Millionen Schulkindern, die früher im Zoo an unserem Gehege vorbeigepilgert sind und uns mit alten Pausenbroten und leeren Coladosen beworfen haben, hat sich erwiesen: Erdmännchen und Kinder sollten getrennte Wege gehen – von ganz wenigen Ausnahmen abgesehen.

»Wenn die beiden im Kidsclub sind, warum muss ich dann dabei sein?«, fragt Phil.

»Hey!«, rufen wir beide gleichzeitig, was Maxi als lautes Fiepen wahrnimmt.

»Hörst du? Die freuen sich schon auf den Kidsclub«, sagt Phil. »Mit den Kindern spielen, das kriegen die ganz allein hin.«

»Phil, das kannst du nicht machen«, sage ich.

»Die beiden wollten unbedingt auf dieses Schiff«, fährt Phil ungerührt fort. »Jetzt müssen sie die Suppe auch auslöffeln.«

»Die Viecher dürfn aba koam wos odoa«, sagt Maxi.

»Keine Sorge, tun sie nicht«, sagt Phil.

»Tun wir doch!«, rufe ich.

Maxi grinst. »De scheina di wirklich zua vastehn.«

»Tun sie«, sagt Phil. »Und sie lieben Kinder. Deshalb lege ich auch meine Hand dafür ins Feuer, dass sie sich von ihrer besten Seite zeigen werden.«

»Na guad, wenn du ma versprichst, dass nix passiad, dann derfa die Racka meinetwegen aa aloa rumziang.«

»Ich geb dir gleich Racker«, sagt Rufus.

Phil wirft einen fragenden Blick in unsere Hälfte des Bettes. »Sehe ich es richtig, dass ihr beiden Racker euch wie Bolle auf den Kidsclub freut?«

»Aus der Nummer kommen wir nicht mehr raus, oder?«, fragt Rufus.

»Nope«, antwortet Phil. »Denkt dran, dass wir eine Mission haben.«

»One team, one dream!«, ruft Maxi.

»Genau das wollte ich auch gerade sagen«, lügt Phil.

»Boah, das ist so ungerecht«, nörgle ich.

»Na gut, betrachten wir es als Herausforderung«, beschließt Rufus tapfer. »Vielleicht können wir den Kids ja noch was beibringen.«

»Bestens«, sagt Phil und übersetzt unsere Kapitulation für Maxi. »Geht klar, die beiden sind bereit für den Kidsclub.«

Maxi freut sich. »Dann los! I wui eich no rasch den Rest des Schiffs zoagn, bevoa de Gäste aufstehn.«

Ächzend bringt Phil seinen Oberkörper in die Senkrechte und setzt sich auf die Bettkante. »Gib mir fünf Minuten.«

»Du kannst gleich dei brandneis Outfit oprobian.« Maxi lässt den Reißverschluss des Kleidersacks aufschnurren. Zum Vorschein kommt ein Anzug mit rotem Samtrevers und einem Leopardenmuster, das so echt aussieht, dass Rufus und ich kurz zusammenzucken.

»Heid Namidog seid ihr auf da grousn Bühne im *Goidn Silverpalace*.« Maxi wirft die Arme in die Luft und lässt sein/ihr grünes Leibchen flattern. »Big time!«

Phil hat nicht zugehört. Sein Blick klebt am Inhalt des Kleidersacks. »Was ist das?«, fragt er.

»Dolce & Gabbana. Todschick der Tux, oda?«

»Der was?«.

»Der Tux. Tuxedo.«

Phil steht immer noch auf dem Schlauch.

»Na, der Smoking do. I dacht, du sogst aa Tuxedo, weil du

doch so lang in Amerika gastiad hosd mid deine Eadmännchen. Oda hod dei Agentin an Quatsch eazählt?«

Jetzt ist es Phil, der kurz zusammenzuckt. »Ich meinte nicht den Anzug, sondern das Muster.«

»Hoassa Schoass, oda? Und witzig, weil du doch aa a Raubtierdompteur bisd.« Maxi lacht zufrieden über seinen Gag. »De Gäste liabn's, wenn ma Humoa hod. Wirst scho seng, de keman aus am Lachn gar nimma ausse.«

Auch Rufus und ich kommen aus dem Lachen gar nicht mehr raus, als Phil sich in sein Leopardenoutfit gezwängt hat.

»Siehst du, dei Eadmännchn meng's aa«, kommentiert Maxi unser Gegluckse.

Phil, der für den eng geschnittenen Leoparden-Smoking eindeutig ein paar Kilo zu viel auf den Rippen hat, fühlt sich in seiner neuen Haut sichtlich unwohl.

Maxi hingegen ist hochzufrieden mit dem Ergebnis. »Dea sitzt tadellos. Den kannst du gleich olossn und beim Friahstick Werbung fia eure Show machn.«

Ich sehe meinem Partner an, dass ihm eine Stunde Schlaf und zwei bis vier Tassen Kaffee fehlen, um sich zu wehren.

»Gehen wir«, sagt er müde und stakst mit seiner zu engen Tuxedohose Maxi hinterher.

Ich springe vom Bett. »Auf geht's, Rufus. Du hast gehört, was Catwoman gesagt hat. Schnall dir deinen Klettgurt um, und ab geht die Post.«

»Das habe ich gehört!«, ruft Phil aus dem Gang.

Ich flitze ihm hinterher. »Hey! Nichts für ungut, Kumpel«, sage ich. »Wir Showtypen müssen doch zusammenhalten.«

Immerhin muss er kurz grinsen.

31

Innen ist die *Golden Silverstar* ein schwimmendes Hotel, außen ein gigantischer Freizeitpark. Die Pools, die der/die Stagemanager*in bei unserer ersten Schiffsführung erwähnt hat, sind nur die Spitze des Entertainment-Eisbergs. Es gibt mindestens ebenso viele Spielplätze, einen Klettergarten, Wasserrutschen, die sich über mehrere Decks erstrecken, Trampoline, ein Wellenbad für Surfer, eine gläserne Aussichtsgondel, die an einem Kran hängt, der über das halbe Schiff geschwenkt werden kann, zwei Sportplätze, eine Kartbahn, eine Video-Gaming-Zone, ein Karussell, eine Minigolfanlage und ein Gerät, das wie ein überdimensionaler Trinkbecher aussieht und in dem man laut Rufus fliegen kann. Wer es glaubt, wird selig.

Weil mein Bruder das Schiff besser kennt als der/die Stagemanager*in und deshalb jeden ihrer/seiner Sätze kommentiert, hat Rufus angefangen, den persönlichen Tourguide für mich zu spielen. Man könnte auch sagen, der Klugscheißer geht mal wieder mit ihm durch.

»Dieser leicht konisch zulaufende Zylinder ist ein geschlossener Vertikalwindtunnel«, doziert mein nerviger Bruder.

»Interessant«, lüge ich.

»Wenn man in dieser gläsernen Röhre die Freifallgeschwindigkeit des menschlichen Körpers simuliert – was bedeutet, dass man Windgeschwindigkeiten von um die zweihundert Stundenkilometern braucht – dann kann man Menschen darin fliegen lassen.«

»Du verarschst mich.«

»Keineswegs.«

»Und wie bekommt man so viel Wind in eine so kleine Röhre?«, frage ich.

»Das ist eine sehr berechtigte Frage«, freut sich mein Bruder. »Die Luft zirkuliert ringförmig. Unten ist ein Gitter, unter dem sich ein Propeller befindet, der für den Luftstrom sorgt. Diffusoren, die eine gleichmäßige Strömung garantieren, leiten die Luft zurück zum Propeller.« Rufus zeigt auf zwei Mitarbeiter des Schiffes, die sich an der Anlage zu schaffen machen. »Aber sieh es dir doch einfach selbst an. Der Operator scheint das Ding gerade in Betrieb zu nehmen.«

Tatsächlich betritt nun ein Mann, der wie ein Falschirmspringer gekleidet ist, die Röhre, während sein Kollege sich draußen an der Steuerung zu schaffen macht. Dann ist anschwellendes Rauschen zu hören, und der Mann im Tunnel beugt sich nach vorn, um sogleich vom Luftstrom sanft in die Höhe getragen zu werden.

»Wow! Das ist echt crazy!«, rufe ich.

»Nein, nur Physik«, erwidert Rufus.

»Glaubst du, es fühlt sich auch so lässig an, wie es aussieht?«

»Keine Ahnung.«

»Ob wir das wohl auch mal machen dürfen?«

»Wozu soll das gut sein?«, fragt mein Bruder schnippisch.

»Weil es vielleicht Spaß macht?«

»Ich bin nicht scharf drauf, durch dieses Ding gewirbelt zu werden.«

Ach ja, hatte ich fast vergessen. Je mehr Spaß eine Sache machen könnte, desto weniger kommt sie für meinen Bruder infrage. Außerdem würde er sich sowieso weigern, seinen Klettgurt abzulegen.

»Aber du kannst ja mal Phil fragen, vielleicht legt er ein gutes Wort für dich ein«, schlägt Rufus vor.

Gute Idee, denke ich und geselle mich zu Phil und Maxi, die ebenfalls über den Riesentrinkbecher sprechen.

Ich höre Maxi sagen, dass der *SilverStorm* – so heißt die Windmaschine offiziell – eine der gefragtesten Attraktionen auf dem Schiff ist. Obwohl der Flug selbst nur zwei Minuten dauert, und das bei einer Vorbereitungs- und Wartezeit von bis zu einer Stunde, ist der *SilverStorm* jeden Tag von früh bis spät ausgebucht.

Ich ziehe an Phils Leopardenhosenbein und frage ihn, ob ich auch mal mitfliegen darf.

Maxi bemerkt mich. »Wos hod ea denn?«, will er/sie wissen.

»Er würde den *SilverStorm* gern mal ausprobieren«, antwortet Phil.

»Obgfoan«, findet Maxi. »Aba okay, i schau, wos i macha ko.«

Andy aus Liverpool, der am Steuerungspult der Windmaschine sitzt, schüttelt den Kopf, als Maxi nach einem Freiflug für mich fragt. Er meint, dass ich zu leicht und zu klein für den Windtunnel sei. Selbst die niedrigste Gebläsestufe sei so stark, dass ich nicht schweben, sondern nur an der Decke kleben würde.

Aber Jack hat eine Idee. Er kommt aus Kanada, hat Führungen in den Rockys gemacht und hilft jetzt den Gästen im *SilverStorm*, nicht gegen die Glaswände zu klatschen.

Er schlägt vor, dass wir zusammen einen Tandemflug machen.

Die Overalls, die die Gäste im Windkanal tragen müssen, haben im Schulterbereich aufgenähte Haltegriffe, damit Jack besser anpacken kann, wenn er die Flughaltung korrigiert. Auch Jack trägt einen solchen Overall. Ich soll mich während unseres Fluges an die Haltegriffe klammern und so in seinem Windschatten schweben. Die Idee hat auch den Vorteil, dass ich ohne Brille und Helm fliegen darf. Weil ich an Jack klebe, bin ich dem Luftstrom nur indirekt ausgesetzt.

Mein Jungfernflug ist der Hammer. Das Fauchen des Propellers und der Wind, der dir um die Ohren pfeift, rauben dir fast die Sinne, aber sobald du mühelos zu fliegen beginnst, kommst du dir vor wie ein Superheld. Als ich mich auf dem Rücken des im Windstrom schwebenden Jack vorsichtig aufrichte, habe ich das Gefühl, ich würde einen Hurrikan reiten. Ich wage es sogar, einen der Haltegriffe loszulassen und meinen Vorderlauf in die Höhe zu strecken wie ein Rodeoreiter.

In genau diesem Moment drückt Maxi auf den Auslöser seiner/ihrer Handykamera.

Der Schnappschuss ist der Hammer. Sieht fast aus wie gefotoshopped, wie ich da auf Jack knie und Spaß habe.

Maxi ist angetan. Der/die Stagemanager*in überlegt kurz, dann sagt er/sie: »I glab, i hob do a Idee.«

32

Maxis Schnappschuss rettet mir den Tag, denn der/die Stagemanager*in findet es einen »supa Service fia de Gäste«, wenn alle solche »Äktschnfotos« machen könnten.

Statt im Kidsclub zu Tode geknuddelt zu werden, soll ich heute den Hurrikan reiten und dabei für die Gäste unvergessliche Erinnerungen schaffen.

Wie geil ist das denn, denke ich, halte mich aber bedeckt, um Rufus nicht zu frustrieren. Ich behaupte ihm gegenüber sogar, dass der *SilverStorm* schrecklich laut und nervig ist und ich lieber mit in den Kidsclub kommen würde.

»Dafür, dass der Flug so schrecklich war, schien er dir aber ganz schön viel Spaß zu machen«, sagt Rufus.

»Das ist nur der Wind«, lüge ich. »Der zieht und drückt dir die Gesichtszüge so zurecht, dass du in diesem Teufelsding immer glücklich aussiehst.«

»Danke, dass du mich schonen willst, aber du kannst mir ruhig die Wahrheit sagen.«

»Na gut, es ist oberaffenhammermegageil.«

»Verdammt«, sagt Rufus.

»Sorry, du wolltest es wissen.«

Rufus seufzt. »Nach der Mittagspause tauschen wir aber, oder?«

»Wieso? Du hast doch gesagt, du legst keinen Wert darauf, in diesem Ding herumgewirbelt zu werden.«

»Hab's mir anders überlegt«, sagt Rufus. »Wenn ich schon sterben muss, dann nicht im Kidsclub.«

»Gemma!«, ruft Maxi. »Da Kidsclub macht glei auf.«

»Dein Job ruft«, sage ich.

»Nach der Mittagspause«, beharrt Rufus.

»Ich überleg's mir«, gebe ich zurück.

Er trottet Maxi und Phil hinterher in Richtung Kidsclub.

»Hey! Du machst das bestimmt ganz toll mit den Kindern! Viel besser, als ich es je könnte!«, rufe ich ihm nach.

Er hebt eine Vorderklaue und zeigt mir die Stinkekralle.

»Legen wir los?«, fragt Jack in diesem Moment seinen Kollegen am Steuerpult.

Andy hebt beide Daumen.

»Und ob wir loslegen!«, rufe ich. Knrzlbsztznl!

An der Eingangstür des Windtunnels treffen die ersten Gäste ein, alle in voller Montur und bereits gebrieft. Während wir hier draußen saumäßig viel Spaß haben, wird im Briefing- und Umkleideraum schon die nächste Gruppe vorbereitet. Und so geht das den ganzen Tag Schlag auf Schlag beim allergeilsten Job der Welt.

»What's your name?«, fragt Jack die erste Fliegerin des Tages.

»Hilde from Vienna«, sagt die Frau.

»Okay, please come in, Hilde«, bittet Jack mit einem charmanten Lächeln.

Ob Hilde from Vienna, Pete from Edinburgh, Marla from Toulouse oder Lenka from Praha, jeder will ein »Äktschnfoto« mit mir. Den meisten scheint der Schnappschuss sogar wichtiger zu sein als der Flug selbst. Sieht so aus, als kämen die Leute nicht nur auf die *Golden Silverstar*, um Spaß zu haben, sondern vor allem, um das anderen zeigen zu können.

Die Fotos und Filmchen, die von mir gemacht werden, landen so schnell im Netz, dass die zweite Gruppe bereits meinen Namen kennt. Ab der dritten Gruppe komme ich mir vor wie ein Rockstar, denn die Gäste reißen sich nicht nur um die Actionfotos, sie wollen jetzt auch noch Autogramme. Jemand hat ein Tintenkissen organisiert, damit ich meine Pfote auf Briefpapier, Postkarten und sogar T-Shirts verewigen kann – und auch all das landet in Windeseile im Internet.

Eigentlich könnte das Leben also großartig sein, wäre da nicht ein Wermutstropfen. Je nach Flughöhe kann ich das Panoramafenster vom Kidsclub sehen und meinen armen Bruder dabei beobachten, wie er von entfesselten Kleinkreuzfahrern misshandelt wird.

Während die Betreuerinnen des Kidsclubs nichts mitbekommen, weil sie im Nebenraum sitzen und quatschen, wird Rufus von einer Horde Kinder ohne Pause kostümiert, frisiert und geschminkt – wobei »angemalt« wohl der richtigere Ausdruck wäre. Mein Bruder dürfte inzwischen mehrere Schichten Fingerfarbe im Gesicht und auf dem Fell haben.

Bei jedem Flug lautet die spannende Frage, was ich als Nächstes entdecke, wenn ich mal wieder einen Blick auf den Kidsclub erhaschen kann. Bislang habe ich Rufus als Prinzessin, als Geisterpirat und als Spiderman gesehen, wobei er mir als Prinzessin im rosa Tüllkleid mit Strasssteinen am besten gefallen hat. Der Spiderman-Anzug war ihm zu eng, man muss allerdings auch sagen, dass Erdmännchen ohnehin keine Figur haben, die für Superheldenanzüge geeignet wäre.

Kurz vor der Mittagspause fliege ich auf dem Rücken von Margit aus Cuxhaven noch einmal hoch genug, um das Fenster des Kidsclubs zu sehen.

Die Betreuerinnen haben inzwischen gemerkt, was im Nebenraum passiert, und dem ständigen Umdekorieren meines Bruders ein Ende gesetzt. Stattdessen hockt er jetzt in einer Waschschüssel und wird von seinen Peinigern nach Herzenslust eingeseift und abgeschrubbt, während das Badewasser in allen Farben des Regenbogens schimmert.

Ich denke, Rufus hat recht, und es ist nur fair, wenn wir beide nach der Mittagspause die Jobs tauschen. Ich denke aber auch, dass ich das ganz sicher nicht machen werde.

Mein Bruder schwankt ein bisschen, als er mir aus dem Kidsclub entgegenkommt.

»Alles okay?«, frage ich.

»Geht schon«, sagt er mit brüchiger Stimme.

An Deck weht eine kräftige Brise, trotzdem knallt mir sein Parfüm sofort frontal ins Riechzentrum. »Ist das saurer Apfel?«, frage ich.

Er nickt. »Saurer-Apfel-Knisterbad. Mir wird bestimmt noch stundenlang die Poritze knistern.«

»Na, wenn's weiter nichts ist …«, wiegle ich ab.

Rufus verzieht das Gesicht. »Na ja …« Er tut so, als würde er nachdenken. »Mal überlegen … Gab es sonst noch was, worüber ich mich beklagen könnte?«

»Wollen wir nicht erst mal …«

»Ach ja, jetzt erinnere ich mich. Ich wurde an den Mast vom Piratenspieleboot gefesselt – nicht so schön. Außerdem haben sie mich mit Bällen beworfen und mit Schaumstoffprojektilen beschossen. Sie haben mir Puppenkleider angezogen, und zwar immer und immer wieder, sie haben mich mit Fingerfarben beschmiert, mir Dutzende Haarspangen ins Fell geklemmt, und am Schluss haben sie mich beinahe ertränkt, um die Spuren ihrer Verbrechen zu beseitigen. Hab ich was vergessen?«

»Klingt schlimm«, sage ich. »Aber wollen wir nicht trotzdem erst mal …«

»Ach ja, zum Dank dafür bin ich auch noch ausgeraubt worden«, fährt Rufus fort und präsentiert mir seinen Klettgurt, in dem statt seiner üblichen Gadgets völlig fremde Sachen hängen – und kleben.

Ich erkenne eine Knetgummi-Wurst, eine Playmobil-Figur und ein Plastik-Einhorn.

»Es ist zum Heulen«, sagt Rufus. »Kompass, Maßband, Taschenlampe, Laserpointer … alles weg. Liegt vermutlich im Bällebad, da haben sie mich mehrmals reingeworfen.«

»Was ist das da?«, frage ich und zeige auf etwas, das wie eine Pistole aussieht. Rufus zieht es aus dem Klettgurt, drückt drauf und entlockt dem Ding damit ein Quietschen. »Akkuschrauber aus Plastik, würde ich sagen.«

Er steckt das Ding zurück zu dem anderen Krimskrams. »Und wie war es bei dir?«

»Genauso schrecklich«, lüge ich. »Ich hab bestimmt für den Rest meines Lebens Ohrensausen und weiche Knie.«

Rufus nickt. »Bevor du mir weitere Märchen erzählst: Ich hab Hunger, wollen wir was essen gehen?«

»Das will ich schon die ganze Zeit vorschlagen«, antworte ich. »Aber du lässt mich ja nicht zu Wort kommen.«

33

Phil genießt in unserer Suite ein Rumpsteak mit Gemüse und Kartoffeln, dazu ein Glas Rotwein. »Da seid ihr ja schon«, sagt er und klingt, als hätten wir ihn auf frischer Tat ertappt.

»Nachdem wir die Drecksjobs für dich erledigt haben«, versetze ich erbost. »Übrigens gern geschehen.«

Er schnuppert. »Riecht einer von euch nach Apfelshampoo?«

»Saurer-Apfel-Knisterbad«, erklärt Rufus.

»Intensiv«, sagt Phil.

»Sie haben mich im Kidsclub darin eingelegt, bis mir die Krallen weich geworden sind«, erwidert mein Bruder.

»Aber er hat jetzt superflauschiges Fell«, füge ich hinzu. »Fühl doch mal.«

»Freut mich, dass ihr Spaß hattet«, sagt Phil und greift zum Hörer des bordeigenen Telefons. »Mittagessen?«

Nach einer großen Portion Sushi, zu der Phil uns erst nach langer Diskussion Mayo und Ketchup bestellt, sieht die Welt auch fur Rufus schon wieder freundlicher aus.

Während er seiner Lieblingsbeschäftigung nachgeht und auf dem Display seines iPhones herumtippt, habe ich mich neben ihm auf dem Sofa ausgestreckt und bin einem Mittagsschlaf nahe.

Phil sitzt am Schreibtisch und nippt an einem Flat White –

Montgomery lässt grüßen –, während er sich die Pralinen, die er dazu bekommen hat, schmecken lässt. »Ich bin übrigens auch nicht untätig gewesen«, verkündet er und greift nach dem letzten Stück Konfekt. »Ich hab beim Frühstück VIP-Karten für heute Abend verteilt und …«

»Beim Frühstück?«, falle ich ihm ins Wort. »Heißt das, du hattest praktisch den ganzen Vormittag frei?«

»Immerhin habe ich Werbung für unsere Show gemacht«, erwidert Phil. »Und ich konnte bei dieser Gelegenheit Maxi unauffällig nach der privaten Zaubershow fragen.«

Rufus hört auf zu tippen. »Und?«

»Er weiß nichts davon. Hat geschimpft, dass Victor Weisz ein Exzentriker ist, der ständig Extrawürste verlangt. Aber es schien mir, als würde er sich im Grunde in seiner Ehre als Stagemanager gekränkt fühlen, weil der Eigner Geheimnisse vor ihm hat.«

»Stagemanager und/oder -managerin«, werfe ich ein.

»Meinetwegen«, sagt Phil. »Jedenfalls ist die ganz private Zaubershow offenbar so exklusiv, dass nicht einmal Maxi davon weiß. Und der weiß ja nun wirklich alles.«

»Der und/oder die«, mahne ich.

»Zaubershows finden übrigens täglich statt«, sagt Phil. »Manchmal mehrere.«

»Wir könnten ja mal unseren ehemaligen Kabinennachbarn fragen, ob Weisz ihn für eine Privatvorstellung gebucht hat«, schlage ich vor. »Wie hieß er doch gleich? Ferdinand?«

»Frederick«, sagt Phil. »Ich hab ihn schon gefragt. Und mit seiner Kollegin Madame Piron gesprochen, einer Mentalistin aus Brüssel. Beide wissen nichts von einer Privatvorstellung, und sie sind die einzigen Zauberkünstler an Bord, zumindest offiziell.«

»Bleibt uns also noch die rätselhafte Einladungskarte«, sage ich.

Rätselhaft ist Rufus' Stichwort. »Die 10001001 ist eine zwar mathematisch sehr interessante Zahl, aber ich sehe da leider keinen Bezug zum Schiff«, sagt er. »Die Kabinennummern sind ja bekanntlich vier- oder fünfstellig. Aber auch, wenn ich die Zahl als Binärzahl betrachte und in eine Dezimalzahl umrechne, komme ich nicht weiter. Das Ergebnis ist 137, was zwar theoretisch ein Raum auf Deck 1 sein könnte, aber da sind meines Wissens nur Lager- und Maschinenräume.«

Phil nickt. »Ich habe auch auf eine Kabinennummer getippt und mich mal umgesehen«, sagt er. »Vielleicht wird ein Schuh draus, wenn wir unterstellen, dass es sich um zwei Kabinen handelt, nämlich um die 1000 und die 1001.«

Rufus bekommt große Augen und beginnt hektisch auf seinem Smartphone herumzutippen. »Ich hab sie. Es sind …«

»… zwei Innenkabinen auf Deck 10«, sagt Phil. »Ich weiß, ich war schon da, konnte aber weder herausfinden, ob sie eine Verbindungstür haben, noch, wer da wohnt.«

»Gib mir zehn Sekunden«, sagt Rufus und klimpert so begeistert auf dem iPhone herum, dass mir ein intensiver Apfelduft entgegenschlägt. »Aha«, sagt er dann. »Familie Dittmann aus Göttingen. Gregor, Bärbel und ihre beiden Töchter Linda und Paulina, dreizehn und vierzehn Jahre alt. Und ja, es gibt eine Verbindungstür.«

»Eine Durchschnittsfamilie aus Göttingen, die in der unteren Kabinenkategorie wohnt? Klingt nicht nach den Leuten, mit denen Weisz sich normalerweise umgibt«, sagt Phil.

»Oder es ist nur eine Tarnung«, gebe ich zu bedenken.

»Deshalb sollten wir den Herrschaften mal einen Besuch abstatten«, meint Phil.

»Und was sagen wir denen? Hallo, wir kommen von Interpol und wollten mal schauen, ob Sie vielleicht in kriminelle Machenschaften verwickelt sind?«

Phil zieht zwei Karten aus seinem Leopardenanzug und präsentiert sie mir. »Nein, ich werde ihnen VIP-Karten für die heutige Vorstellung schenken und mich dabei ein bisschen umsehen, während du sie mit einer total witzigen und total süßen Showeinlage ablenkst.«

»Du meinst Rufus und mich«, werfe ich ein.

»Ich dachte, Rufus könnte inzwischen versuchen, die anderen Gäste zu ermitteln, die eine Einladung von Weisz bekommen haben – sofern man die Kameraaufzeichnungen von gestern Nacht überhaupt noch anzapfen kann.«

»Kann man«, sagt Rufus. »Und nichts lieber als das. Wird aber eine Weile dauern. Mindestens zwei, drei Stunden.«

»Okay«, sagt Phil. »Legen wir los.«

»Wie? Einfach so?«, fragt Rufus.

»Ja. Wo ist das Problem?«

»Was ist mit dem Kidsclub?«

»Was soll damit sein?«, erwidert Phil.

»Müssen wir denn nicht socialisen?«, hakt mein Bruder nach.

»Doch, aber nicht unbedingt im Kidsclub. Es bleibt uns überlassen, wann und wo wir socialisen.«

Ich sehe, dass Rufus die Kinnlade runterfällt. »Ich hätte gar nicht den ganzen Vormittag im Kidsclub bleiben müssen?«, fragt er tonlos.

»Nö«, sagte Phil. »Du hättest auch mit Ray bei diesem Flugdings mitmachen können.«

»Also wirklich!«, heuchle ich. »Wenn wir das gewusst hätten!«

»Wenigstens wisst ihr es jetzt«, sagt Phil. »Können wir dann mal los, um diesen Dittmanns auf den Zahn zu fühlen?«

Ich springe vom Sofa. Meine Müdigkeit ist wie weggeblasen. »Let's go.«

»Tut die Ohrstöpsel rein«, sagt Rufus. »Nur für alle Fälle.«

»Und was sage ich, wenn uns jemand damit sieht?«, fragt Phil. »Dass ich mit meinen Erdmännchen in Funkkontakt bleiben muss?«

»Nein, dass du an einer neuen Show arbeitest und deshalb deine Erdmännchen darauf trainierst, simple Kommandos über Funk zu befolgen«, erwidert Rufus prompt.

Wenig später spazieren wir durch die Gänge der *Golden Silverstar*. Unser Partner hat beschlossen, auf seine Linie zu achten, weshalb wir die Treppen und ein paar Umwege in Kauf nehmen, was auch den Vorteil hat, dass wir uns auf dem Schiff ein bisschen umsehen können.

Weil wir dabei aber immer wieder von Gästen angehalten werden, die meinen Namen kennen und ein Selfie mit mir machen möchten, ist Phil den Spaziergang irgendwann leid, und wir nehmen doch den Fahrstuhl.

Während wir nach oben schweben, meldet sich Rufus. »Ich habe gerade herausgefunden, wer die dritte Einladung zur Zaubershow bekommen hat. Das erratet ihr nie.«

»Die spendable Madame Esterházy?«, schlägt Phil vor.

»Möglich, dass Madame auch noch auf der Gästeliste auftaucht«, erwidert Rufus, »aber nein, die meine ich nicht.«

»Dann tippe ich mal auf Magic Nick, unser *One-hit-wonder*«, halte ich dagegen.

»Auch falsch«, sagt Rufus. »Tamás Kovác, einundsechzig Jahre alt, der Chef eines weltweit operierenden Logistikkonzerns und ebenso wie die meisten Freunde von Victor Weisz einige Hundert Millionen schwer.«

»Interessant«, sagt Phil. »Und seltsam. Schon wieder jemand, der es überhaupt nicht nötig hat, schmutziges Geld zu verdienen, weil er genug sauberes auf dem Konto hat.«

»Soll ja auch Leute geben, die den Hals nicht vollkriegen können«, gebe ich zu bedenken.

»Auch wieder wahr«, kommentiert Rufus.

»Okay. Schau doch mal, was du sonst noch rausfinden kannst«, sagt Phil. »Wir müssen Schluss machen, wir sind jetzt da.«

34

Die Dittmanns streiten sich. Man hört es bis auf den Flur, was nicht daran liegt, dass sie besonders laut streiten, sondern dass die Innenkabinen klein und die Türen nicht sehr dick sind. Wer hier Musik hört, Sex hat oder seinen Partner anbrüllt, muss damit rechnen, dass die Nachbarn mithören.

»Wir kommen ungelegen«, stelle ich fest.

»Oder eben gerade nicht«, erwidert Phil und klopft.

Drinnen wird es abrupt still. Ich lege ein Ohr an die Tür.

»Hast du was bestellt?«, fragt eine kurz angebundene Männerstimme.

»Natürlich nicht!«, antwortet eine genervte Frauenstimme. »Du hast doch gesagt, wir sollen nichts bestellen, weil dieses fensterlose Fünfzehn-Quadratmeter-Loch schon Tausende von Euro kostet.«

»So habe ich das nicht gesagt«, hört man ihn pikiert erwidern. »Außerdem sind die Kabinen 16,3 Quadratmeter groß.«

»Toll!«, ruft sie spottisch. »Dann kann ich ja vielleicht doch mal fernsehen, ohne mir die Augen zu verderben.«

Ich höre ein Schnaufen, dann wird die Tür geöffnet, und ein hochroter Kopf erscheint. »Ja! Was ist denn?«, blafft Herr Dittmann.

»Hallo. Ich wünsche einen wunderschönen Tag«, flötet

Phil zuckersüß. »Ich bin Philipp Müller, und das hier ist mein Freund Ray.«

Ich verbeuge mich tief, um Herrn Dittmann ein Lächeln aufs Gesicht zu zaubern, aber es wird nur ein Stirnrunzeln daraus.

»Ray ist ein Erdmännchen«, erklärt Phil.

»Aha«, sagt Herr Dittmann. »Wir haben aber gar nichts bestellt.«

»Ich weiß«, erwidert Phil und zieht seinen Köder aus dem Leopardenanzug. »Ich möchte Ihnen VIP-Karten für die heutige Abendvorstellung von Phil & Friends schenken.«

Herr Dittmann wirkt skeptisch. »Und was ist das für eine Show?«

»Sie werden Erdmännchen mit ganz besonderen Talenten erleben«, verspricht Phil. »Lassen Sie sich überraschen.«

Unser VIP-Karten-Gewinner überlegt, dann sagt er »Sekunde« und lehnt die Tür an. »Möchtest du dir heute Abend eine Show mit Erdmännchen ansehen?«, hört man ihn fragen.

»Auf gar keinen Fall«, antwortet die Frau empört. »Du hast mir versprochen, dass wir Japanisch essen gehen.«

Wieder geht die Tür auf. »Danke, aber wir brauchen keine VIP-Karten.«

Er will die Tür schließen, aber so leicht lässt Phil sich nicht abwimmeln. »Vielleicht haben Ihre Töchter ja Lust auf unsere Show«, sagt er. »Dann könnten Sie beide in Ruhe essen gehen.«

Auch Frau Dittmann hat ihn gehört. »Nur zu. Versuchen Sie Ihr Glück. Ich glaube nicht, dass Sie es schaffen, unsere Töchter für etwas anderes zu begeistern als TikTok und Instagram. Aber ich lasse mich gern überraschen.«

Gregor Dittmann öffnet die Tür und gibt den Blick auf seine Frau Bärbel frei, die im Sportdress vor dem Spiegel steht und an ihrer Kurzhaarfrisur herumzupft.

»Ich würde es zumindest gern versuchen«, erwidert Phil.

Sie lächelt aufmunternd und deutet zur offenen Verbindungstür. »Die beiden sind nebenan.« Erst jetzt bemerkt sie mich, und sofort erstirbt ihr Lächeln. »Aber das Tier bleibt draußen.«

»Er heißt Ray, und ich möchte ihn gern Ihren Töchtern vorstellen«, erwidert Phil. »Sie wissen ja bestimmt, dass Kinder ein besonderes Verhältnis zu Tieren haben. Ich verspreche Ihnen auch, dass mein Freund Ray sich tadellos benimmt.«

Frau Dittmann überlegt. »Er ist ganz sicher stubenrein?«

Phil nickt. »So stubenrein wie ich selbst.«

Ich finde die Antwort witzig. Die Dittmanns verziehen keine Miene.

»Na gut«, sagt Frau Dittmann. »Dann kommen Sie mal rein.«

Kinder- und Elternkabine sind identisch, mit dem kleinen Unterschied, dass Linda und Paulina Einzelbetten haben. Beide liegen darauf, Kopfhörer im Ohr, und tippen auf ihren Smartphones herum.

Daran ändert sich auch nichts, als Phil und ich den Raum betreten. Die Kids schauen kurz und desinteressiert hoch, dann wenden sie sich wieder ihren Bildschirmen zu.

Als Phil mich auf den Schreibtisch hebt und ich eine Step-Einlage zum Besten gebe, erregt zwar des Klappern meiner Krallen für einen kurzen Moment das Interesse der Schwestern, aber das war es dann auch schon. Die eine schießt nebenbei ein Foto, der anderen bin ich wohl nicht mal einen Instagram-Post wert.

»Hab ich Ihnen zu viel versprochen?«, fragt Frau Dittmann aus dem Nebenzimmer.

Ratlos blicke ich zu Phil, der wie die Lottofee neben mir steht und seine VIP-Karten präsentiert. Und was jetzt?

»Rufus, bist du da?«, frage ich.

Phil versteht mich, alle anderen hören nur ein leises Fiepen.

»Ja, ich höre dich klar und deutlich«, antwortet mein Bruder. »Wollte mich auch gerade bei euch melden.«

»Ach ja? Was gibt's denn?«

»Ich glaube, wir sind auf dem falschen Dampfer«, sagt Rufus. »Im übertragenen Sinne, versteht sich. Ich hab gerade mal ein bisschen recherchiert. Diese Dittmanns sind seit zweiundzwanzig Jahren verheiratet und wohnen in einem Reihenhaus, das sie gleich nach ihrer Hochzeit gekauft haben. Sie arbeitet als Steuerberaterin, er ist Buchhalter. Er sammelt Zinnfiguren, sie Kochrezepte. Eine der Töchter lernt Geige, die andere Klavier …«

»Bin gleich eingeschlafen«, unterbreche ich.

»Eben«, erwidert Rufus. »Sollte das eine Tarnung sein, dann ist es die beste der ganzen Agentengeschichte. Ich glaube, wir sind einfach auf der falschen Spur.«

Ich sehe, dass Phil nickt.

»Okay«, sage ich. »Wir brechen ab.«

»Wollte ich euch auch gerade vorschlagen«, erwidert Rufus. »Ihr könntet aber mal auf dem Pooldeck vorbeischauen. Tamás Kovác hat sich da gerade einen Kaffee servieren lassen, und es scheint, als würde er auf jemanden warten.«

Wieder nickt Phil mir zu. Dann legt er je eine VIP-Karte auf die Betten von Paulina und Linda und sagt: »Shawn Mendes und Ariana Grande kommen vielleicht auch.«

Die Blicke von Linda und Paulina schnellen für einen kurzen Moment nach oben.

Auf dem Pooldeck herrschen ähnlich beengte Verhältnisse wie in der Doppelkabine von Familie Dittmann. Rufus hat mir erzählt, dass allein die Wellnessbereiche auf dem Schiff zusammen die Größe eines halben Fußballfeldes haben. Aber wenn ein paar Tausend Leute zur selben Zeit Fußball spielen wollen, dann würde es ja auch da eng werden. Kein Wunder jedenfalls, dass Maxi uns das Schiff zeigen wollte, bevor die Gäste es bevölkern.

»In welchem von den vielen Cafés sollen wir denn nach Kovác suchen?«, fragt Phil. »Und wie sieht er eigentlich aus?«

»Ich schicke euch einfach ein Bild von ihm auf eure smarten Sonnenbrillen«, sagt Rufus.

»Wir haben smarte Sonnenbrillen?«, wundere ich mich.

»Nein, haben wir leider nicht«, erwidert mein Bruder pikiert. »Sie standen zwar auf meiner Wunschliste, aber die Herrschaften bei Interpol waren ja der Ansicht, dass wir solchen Schnickschnack nicht brauchen. Wie wir gerade feststellen, war das zu kurz gedacht. Wollte ich nur mal kurz angemerkt haben.«

Ich sehe, dass Phil die Augen rollt. »Bestimmt kriegen wir das auch ohne smarte Sonnenbrillen hin«, sagt er. »Was hat dieser Kovác denn an?«

»Weiße Leinenhose, stahlblaues Jackett …«

»Rotes Einstecktuch?«, unterbricht Phil.

»Genau. Wieso?«

»Und er ist groß und schlank, richtig?«

»Ja, er war ja mal Säbelfechter. Hat bei den Olympischen Spielen 1984 für Ungarn Gold geholt – ihr erinnert euch an das Briefing?«

»Dunkel. Aber wir haben ihn«, sagt Phil. »Kannst du uns sehen?«

»Noch nicht«, erwidert Rufus. »Aber … ahhh, da seid ihr ja. Die Kamera hinter dem Café hängt etwas ungünstig, aber jetzt hab ich euch im Bild.«

Phil dreht sich urplötzlich um und tut, als würde er den Pool betrachten.

Ich drehe mich mit ihm. »Was ist los?«

»Rufus?«, raunt mein Partner. »Kannst du erkennen, wer da gerade mit Kovác spricht? Hab ich es richtig gesehen, dass das die Sicherheitsoffizierin ist?«

»Positiv«, antwortet mein Bruder. »Sabrina Jorgensen scheint ihm was zu erklären. Jetzt zeigt sie zum *SilverCube*.«

»Zum … was?«, fragt Phil.

»So heißt die gläserne Aussichtsgondel über euch«, antwortet Rufus.

Phil richtet den Blick nach oben.

»Man kann den Kran, an dem sie hängt, über die Bordwand hinaus aufs Meer schwenken«, fährt Rufus fort. »Die Besucher befinden sich dann hundert Meter über dem Meeresspiegel und haben einen sagenhaften Rundumblick.«

»Und vor allem hat man da oben absolute Ruhe«, fügt Phil hinzu. »Keiner kann dich hören.«

»Stimmt«, sagt Rufus. »Und ich stelle gerade fest, dass die Gondel auch nicht kameraüberwacht wird.«

»Aus genau diesem Grund treffen sich Weisz und Kovác da oben«, erwidert Phil. »Ich kann die Zähne von Weisz bis hierhin leuchten sehen.«

»Interessant«, findet Rufus. »Ich schau mal, ob ich über die beiden was finden kann. Ich hab ja gerade sowieso keinen Sichtkontakt. Over und bis später.«

Wir sehen, wie Weisz und Kovác als einzige Gäste die Kapsel des *SilverCube* betreten und gleich danach von dem tonnenschweren Schwenkarm in luftige Höhen gehoben werden.

Jorgensen wartet auf ihren Boss und seinen Gast auf der Einstiegsplattform. An die Brüstung gelehnt, lässt sie ihren Blick über das Pooldeck schweifen.

Gleich sieht sie uns, denke ich, aber da ist es bereits zu spät.

Jorgensen hat bemerkt, dass Phil zu ihr hochsieht. Ihr Blick rastet bei ihm ein.

Wieder dreht Phil sich zur Seite. Diesmal tut er so, als müsste er sich den Schnürsenkel binden. »Schaut sie noch in unsere Richtung?«, fragt er.

Da ich hinter einer Sonnenliege stehe und mich deshalb nicht in Jorgensens Blickfeld befinde, kann ich unauffällig zu ihr hochschauen. »Wenn ihr Blick ein Lolli wäre, dann hättest du ihn im Fell kleben«, antworte ich.

»Verdammt«, sagt Phil und bindet sich auch noch den anderen Schnürsenkel neu. »Ich werde jetzt in Richtung Heck gehen und ihr dabei den Rücken zuwenden. Warte kurz, bevor du nachkommst, und schau mal, ob sie das Interesse an uns verliert.« Er steht auf und geht los.

Ich spähe an der Lehne des Liegestuhls vorbei und sehe, dass Jorgensen immer noch in unsere Richtung schaut. Ich warte noch drei Atemzüge, dann sprinte ich ihm hinterher.

»Und?«, fragt Phil.

»Entweder sie steht auf dich, oder sie hat uns im Visier.«

35

Wir finden am Heck des Schiffes und damit außerhalb der Reichweite von Jorgensen und ihrem Adlerblick ein Plätzchen, an dem wir ungestört sind.

»Rufus, bitte kommen«, sagt Phil und setzt sich auf eine Sonnenliege, die gerade keine Sonne abbekommt und deshalb leer ist. Ich klettere rauf und setze mich neben ihn.

»Ich höre?«, sagt Rufus.

»Kovác und Weisz hatten ein Vier-Augen-Gespräch im *SilverCube*«, erklärt Phil. »Ich wette, dass die beiden mehr verbindet als die Liebe zur Zauberei.«

»Und diese Wette würdest du gewinnen«, erwidert mein Bruder. »Sie sind zusammen zur Schule gegangen, aufs Petöfi-Sandor-Internat in Budapest. Die beiden haben sich da sogar ein Zimmer geteilt und waren in derselben Abschlussklasse.«

»Interessant«, sagt Phil. »Aber das kann noch nicht alles sein. Wenn zwei Jugendfreunde über die alten Zeiten plaudern möchten, dann können sie sich an eine Bar setzen. Wozu also die Geheimnistuerei im *SilverCube*? Und warum muss die Sicherheitsoffizierin dabei sein?«

»Immer langsam mit den jungen Pferden«, sagt Rufus. »Geht ja noch weiter. Richtig reich geworden sind Weisz und Kovác nach dem Fall des Eisernen Vorhangs.«

»Die haben gemeinsame Sache gemacht?«, hakt Phil nach.

»Ja und nein«, antwortet Rufus. »Man könnte sagen, sie haben sich die Bälle zugespielt. Weisz verkaufte russischen Schrott in alle Welt, und Kovác kümmerte sich um die Logistik.«

»Klingt halbseiden, aber nicht verboten«, wirft Phil ein.

»War es auch nicht«, bestätigt Rufus. »Allerdings gab es Anfang der Neunziger ein Schiffsunglück. Ein Frachtschiff, gechartert von Kovác, das für Weisz russische Industrieanlagen aus dem Kalten Krieg transportierte, geriet in Seenot und sank. Ob es sich bei der Ladung wirklich um Spitzentechnologie oder nur um Eisenschrott handelte, wurde nie geklärt. Die Versicherung hatte erhebliche Zweifel, konnte aber nichts beweisen und zahlte schließlich. Mit diesem zweistelligen Millionenbetrag stiegen Kovác und Weisz ins Big Business ein. Der eine machte in Schiffe, der andere in Logistik.«

»Und spielen sie sich heute immer noch die Bälle zu?«, frage ich.

»Was denkst du denn?«, antwortet mein Bruder. »Kovács Unternehmen ist zuständig für die gesamte Logistik auf den Schiffen von Viktor Weisz. Man könnte auch sagen, die Frachträume sind das Hoheitsgebiet von Tamás Kovác.«

»Du glaubst, die private Zaubershow findet da unten statt?«, fragt Phil. »Ist das Weisz' verwöhnten Gästen nicht viel zu unkomfortabel?«

»Sie wären nicht die ersten Kriminellen, die sich in einem Lagerraum treffen«, erwidert Rufus. »Außerdem hat man da unten seine Ruhe. Es gibt keine Kameras und keine neugierigen Passagiere.«

»Du meinst, es könnte nicht schaden, wenn wir uns da unten mal umsehen«, fasse ich zusammen.

»Genau. Ihr könnt den Fahrstuhl nehmen«, sagt Rufus. »Deck 2. Man braucht zwar eine spezielle Chipkarte, um da anhalten zu können, aber …«

»… du hast den Code gehackt«, falle ich ihm ins Wort.

»Genau genommen habe ich mir in einem Akt grenzenloser Güte selbst einen Admin-Status gewährt.«

»Wie nett von dir«, sagt Phil.

Zehn Minuten später stehen wir vor der Stahltür zum Frachtraum. Phil öffnet sie, und wir betreten einen breiten Gang, der links und rechts mit deckenhohen Regalen gesäumt ist, die vor Lebensmitteln förmlich überquellen. Ein Supermarkt ist dagegen ein Kindergeburtstag. Palettenweise Reis, Nudeln, Mehl, Gewürze, Trockenfrüchte, Kaffee und Kakao, Linsen, Bohnen, Zucker, Salz … Die vielen kleineren Gänge, die vom Hauptgang abgehen, scheinen kein Ende zu nehmen.

»Seid ihr schon drin?«, fragt Rufus.

»Was für ein Wahnsinn«, erwidere ich. »Hier liegt genug Essen für … immer.«

»Das täuscht«, sagt Rufus. »Was ihr da unten seht, reicht für maximal zwei Wochen.«

»Ich glaube, da hast du ausnahmsweise mal unrecht«, mischt Phil sich ein.

»Ich kann ja mal aufzählen«, erwidert mein Klugscheißerbruder. »Zweieinhalb Tonnen Fleisch, gut eine Tonne Fisch, hundert Kilo Butter, hundertfünzig Liter Sahne, achthundert Kilo Mehl, vierhundert Liter Eiscreme …«

»Das alles liegt hier unten, oder was?«, fällt Phil ihm ins Wort.

»Das ist der Tagesverbrauch auf diesem Schiff«, erklärt Rufus. »Außerdem werden hier jeden Tag gut tausend Hummer gegessen. Aber seht es euch selbst an, wenn ihr mir nicht glaubt. Hinter den Non-Food-Artikeln kommt der Kühlbereich. Fisch und Meeresfrüchte sind im Tiefkühlhaus zu finden – wenn man den Plänen glauben darf.«

Wir wandern an Stapeln von Servietten, Toilettenpapier und Kosmetikartikeln vorbei und sehen Regale voller Kanister mit Reinigungs- und Desinfektionsmitteln.

Mein ebenso nerviger wie schlauer Bruder hat also mal wieder recht. In der riesigen Halle, die wir gerade durchqueren, lagern nur die Trockenwaren.

Im nicht minder großen Kühlbereich finden sich stapelweise Obst und Gemüse. Es gibt eine zusätzliche Kühlkammer nur für Käse und ein Tiefkühlhaus, in dem Unmengen von Fleisch und Fisch aufbewahrt werden, außerdem genug Eiscreme, um damit eine Million Kindergeburtstage zu feiern. Mindestens.

Rufus erklärt uns, dass wir Wein und Champagner ebenso wenig zu Gesicht bekommen werden wie Kaviar und Trüffel, denn die Tür zum entsprechenden Kühlraum ist mit einem Zahlencode gesichert, den nur der Proviantmeister und eine Handvoll Eingeweihte kennen.

»Und was wird in dem anderen Raum mit Codeschloss aufbewahrt?«, fragt Phil.

Rufus ist verwirrt. »Wo soll der sein?«

»Weiter hinten«, sagt Phil. »Links. Eher ein Tor als eine Tür.«

»Backbord?«, fragt Rufus.

»In Fahrtrichtung links«, präzisiert Phil.

»Komisch«, sagt Rufus. »Die Küche liegt auf der anderen Seite. Wobei …« Man hört ihn tippen. »Ah, alles klar, ich hab's. Dahinter müsste die Schleuse zur Ladeluke sein. Logisch, dass die extra gesichert wird, schon damit niemand unbemerkt aufs Schiff kommen kann.«

»Leuchtet ein«, stimmt Phil ihm zu.

Als er sich zu mir umdreht, registriere ich etwas hinter ihm. Eigentlich ist es kaum mehr als eine Ahnung, eine minimale Veränderung der Lichtverhältnisse, aber es reicht, um meine Wildtierreflexe zu aktivieren. Instinktiv springe ich hinter die Vorräte im nächstbesten Regal und halte den Atem an.

»Keine Bewegung«, befiehlt im selben Moment eine Männerstimme.

»Ganz ruhig«, höre ich Phil sagen.

»Was ist da los?«, fragt Rufus.

»Ich befürchte, sie haben Phil erwischt«, antworte ich flüsternd.

Ich höre Rauschen, dann Knacken, dann sagt eine andere Männerstimme. »Deck 2, Code Charlie, bitte kommen.«

»Code Charlie bedeutet, dass es einen Verstoß gegen die Sicherheitsbestimmungen gegeben hat«, erklärt Rufus.

»Danke, aber da wäre ich jetzt auch selbst draufgekommen.«

36

Schritte sind zu hören, schnelle Schritte. Sabrina Jorgensen marschiert an meinem Regal vorbei.

»Herr Müller«, höre ich sie sagen. »Das ist ja eine Überraschung. Darf ich fragen, was Sie hier unten zu suchen haben?«

»Eins meiner Erdmännchen«, antwortet Phil. »Es ist abgehauen. Ihnen ist nicht zufällig eines begegnet, oder?«

»Interessant«, erwidert Jorgensen. »Zu diesem Bereich haben nur autorisierte Personen Zutritt. Wie haben Sie und Ihr Erdmännchen es überhaupt auf dieses Deck geschafft?«

»Gute Frage«, sagt Phil und räuspert sich in der Hoffnung, dass Rufus ihm aus der Patsche helfen kann.

Ich höre meinen Bruder hektisch tippen, dann sagt er: »Du bist Ray durch die Küche gefolgt, und die Tür zum Obst- und Gemüselager stand offen. Durch die Kühlschleuse ist Ray in den Frachtraum geflitzt und du ihm hinterher.«

Phil wiederholt, was Rufus ihm gerade souffliert hat.

»So weit, so gut«, sagt mein Bruder. »Ich lösche zur Sicherheit jetzt trotzdem mal rasch die Aufzeichnungen der Fahrstuhlkamera.«

»Dann müsste Ihr Erdmännchen also noch irgendwo hier unten sein«, stellt Jorgensen fest und macht keinen Hehl daraus, dass sie erhebliche Zweifel an seiner Geschichte hat.

»Ich wüsste nicht, wo es sonst sein könnte.«

Ich stoße eine Kralle in einen der Säcke, die oberhalb von mir im Regal liegen, und schlitze ihn der Länge nach auf. Sofort prasseln kiloweise Kirchererbsen auf den Metallboden. Im selben Moment stürze ich auf den Gang, als hätte mich die Sache mit den Kirchererbsen zu Tode erschrocken. Scheinbar panisch und völlig kopflos schlage ich so lange Haken, bis wirklich alle mich definitiv gesehen haben. Erst dann springe ich erneut in ein Regal, wo ich Deckung hinter einem Sack Linsen suche.

»Worauf warten Sie, Herr Müller?«, höre ich die Security-Chefin fragen. »Sind Sie nicht hier, um Ihr entlaufenes Erdmännchen einzufangen?«

Ich luge hinter dem Linsensack hervor und spüre, wie sich meine Augen weiten. Und meine Ohren. Und überhaupt alles an mir. Jorgensens Männer tragen schwarze Rollkragenpullover und haben Knarren, die wie abgesägte Schrotflinten aussehen, und mit denen zielen sie auf meinen Partner.

»Könnten Ihre Leute zuerst mal diese Dinger runternehmen?«, fragt er.

Jorgensen nickt ihren Männern zu, die prompt die Flinten sinken lassen. »Wir verwenden nur Hartgummigeschosse«, erklärt die Sicherheitsoffizierin. »Tut zwar höllisch weh, aber sie würden es überleben. Wir haben zwar auch einen Panzerschrank mit richtigen Waffen und scharfer Munition an Bord, aber der wird nur im äußersten Notfall geöffnet, und nur wenige Offiziere haben den Schlüssel dazu. Ich, zum Beispiel. Scharfe Munition wird auf so einem Schiff jedenfalls nur sehr ungern eingesetzt.«

»Beruhigend.« Phil beginnt, das Regal nach mir abzusuchen.

»Sie sollten diesen Vorfall dennoch nicht auf die leichte

Schulter nehmen«, fügt sie hinzu. »Ich nehme es schnell persönlich, wenn gegen die Sicherheitsvorschriften verstoßen wird.«

»Werde ich mir merken«, sagt Phil.

Als er sich meinem Versteck nähert, klettere ich hinter den Linsen hervor, damit er mich sieht.

»Okay, Kumpel. Machen wir die Biege«, raunt er mir zu, hebt mich hoch und dreht sich zu Jorgensen. »Alles klar, hier ist der kleine Ausreißer.«

Das Misstrauen der Sicherheitsoffizierin scheint für den Moment verflogen. »Meine Männer werden Sie hinausbegleiten«, sagt sie.

Ihr Blick bleibt an uns haften. Sie kneift die Augen zusammen und kommt näher. Dabei mustert sie Phil wie ein exotisches Insekt, bevor sie ihm mit spitzen Fingern seinen Ohrstecker herauszieht. »Was haben wir denn da?«

»Einen Knopf im Ohr«, antwortet Phil.

»Das sehe ich. Mir ist nur nicht klar, wozu Sie so etwas brauchen.«

»Für die Arbeit an einer neuen Show. Ich versuche gerade, meine Erdmännchen darauf zu trainieren, einfache Befehle über Funk zu befolgen.«

Phil, der mich von sich weghält wie eine nasse Katze, dreht mich so zur Seite, dass Jorgensen den Stecker in meinem Ohr sehen kann. »Ich habe meine Erdmännchen daran gewöhnt, dass sie auch solche Dinger tragen.«

»Und das funktioniert?«, fragt Jorgensen skeptisch.

»Noch nicht sehr gut«, antwortet Phil. »Sonst wäre er mir ja nicht abgehauen.«

Sie betrachtet Phils Ohrstecker genauer. »Das Ding sieht ziemlich professionell aus. Wo haben Sie das her?«

»So was kriegt man in jedem gut sortierten Laden für Spionagebedarf«, antwortet Phil.

Wie zu erwarten, verzieht Jorgensen keine Miene.

»Im Internet bestellt«, fügt mein Partner hinzu. »Ich weiß nicht mehr, wo, aber wenn Sie auch solche Dinger haben möchten, dann schaue ich gerne für Sie nach.«

»Nicht nötig«, sagt sie und gibt ihm den Ohrstecker zurück. »Passen Sie demnächst besser auf Ihre Erdmännchen auf. Auf so einem Schiff kann eine Menge passieren.«

Phil überhört die Drohung. »Werde ich machen.«

Jorgensens Männer bringen uns zum Fahrstuhl und bleiben davor stehen, bis sich die Türen geschlossen haben.

Wenig später betreten wir unsere Suite, wo Rufus uns mit den Worten »das war aber jetzt wirklich mal knapp« begrüßt.

Phil ist derselben Ansicht. »Das muss unser erster und letzter Patzer gewesen sein. Wir wissen, dass der Ocean's Club über Leichen geht.«

Keiner von uns sagt es, aber wir alle denken an Kong und Ernie Wandlitz. Ich glaube sogar zu bemerken, dass unser sonst so hartgesottener Partner ein wenig zusammenzuckt, als es plötzlich an der Tür klopft.

Rufus wischt rasch seine Pläne und Zahlen vom Display und springt zu mir aufs Sofa.

Phil öffnet die Tür.

Gideon, Natalia Burgakovs Fußmasseur und Bodyguard, steht davor. Ich weiß gar nicht, wie der durch eine Kabinentür kommt, ohne dabei den Rahmen kaputt zu machen.

»Frau Burgakov wünscht Sie zu sehen.«

»Die junge oder die …« Phil beißt sich auf die Unterlippe.

»Natalia Burgakov«, präzisiert Gideon.

»Sicher«, sagt Phil. »Und wann würde Frau Burgakov uns gern sehen?«

»Sofort«, erwidert Gideon. Er klingt nicht so, als wäre später auch noch okay.

»Geben Sie mir zwei Minuten, bin gleich bei Ihnen«, verspricht Phil und schließt die Tür.

»Auf geht's, Jungs. Ihr habt es gehört. Privatvorstellung bei Natalia Burgakov. Vielleicht können wir in Erfahung bringen, was die Zahl auf der Einladung zu bedeuten hat.«

»Bist du sicher, dass wir da mitkommen müssen?«, frage ich.

Phil wirkt ehrlich erstaunt. »Klar. Was denn sonst?«

»Beim Captain's Dinner hatte sie mäßiges Interesse an uns, dafür umso größeres an dir«, sagt Rufus.

»So ist es«, stimme ich zu. »Als die kleine Burgakov uns kaufen wollte, da dachte ich schon, ihre Mutter gibt gleich auch noch ein Angebot für dich ab.«

»Das ist doch Quatsch. Ihr wollt euch nur drücken«, sagt Phil. »Aber das kommt überhaupt nicht in die Tüte. One team, one dream.«

37

Natalia Burgakov trägt wie immer das Schwarz der unschuldigen Witwe. Die Farbe ist aber auch das einzig Unschuldige an ihr. Über dem superknappen schwarzen Bikini trägt sie ein transparentes Chiffonkleid mit schwarzer Spitze. Man könnte auch sagen, ein Hauch von Nichts wird von einem Hauch von noch Weniger bedeckt.

»Herr Müller!«, ruft sie beim Anblick von Phils Leopardendress. »Ich hab ja gleich geahnt, dass in Ihnen ein Tiger steckt.«

»Ist nur 'n Leopard«, erwidert Phil.

»Tiger oder Leopard«, lacht die Burgakov, »ein Raubtier ist ein Raubtier, nicht wahr?«

Ich sehe unseren Partner trocken schlucken. Völlig klar, dass nicht er hier das Raubtier ist.

»Da wir gerade davon sprechen«, sagt Phil und zeigt auf seine Füße, wo Rufus und ich aus dem Kichern nicht mehr rauskommen. »Ich habe meine beiden kleinen Raubtiere mitgebracht, um Ihnen ein paar Kunststücke zu zeigen.«

»Ich denke nicht, dass wir die beiden brauchen«, sagt die Burgakov. »Die Kunststücke, die ich mir von Ihnen erhoffe, kriegen Sie ganz bestimmt allein hin.« Sie tritt ein wenig zur Seite und gibt den Blick auf das Panoramafenster und ihre private Terrasse frei, wo zwischen zwei Sonnenstühlen eine

Flasche Champagner in einem gläsernen Kübel mit Eiswasser dümpelt.

Wieder muss Phil trocken schlucken.

»Keine Sorge, Partner, wir bleiben in der Nähe«, sage ich. »Ruf einfach, wenn du in Schwierigkeiten … steckst.«

Rufus muss kichern.

Die Burgakov sieht uns giggeln und denkt, dass wir aufgeregt sind. »Möchten Sie, dass Gideon ein Auge auf Ihre Erdmännchen hat, während wir beide ein wenig … plaudern?«

»Nicht nötig«, sagt Phil und betritt zögerlich die Suite. »Die kommen schon allein zurecht.«

»Fein«, sagt die Burgakov und lässt die Kabinentür ins Schloss fallen.

Gideon, Rufus und ich bleiben auf dem Gang zurück, wo wir und der Bodyguard uns unschlüssig gegenüberstehen.

Im Zoo haben wir uns manchmal die Zeit damit vertrieben, Besucher zu beschimpfen. Bis auf Phil versteht uns ja sowieso niemand. Tut also keinem weh, macht aber höllisch Spaß.

»Ey! Was glotzt du so blöd?«, herrsche ich Gideon an. »Willst du Streit anfangen, oder was?«

»Hast du nicht gehört, Schrankwand?«, ergänzt Rufus. »Besser, du ziehst Leine.«

Gideon steht einfach nur da und mustert uns interessiert.

»Er checkt's nicht, oder?«, sage ich zu Rufus.

Mein Bruder schüttelt den Kopf. »Entweder er ist schwerhörig oder einfach nur blöd.«

»Und? Was tippst du?«, frage ich.

»Schwerhörig sieht er eigentlich nicht aus«, antwortet mein Bruder.

Ich nehme wieder Gideon ins Visier. »Okay, Dicker, ich gebe dir genau drei Sekunden, um dich aus dem Staub zu machen. Danach kann ich echt für nichts garantieren.«

Gideon sieht aus, als versuchte er immer noch zu ergründen, was unser Fiepen und Pfeifen wohl zu bedeuten hat. Schließlich gibt er auf, dreht sich schulterzuckend um und geht gemächlich den Gang entlang.

»Noch mal Glück gehabt!«, rufe ich ihm hinterher.

»Genau! Und überleg dir demnächst, mit wem du dich anlegst«, fügt Rufus hinzu, aber da ist Gideon schon um die nächste Ecke verschwunden.

»Was jetzt?«, frage ich.

»Wenn ich den Bauplan richtig in Erinnerung habe, dann müsste man vom Nacktdeck aus die Veranda der Burgakov sehen können«, erwidert Rufus.

»Nacktdeck? Hast du gerade Nacktdeck gesagt?«

»Ja. Die Gäste dürfen sich dort in einem abgetrennten FKK-Bereich nackt aufhalten«, erklärt Rufus. »Ist gleich über uns.«

Nacktdeck. Interessant. Als Pelzträger macht man sich über so was ja gar keine Gedanken.

»Dann mal los.«

Getönte Glastrennwände sollen die Nackten vor neugierigen Blicken schützen. Da das Glas nicht bis zum Boden reicht, kann man aber locker drunter durchschauen, wenn man ein neugieriges Erdmännchen ist.

Ich riskiere einen Blick und stelle fest, dass die meisten Menschen gut daran tun, Kleidung zu tragen.

Rufus und ich bewegen uns außen an der Trennwand entlang bis zum äußersten Zipfel des Decks. Tatsächlich kann man von hier aus Burgakovs Veranda einsehen, die allerdings verwaist ist. Auch Sektkübel, Champagner und Gläser fehlen.

»Die Raubkatze hat ihr Opfer bereits in die Höhle geschleift«, stellt Rufus fest.

»Glaubst du, er kann ihr noch entkommen?«, frage ich.

Ratlos hebt mein Bruder das, was eigentlich mal seine Schultern werden sollten. »Ich befürchte, seine Chancen stehen nicht gut. Neunzig zu zehn gegen ihn, vielleicht achtzig zu zwanzig.«

Wir schauen beide auf Natalia Burgakovs leere Veranda und fragen uns, was sich wohl gerade für Szenen in ihrer Suite abspielen.

»Im Moment können wir nichts weiter für ihn tun«, fasse ich die Situation zusammen.

Rufus nickt. »Ich hab zwei leere Sonnenstühle gesehen, bei denen jemand ein halbes Glas KiBa vergessen hat.« Nach einer Pause fügt er hinzu: »Mit Strohhalm.«

Zwei Minuten später fläzen wir uns in der Sonne und genießen unseren halben KiBa.

Ich würde diese wohlverdiente Pause gern damit verbringen, ausnahmsweise mal nichts zu tun, aber mein Bruder ist überhaupt nicht gut im Nichtstun. Wenn Rufus zwei Wochen ohne Beschäftigung auf diesem Schiff verbringen müsste, dann wäre er danach ein einziges Nervenbündel.

»Ich hab übrigens noch mal recherchiert, was es mit der Zahl in der Einladung auf sich haben könnte«, beginnt er.

Klar hat er das. »Schieß los.«

»Weil ich in mathematischer Hinsicht nicht weitergekommen bin, habe ich rumprobiert, was die Zahl sonst noch bedeuten könnte.«

»Eine Telefonnummer?«, rate ich.

»Nein. Wobei viele Unternehmen die 1000 und die 1001 als Durchwahl verwenden, weil sie so einprägsam sind. Aber das wiederum beträfe Millionen Einträge weltweit. Bringt uns also nicht weiter.«

»Eine Postleitzahl?«

»Früher hatte Berlin die 1000. Heute sind die 1000 und die 1001 zwei Postleitzahlen in der Schweiz. In Lausanne.«

»Macht das irgendwie Sinn?«, frage ich.

Rufus schüttelt den Kopf. »Leider macht nichts von dem, was ich gefunden habe, viel Sinn. 10 001 001 ist die Bestellnummer einer Fusselbürste. Außerdem ist es die Michelnummer zweier irischer Briefmarken mit Motiven aus der Welt der Sagen und Legenden.«

»Was ist denn eine Michelnummer?«

»Der Michel-Katalog ist das Standardwerk für Briefmarkensammler«, antwortet Rufus.

Sieben Tage, denke ich. Sieben Tage würden völlig ausreichen, um ein Nervenbündel aus ihm zu machen.

»Ich habe auch herausgefunden, dass vom Yps-Magazin eine Jubiläums-Doppelausgabe mit der Nummer 1000/1001 erschienen ist. Das Gimmick war ein Vielzweckgerät mit Fernglas, Sonnenuhr, Lupe, Alarmpfeife Vergrößerungsspiegel und fünf weiteren tollen Funktionen.«

Ich sehe ihm an, dass er viel dafür geben würde, dieses Vielzweckgerät mal in die Klauen zu bekommen.

»Und dann hatte ich noch die Idee, die Zahl als Dezimalgradangabe zu verstehen«, sagt er. »Ich dachte, eine Einladung beinhaltet üblicherweise immer eine Ortsangabe. Man will ja wissen, wo die Party stattfindet.«

»Und das sagen dir diese Dezimaldings?«

»Genau. Wenn man die Zahl in der Einladung als 10.00

und 10.01 liest und sie als Kugelkoordinaten versteht, dann definieren sie genau einen Ort auf der Erde.«

»Die Stelle, wo das nächste Schiff sinkt«, rate ich.

»Guter Gedanke. Nur kann dort kein Schiff sinken«, erklärt Rufus. »Der Ort befindet sich in Nigeria, mitten im afrikanischen Busch.«

»Glaubst du, das nächste Treffen vom Ocean's Club findet da statt?«

»Macht keinen Sinn«, sagt Rufus. »Der Ort liegt fünftausend Kilometer von unserer Route entfernt. Es wäre cleverer gewesen, dann gleich eine Atlantikkreuzfahrt entlang der afrikanischen Westküste zu veranstalten.« Rufus seufzt und schiebt mir den KiBa rüber. »Und damit bin ich dann auch mit meinem Latein am Ende.«

Ich sauge am Strohhalm und spüre, wie der Zucker angenehm im Hinterkopf bizzelt. Gedankenverloren leere ich das Glas, bis nur noch das schmatzende Geräusch des Strohhalms zu hören ist.

»Eigentlich wollte ich auch noch was davon«, sagt Rufus.

Immer noch gedankenverloren hebe ich eine Klaue und bedeute dem Steward, der gerade vorbeikommt, dass ich gern noch einen Drink hätte, indem ich auf mein Glas zeige.

Er nimmt das Glas an sich und stellt Rufus und mir zwei frische Gläser KiBa zwischen die Liegen. Dann verbeugt er sich dezent und geht weiter.

»Kann es sein, dass du dich über rein gar nichts mehr wunderst, wenn du längere Zeit auf so einem Schiff gearbeitet hast?«, frage ich.

»Sieht so aus«, sagt Rufus.

Wir genießen unseren Zuckersaft und hängen unseren Gedanken nach.

»Vielleicht wissen die Leute zwar, wo die Party stattfindet, nur nicht, wann«, unke ich.

Rufus setzt den Strohhalm ab. »Du meinst, es ist ein Code für ein Datum und eine Uhrzeit?«

»Oder es ist überhaupt kein Code, sondern die Zahlen selbst sind das Datum.«

»So einfach soll das sein?«, sagt Rufus. Er klingt beinahe empört.

»Muss ja nicht immer alles kompliziert sein.«

»Aber wofür stehen dann die Nullen?«, fragt Rufus. »Es gibt keinen nullten Monat.«

»Und wenn man es von hinten liest?«, frage ich und merke, wie meine Zunge langsam taub wird vom vielen Zucker.

Rufus grübelt, saugt am Strohhalm und grübelt dabei weiter. Dann macht er plötzlich große Augen.

»Zuckerschock?«, frage ich.

»Ziemlich sicher, ja«, antwortet mein Bruder. »Aber vor allem hab ich des Rätsels Lösung.«

38

Phil begrüßt uns mit den Worten »Ich glaube, ich weiß, was die Zahl in der Einladung bedeutet. Haltet euch fest, Jungs …«.

Er stolpert und muss zunächst mal sich selbst festhalten. An der Reling. Phil wirkt nach seinem Besuch bei Natalia Burgakov etwas wackelig auf den Beinen. Ob es am Champagner liegt oder an den Kunststücken, die er ihr vorgeführt hat, ist schwer zu sagen. Aber sein Eyeliner ist verschmiert, die Haare sehen aus wie bei Windstärke zehn, und sein Hemd und der Leopardenanzug knittern um die Wette.

»Soll ich dir nicht erst mal einen KiBa bestellen?«, frage ich. »Du bist doch völlig unterzuckert.«

Ich winke nach dem Steward, der prompt erscheint. Doch bevor ich Phil einen Saft organisieren kann, hat der einen Single Malt bestellt und sich auf meine Liege gesetzt. »Um noch mal auf diese Zahl zurückzukommen: Die Burgakov hat die Einladung von Weisz in ihren Kalender gelegt, und zwar zwischen die Seiten vom 30. September und 1. Oktober. Und jetzt frage ich mich, ob es sich bei der Zahlenkombination um …«

»… ein Datum mit einer Uhrzeit handelt?«, fragt Rufus beiläufig.

Phils Schultern sacken herab. »Ihr wisst es schon? Wie habt ihr es rausgefunden?«

»Wir haben nur ein wenig nachgedacht«, antwortet mein Bruder bescheiden.

»Aber mit viel KiBa«, füge ich hinzu.

»Eigentlich ist es ganz einfach«, legt Rufus nach. »Man muss nur eins und eins zusammenzählen.«

»Genau«, sage ich. »Oder man macht es wie du und prostituiert sich.«

»Es ist rein gar nichts passiert«, erwidert Phil.

»Dein Eyeliner erzählt eine andere Geschichte«, spöttelt Rufus.

»Außerdem riecht alles an dir nach Oligarchin«, füge ich hinzu.

»Echt?« Mein Partner schnuppert an seinem Revers. »Ist vermutlich ihr Parfüm.«

»Ist es nicht.«

»Es ist rein gar nichts passiert«, wiederholt Phil.

»Schon gut«, sage ich. »Du bist uns keine Rechenschaft schuldig.«

»Was auf dem Schiff passiert, bleibt auf dem Schiff«, fügt Rufus hinzu.

»Es ist nichts passiert«, beharrt Phil. Inzwischen klingt er doch leicht genervt.

»Schon klar«, sagt Rufus. »Wir haben verstanden und werden schweigen wie die Seemannsgräber.«

»Ihr müsst nicht schweigen«, blafft unser Partner. »Es ist nichts passiert, worüber man schweigen müsste.«

»Genau«, sage ich. »Reden wir nicht mehr von dieser leidigen Sache.«

»Es gibt keine leidige Sache!«, ruft Phil, der jetzt nicht mehr nur genervt, sondern auch ein bisschen verzweifelt klingt.

Zum Glück erscheint der Steward und serviert den Scotch. Unser Partner kippt den Drink in einem Zug, atmet durch und bestellt gleich noch einen. »Können wir uns jetzt wieder den wichtigen Fragen zuwenden?«

Rufus und ich hätten zwar nicht übel Lust, Phil noch länger aufzuziehen, aber er sieht schon gebeutelt genug aus.

»Leg los«, sage ich und schiebe mir den Strohhalm zwischen die Lippen.

»Danke«, nickt Phil. »Also, sind wir uns einig, dass die 1001 in der Einladung für den 1. Oktober stehen könnte?«

»Korrekt«, antwortet Rufus. Man kann sie entweder von hinten lesen oder als Angabe nach ISO 8601 verstehen. Dieser Standard besagt, dass der Monat vor dem Tag genannt wird. 10–01 heißt also 1. Oktober.

»Und was bedeutet die 1000?«, fragt Phil. »10 Uhr morgens? 10 Uhr abends? Oder muss man das auch verkehrt herum lesen?«

»Nein«, sagt Rufus. »Bei Zeitangaben gilt nach ISO 8601 die klassische Reihenfolge. Stunden, Minuten, Sekunden.«

»Heißt das, wir sind zu spät, weil die private Zaubershow schon heute Morgen gewesen ist?«, fragt Phil und nimmt seinen zweiten Scotch in Empfang.

»Theoretisch ja«, antwortet Rufus. »Es könnte sich aber auch um eine Angabe im US-amerikanischen Format handeln. Ob die Zahl 1000 in diesem Fall 10 Uhr abends oder 10 Uhr morgens bedeutet, können wir dann nur raten.«

»So kommen wir nicht weiter«, sagt Phil.

»Vielleicht doch«, erwidert Rufus. »Ich habe mich nämlich gefragt, ob die private Zaubershow nur ein Kennwort war, damit die Teilnehmer vom Ocean's Club wissen, wo ihr nächstes Treffen stattfinden wird.«

Phil nippt grübelnd an seinem Scotch. »Muss ich das verstehen?«

»Wirst du gleich«, verspricht Rufus. »Heute Abend um einundzwanzig Uhr findet eine reguläre Zaubershow mit unserem Kollegen Frederick statt, die bis zweiundzwanzig Uhr dauern soll …«

Phils Miene hellt sich auf. »Und danach tagt dort der Ocean's Club?«

Rufus nickt anerkennend. »Nicht schlecht, Phil. Bei Ray hat es deutlich länger gedauert, bis der Groschen gefallen ist.«

Ich will erwidern, dass das vermutlich an meiner KiBa liegt, aber das Zeug hat mir gerade die Zunge am Gaumen festgeklebt. Dauert einen Moment, bis ich sie wieder freigespeichelt habe.

»Do seids jo!«, höre ich Maxi rufen. Ihr/Sein grünes Leibchen flattert übers Deck. »I suach eich scho übaoi! In dreißg Minudn soit ihr auf da grousn Bühne schdeng.« Maxi bemerkt den Zustand von Phil. »Herrschoftszeidn, wia schaugst denn du aus?«

»Privatvorstellung bei Natalia Burgakov«, antwortet Phil und prostet Maxi zu.

»Vastehe«, sagt Maxi und nimmt Phil den Scotch aus der Hand. »Do wern mia de Zendaya braan und a grouss Bügeleisn und an stoakn Kaffä. Komm mid, während die Zendaya di in Schuss bringt, konn i di briafn.«

»Briefen? Wieso denn briefen?«, fragt Phil.

»Ihr miassts eia Programm ändern«, erklärt Maxi.

»Was? Wieso? Unser Programm ist doch super! Die Leute lieben es. Hast du selbst gesagt.«

»Jo. Die Show is supa«, sagt Maxi, »muass aba fia den Namidog im *Goidn SilverPalace* familienfreindlicha wern. Den Leidn Kaas zu vabiedn und unsa Personal mid de Gäsd zua vakuppeln, des gäd ned.«

»Wir haben doch niemanden verkuppelt«, wehrt sich Phil. »Birgit und Nabil haben sich freiwillig füreinander entschieden. Wie geht es den beiden eigentlich?«

»Bestens, aba da Personalchef macht ma drotzdem de Hölle hoass. Sex mid Gäsdn is fia d' Crew a No-Go.«

»Und was spricht dagegen, dass die Leute von uns kostenlose Gesundheitstipps bekommen?«, fragt Phil. »Ist doch ein Superservice. Außerdem können die meisten unsere Tipps gut gebrauchen.«

Maxi schüttelt unwirsch den Kopf. »Des is koa Service, sondern a Zuamutung. De Gäste woin Gaudi und koa Probleme. Merkt eich des. Und etz los, ihr drei. Showtime!«

39

Der *Golden Silverpalace* ist ein Kuppelbau, der sich über drei Decks mit ebenso vielen Zuschauerrängen erstreckt. Maxi sagt, es passen mehr als eintausend Besucher in dieses weltweit einmalige Amphitheater. Ganz oben, gleich unter der Kuppel, befinden sich mehrere Bars, an denen die Gäste sitzen und das Bühnenprogramm via Monitor verfolgen können. Selbst während so einer Show ist also für alle, die Angst davor haben, binnen der nächsten zwei Stunden zu verhungern oder zu verdursten, der Nachschub mit Snacks und Getränken gewährleistet.

Die Bühne liegt genau in der Mitte und damit direkt unter der Kuppel, die dem Ort seinen Namen gibt. Denn das riesige Halbrund leuchtet abwechselnd gold- und silberfarben – eine Hammer Lichtanlage macht es möglich. Überhaupt ist die zum Teil in der Kuppel, zum Teil im Deck unter uns versteckte Technik vom Allerfeinsten.

Wir könnten unsere Show damit beginnen, dass wir an durchsichtigen Bändern herabschweben oder mit einem unsichtbaren Fahrstuhl aus dem Boden emporsteigen, umwabert von Kunstnebel. Theoretisch. Praktisch dürfen wir das alles nicht, weil der technische Ablauf minutiös geplant ist, wir sind ja nicht die einzigen Künstler auf dieser Bühne. Vor uns treten Luftakrobaten auf, nach uns kommt ein Clown. Die Akrobaten benötigen die Bänder, der Clown darf den

Fahrstuhl benutzen. Wir kriegen nur ein paar Lichteffekte ab.

Rufus erinnert der *Golden Silverpalace* an eine berühmte Ruine in Italien. Da sollen auch spektakuläre Shows gezeigt worden sein, allerdings haben viele Künstler das Bühnenprogramm nicht überlebt. Wir sind also vergleichsweise gut bedient. Auf der *Golden Silverstar* aufzutreten, ist kein Zuckerschlecken, aber immerhin muss man eine miese Vorstellung nicht gleich mit dem Leben bezahlen.

Der Laden ist brechend voll. Sogar unsere Gönnerin Madame Esterházy ist unter den Gästen. Der Rollstuhl der alten Dame steht gleich in der ersten Reihe. Ob sie nur die Show sehen will oder hier ist, um uns im Auftrag des Ocean's Club auszuspionieren, bleibt ihr Geheimnis. Phil begrüßt sie persönlich und mit einem Handkuss.

Das Konzept für unsere familienfreundliche Unterhaltung sieht folgendermaßen aus: Nachdem Rufus und ich zum Entzücken der anwesenden Kinder einmal kreuz und quer durch die Zuschauerreihen geflitzt sind und Phil uns dem Publikum vorgestellt hat, werden uns die Augen verbunden, und zwei ausgewählte Gäste bringen uns ins Foyer, wo wir garantiert nicht mitbekommen, was drinnen passiert.

Während wir warten, ruft Phil fünf Paare auf die Bühne, die sich dort so verteilen, dass man nicht weiß, wer zu wem gehört.

Dann werden Rufus und ich wieder in den Saal gerufen, wo wir die richtigen Paare wiedervereinen sollen. Phil hat dem Publikum zuvor erklärt, dass wir riechen können, welche Paare zusammengehören. Das stimmt zwar auch, aber nur halb. Was bei Birgit und Nabil passiert ist, trifft nicht auf alle Paare zu. Im Gegensatz zu uns Tieren kommen Menschen nicht nur zusammen, weil Gefühle und Körperchemie stimmen, sondern aus allen möglichen Gründen. Da geht es eben nicht nur um gegenseitige Anziehung zur optimierten Fortpflanzung, sondern um Geld, Ansehen, Sicherheit und Fragen der Lebensplanung. Rufus und ich haben festgestellt, dass es sogar Paare gibt, die schon ewig verheiratet, aber sich körperlich spinnefeind sind. Aber wir haben ein paar Tricks auf Lager, um trotzdem herauszufinden, wer mit wem Tisch und Bett teilt.

»Hier ist eine Jacke, die mit Lederfett behandelt wurde«, sagt Rufus. »Ich rieche eine deutliche Note von Avocadoöl und Bienenwachs. Hast du dazu ein Gegenstück?«

Die von Phil ausgesuchten Paare haben auf der Bühne einen Halbkreis gebildet, Männer und Frauen gemischt. Eine ultraleichte Trittleiter mit kleinen Rollen, die Rufus und ich über die Bühne schieben, macht es uns möglich, alle Anwesenden von oben bis unten zu beschnuppern, während Phil das Publikum mit frei erfundenen Anekdoten über Phil & Friends unterhält.

Asger und Alva aus Kopenhagen passen geruchsmäßig nicht so toll zueinander, aber die Chemie auf seiner Jacke und ihren Schuhen liefert uns dennoch den richtigen Hinweis.

Rufus und ich flitzen zwischen den beiden hin und her und zeigen abwechselnd auf unser erstes Traumpaar. Das Publikum applaudiert begeistert.

Während Phil von Asger und Alva erfährt, dass die beiden seit fast dreizehn Jahren verheiratet sind und eine vierzehnjährige Tochter haben, die im Publikum sitzt und partout nicht winken will, weil sie ihre Eltern voll peinlich findet, kümmern Rufus und ich uns um die nächste Paarung.

Eine Salbe gegen Rückenschmerzen ist das entscheidende Indiz bei Eric und Swantje aus Utrecht. Nicht nur seine Schultern, sondern auch ihre Hände riechen danach. Seife und Handcreme übertünchen zwar den Geruch der Salbe, aber für unsere Nasen ist er trotzdem so präsent, als hätte Swantje das Zeug nie abgewaschen.

Applaus. Phil quatscht mit den Gästen aus Holland, wir suchen unser drittes Paar, was ruckzuck geht, denn es gibt zwei rechte Hände, die nach Champagnerperlen riechen, und zwei linke Hände, die nach Hummer duften. Marie und Roland aus Lüttich gehören also zu jenen Gästen, die dafür sorgen, dass hier jeden Tag tausend Hummer in den Kochtöpfen landen.

Schwieriger wird die Sache bei den letzten vier Kandidaten. Inge, Ulrike, Uwe und Heinz haben dem Geruch ihrer Kleidung nach zu urteilen alle im selben Steakhaus gegessen. Da Inges Parfüm sowohl an Uwe als auch an Heinz zu riechen ist, könnte es sich um befreundete Paare handeln. Wäre aber auch möglich, dass die vier sich auf der Bühne miteinander bekannt gemacht und dabei versehentlich ein paar Duftmarken ausgetauscht haben.

»Es gibt nur einen einzigen hormonellen Match bei den Vieren«, sagt Rufus.

»Ich weiß. Uwe und Inge. Er hat nicht nur ihr Parfüm an sich, da könnte auch was von ihrem Lippenbalsam an seinem Mund sein.«

»Obwohl ich da auch den Lippenstift von Ulrike rieche«, sagt Rufus. »Außerdem haben Ulrike und Uwe die gleiche Steaksoße gegessen.«

»Knifflig«, fasse ich zusammen. »Also doch Ulrike und Uwe?«

»Spricht denn was dafür, dass Inge und Heinz ein Paar sind?«, fragt Rufus.

»Rein gar nichts«, gebe ich zurück.

»Das spräche dann doch wieder für Uwe und Inge«, sagt Rufus.

»Riskieren wir es«, sage ich. »Ich bin ziemlich sicher, dass Inge und Uwe unser nächstes Traumpaar sind.«

Rufus zuckt mit seinen nicht vorhandenen Schultern. »Okay.«

Ich hebe beide Vorderläufe, zeige auf unsere Auserwählten und rufe Phil zu: »Küsse lügen nicht, diese beiden sind ein Paar.«

Phil lacht, behauptet, dass er plötzlich Erdmännisch versteht – was für eine abwegige Idee –, und erzählt dem Publikum, was ich gesagt habe. Schallendes Gelächter, aber nur vereinzelter Applaus.

Auch auf der Bühne hält sich die Begeisterung in Grenzen. Heinz ist ganz blass geworden, Ulrikes Gesicht glüht zornesrot.

»Du gottverdammter Bastard«, bellt sie.

Ein erschrockenes »Uuuooh!« geht durchs Publikum. Das heißt, erschrocken sind hauptsächlich die Erwachsenen. Die Kinder recken neugierig die Hälse, um zu hören, was die wütende Frau sonst noch so für tolle Schimpfwörter kennt.

»Ich glaube, es gibt da noch eine Paarungsvariante, die wir übersehen haben«, sagt Rufus.

»Das hier sollte für uns ein Neuanfang sein, und du steigst mit der erstbesten Schlampe ins Bett, die dir über den Weg läuft?«, giftet Ulrike.

»Okay, hätte man draufkommen können«, sage ich zu meinem Bruder.

»Danke sehr! Das war es für heute!«, ruft Phil. »Ich hoffe, es hat Ihnen und euch Spaß gemacht.«

Keine Reaktion vom Publikum, dem die Show nach der Show mehr Spaß macht, als Phil lieb ist.

»Sag bitte, dass das nicht wahr ist«, bringt der schmächtige Heinz mühsam hervor.

»Natürlich ist es nicht wahr«, antwortet Inge mit vor Wut zitternder Stimme. »Du glaubst doch nicht etwa dieser falschen Schlange.«

»Schlange?«, kreischt Ulrike. »Ich gebe dir gleich Schlange.«

Sie will Inge ohrfeigen, doch die weicht geschickt aus, weshalb der Schlag Heinz trifft, der davon völlig überrascht wird und Mühe hat, auf den Beinen zu bleiben.

Ulrike hat derweil nachgesetzt und Inge bei den Haaren gepackt. Nun versucht sie, ihre Nebenbuhlerin zu Boden zu reißen. Das bringt Ulrikes Mann Uwe auf den Plan. Er geht dazwischen.

»Vorhang!«, ruft Phil. »Vorhang!« Es ist kein Befehl, sondern mehr ein Hilferuf.

»Jetzt hör schon auf!«, blafft Uwe. »Es ist doch überhaupt nichts passiert! Rein gar nichts!«

Ich sehe, dass Maxi, der/die hinten im Zuschauerraum steht und unsere Show beobachtet, den Kopf schüttelt.

Könnte bedeuten, dass sie/er nicht fassen kann, was gerade auf der Bühne abgeht, könnte aber auch bedeuten, dass überhaupt kein Vorhang existiert.

Während das Publikum gebannt zuschaut, wie Uwe seine Frau davon abzuhalten versucht, ihrer Nebenbuhlerin die Haare auszureißen, wiederholt Phil seinen Hilferuf: »Vorhang! Bitte! Vorhang!«

Ich schaue hoch zur Kuppel, und da sehe ich ihn, einen schönen roten Samtvorhang.

Und ja, jetzt fällt er auch. Zum Glück.

40

Phils Leopardenanzug braucht ein Freshup. Ob man ihn aufbügeln kann oder über Nacht an den Radarmast binden muss, ist noch nicht raus.

Wir sind wieder in unserer Suite. Maxi hat uns gesagt, dass wir heute zum ersten und letzten Mal auf der großen Bühne standen. Offensichtlich sind wir nicht in der Lage, ein jugendfreies Programm auf die Kette zu kriegen. Deshalb müssen wir künftig wieder die Angetrunkenen in der Rock'n'Roll-Bar unterhalten. Außerdem werden uns die beiden Präsentkörbe, die Inge und Heinz sowie Ulrike und Uwe bekommen, um die Wogen zu glätten, von der Gage abgezogen.

So ist das im Showbiz. Heute bist du noch ganz weit oben, aber schon morgen tingelst du wieder durch die Absteigen, in denen du angefangen hast.

»Das Ganze hat auch seine gute Seite«, sagt Phil, der sich nach einer Dusche in einem übergroßen *Golden-Silverstar*-Bademantel die Haare trocken frottiert. »Für den Rest des Tages bleiben mir der Leopardenfummel und die Schminke erspart.«

»Außerdem können wir uns jetzt in Ruhe um unseren eigentlichen Job kümmern«, fügt Rufus hinzu.

Mein Bruder und ich lümmeln auf dem Sofa. »Ist trotzdem ein bisschen schade um unsere Weltkarriere«, sage ich.

Es klopft.

Phil öffnet die Tür und streckt den Kopf hinaus. »Madame Esterházy«, höre ich ihn sagen. »Schön, Sie zu sehen. Was kann ich für Sie tun?«

»Darf ich Sie kurz unter vier Augen sprechen?«, fragt die Esterházy.

»Sollen wir uns gleich irgendwo treffen?«, schlägt Phil vor und öffnet die Tür ein Stückchen mehr. »Ich war gerade unter der Dusche und bin noch nicht angezogen. Aber in ein paar Minuten könnte ich …«

»Oh, das ist kein Problem«, unterbricht ihn die alte Dame. »Ich war dreimal verheiratet. Sie sind nicht der erste Mann, den ich im Bademantel sehe.«

Sie scheint keinen Widerspruch zu dulden, denn Phil öffnet die Tür nun ganz, und die Esterházy rollt in unsere Kabine.

Als die Tür sich hinter ihr geschlossen hat, setzt sie zurück, bis die Reifen den Ausgang versperren.

Phil bemerkt es und wirkt irritiert. »Falls Sie sich über die Show beschweren möchten, das kann ich gut verstehen …«

Die Esterházy schüttelt den Kopf. »Keineswegs. Ich für meinen Teil habe mich sehr gut unterhalten. Ich lebe ja schon seit einigen Jahren auf diesem Schiff und kenne deshalb alle Shows in- und auswendig. Ihre war erfrischend anders.«

»Danke, das freut mich«, sagt Phil.

»Ich bin sicher, von den übrigen Gästen hat niemand gemerkt, dass Sie zum ersten Mal auf einer Bühne standen.«

Phil lächelt seine Irritation weg. »Ich verstehe nicht ganz …«

»Ist Philipp Müller eigentlich Ihr richtiger Name?«

»Hören Sie, ich weiß nicht, worauf Sie hinauswollen, aber …«

»Sie kannten ihn, oder?«

»Wen?«

»Den Mann, der verschwunden ist. Ernie Wandlitz. Kabine 4338.«

»Vertrau ihr auf gar keinen Fall«, sagt Rufus. »Das ist ein Trick, um unsere Tarnung auffliegen zu lassen.«

Madame Esterházy schaut zu uns herüber, weil sie Rufus' Fiepen gehört hat. »Man könnte wirklich denken, dass die beiden uns verstehen.«

»Ja. Sind clevere Tiere«, sagt Phil.

»Lass dich nicht einwickeln!«, setzt Rufus nach. »Trau ihr auf gar keinen Fall! Denk daran, dass sie mit der Burgakov unter einer Decke steckt.«

»Jetzt hör doch mal auf, die Oma hier schlechtzumachen«, sage ich. »Immerhin hat sie uns die Suite spendiert.«

»Ich kann verstehen, dass Sie vorsichtig sein müssen«, fährt Madame Esterházy fort. »Aber ich garantiere Ihnen, dass ich nicht hier bin, um Sie in Schwierigkeiten zu bringen.«

»Warum sind Sie dann hier?«, fragt Phil.

»Weil ich denke, dass es Sie interessieren könnte, was ich weiß«, antwortet sie.

»Ich kann mich nur wiederholen«, wirft Rufus ein. »Alte Frau im Rollstuhl: Das ist eine Falle.«

»Aber so viel wir wissen, hat sie keine Einladung von Weisz bekommen«, gebe ich zu bedenken.

»Vielleicht braucht sie keine, weil sie eine der Drahtzieherinnen im Ocean's Club ist«, hält Rufus dagegen.

Madame Esterházy bemerkt, dass Phil zu uns herübersieht und überlegt. »Geben Ihnen die beiden Tipps?«, fragt sie.

»Könnte man so sagen«, antwortet Phil.

»Und? Was melden die empfindlichen Nasen Ihrer Freunde? Bin ich vertrauenswürdig, oder bin ich es nicht?«

»Vertrau ihr nicht«, sagt Rufus.

»Vertrau ihr«, halte ich dagegen.

»Nein. Vertrau ihr nicht.«

»Doch. Vertrau ihr.«

»Ich glaube, das ich meiner eigenen Nase vertrauen sollte«, sagt Phil.

»Aha. Und was sagt die Ihnen?«

»Dass Sie anders sind als die Leute, die Ernie Wandlitz auf dem Gewissen haben.«

»Danke, das war's!«, sagt Rufus und schlägt sich eine Klaue aufs Ohr. »Wir sind geliefert. So gut wie tot.«

»Freut mich, dass Sie eine so gute Nase haben«, sagt die Esterházy. »Ich kannte den Mann, der verschwunden ist, übrigens kaum, aber wir haben mal kurz geplaudert. Er schien nett zu sein. Ein Freund von Ihnen?«

»So was in der Art«, antwortet Phil. »Ich würde die Leute, die ihn auf dem Gewissen haben, gern zur Rechenschaft ziehen.«

»Das ist gut«, sagt sie. »Was ich weiß, ist leider nicht viel. Vielleicht hilft es Ihnen trotzdem. Sicher ist, dass sich seit einigen Jahren regelmäßig Leute auf diesem Schiff treffen, die etwas an sich haben, das mir unangenehm ist. Man könnte es eine Mischung aus viel Geld und wenig Skrupel nennen. Weit verbreitet unter Leuten, die so grenzenlos reich sind, dass sie auch sonst keine Grenzen kennen.«

Ich knuffe Rufus in die Seite. »Sie ist eine von den Guten.«

Er schweigt. Was Rufus noch schlechter erträgt als alles andere, ist, sich zu irren.

»Vor drei Jahren«, fährt Madame Esterházy fort, »war eine Frau beim Captain's Dinner dabei, eine Südafrikanerin, die ihr Geld mit Diamanten gemacht hatte. Auch damals ging es um eine private Zaubershow …«

»Wissen Sie eigentlich, was das für eine Show ist?«, hakt Phil ein.

Die Esterházy schüttelt den Kopf. »Ich habe mich nie dafür interessiert und bin auch nie eingeladen worden. Ich versuche, die Captain's Dinner zu schwänzen, wenn Victor Weisz und seine Freunde an Bord sind. Bis auf den Kapitän sind mir all diese Leute unsympathisch. Aber wenn man hier lebt, dann hat man nun mal gewisse gesellschaftliche Verpflichtungen.«

Madame Esterházy hebt ihre Hände aus dem Schoß und zeigt Phil einen Weißgoldring mit einem tiefblauen Saphir, der von sternförmig angeordneten Brillanten eingerahmt ist. Er schmückt ihren linken Ringfinger. »Jedenfalls hatte die Dame aus Pretoria ein paar Tage nach dem Captain's Dinner diesen Ring an ihrer Hand. Ich kannte ihn gut, denn er gehörte einst meiner Mutter. Ein Schmuckstück, das von Generation zu Generation weitergegeben werden sollte, weil es den Wahlspruch meiner Großmutter enthielt. Meine Mutter zeigte ihn mir oft, weil ich mir die Inschrift einprägen sollte. Sie können sich also denken, welchen ideellen Wert dieser Ring für mich hat.«

Phil nickt. »Nur so aus Interesse, wie lautet der Wahlspruch?«

»Das Glück ist in dir«, antwortet Madame Esterházy und lächelt versonnen. »Die wahre Bedeutung dieses Satzes habe ich erst in den Nachkriegsjahren verstanden. Wir mussten aus Deutschland fliehen und haben viele Jahre gebraucht, um eine neue Heimat zu finden. Wir hatten nur uns, aber das hat uns genügt.«

»Ihre Mutter hat diesen Ring also damals verkauft, um über die Runden zu kommen?«, vermutet Phil.

Esterházy schüttelt den Kopf. »Der Ring musste ebenso wie alles andere, was wir besaßen, in Deutschland bleiben. Erst viele Jahre nach dem Krieg tauchte er in Südamerika auf, zusammen mit anderen geraubten Schmuck- und Kunstgegenständen. Es dauerte jedoch weitere vierzig Jahre, bis die rechtmäßigen Besitzer gefunden waren und bis wir endlich wiederbekommen sollten, was unseren Eltern und Großeltern gestohlen worden war. Doch das Schiff mit den Kostbarkeiten sank auf der Überfahrt nach Europa.«

»Und nach diesem Unglück haben Sie die Frau beim Captain's Dinner auf der *Golden Silverstar* getroffen?«, fragt Phil erstaunt. »Und sie trug diesen Ring?«

Madame Esterházy nickt. »Es war nur wenige Wochen, nachdem wir die Nachricht vom Untergang des Schiffes bekommen hatten.«

»Das wirft ein ganz neues Licht auf die Zauberkünste des Ocean's Club«, sagt Rufus. »Diese Leute können Sachen nicht nur verschwinden lassen, sondern sie auch wieder herbeizaubern.«

»Wie haben Sie den Ring zurückbekommen?«, fragt Phil. »Kennt diese Frau aus Südafrika jetzt Ihre Geschichte?«

Madame Esterházy lächelt spitzbübisch. »Sie fragen sich, ob ich Verdacht erregt habe.«

»Nun ja, das wäre gut zu wissen«, gibt Phil zu. »Diese Leute sind gefährlich. Denken Sie nur an Ernie Wandlitz.«

»Wissen Sie, einer der wenigen Vorteile meines Alters ist, dass man ständig unterschätzt wird«, erwidert Madame Esterházy. »Auch die Dame aus Pretoria hat mich unterschätzt. Ich habe ihr natürlich nichts erzählt, sondern mir lediglich mein Eigentum zurückgeholt. Ein guter Freund von mir hat ihr den Ring beim Landgang in Neapel gestohlen – fast achtzig Jahre, nachdem er meiner Mutter gestohlen wurde.«

Phil ist beeindruckt. »Ihre Mutter wäre sicher sehr glücklich darüber, dass der Ring nun wieder im Familienbesitz ist.«

»Meine Mutter hat leider nicht erlebt, dass der Ring wiedergefunden wurde. Sie starb zuvor und in dem Glauben, dass er für immer verschollen wäre.« Ein Anflug von Trauer ist in Madame Esterházys Gesicht zu sehen. »Wie dem auch sei«, sie lässt ihr Gefährt nach vorn rollen, um die Tür freizugeben. »Es wäre mir eine große Freude und ein persönliches Anliegen, wenn Sie diesen Leuten kräftig in die Suppe spucken.«

41

Im Grunde ist das Unterhaltungsprogramm auf der *Golden Silverstar* dazu da, die Zeit zwischen den Mahlzeiten zu überbrücken. Vor dem Essen gibt es familienfreundliche Bühnenprogramme als Appetizer, danach setzt man auf leicht verdauliche Shows, weil die Gäste ja schon mit dem Verdauen des Essens beschäftigt sind.

Die Afterdinner-Zaubershow unseres ehemaligen Zimmergenossen Frederick ist so leicht verdaulich, dass man nicht weiß, wer sich mehr langweilt, das Publikum oder der Künstler. Während Frederick mit einem in Stein gemeißelten Lächeln anspruchslose Tricks darbietet, herrscht im Zuschauerraum ein reges Kommen und Gehen. Viele Gäste gönnen sich auf dem Weg von den Restaurants zu den Bars noch ein paar Minuten Zauberei, quasi als kleines Entertainment-Betthupferl. Vielleicht brauchen die Leute aber auch nur Verschnaufpausen oder etwas Zeit, um ihre Getränkeauswahl zu planen.

Phil hat sich ganz nach hinten gesetzt, während Rufus und ich unterhalb der Bänke durch die Reihen schleichen und unsere Zielpersonen ausspähen.

Wir haben Magic Nick entdeckt, unser *One-hit-wonder*, ebenso Kim Gong Suk, den Software-Mogul mit der Lausbubenmütze. Außerdem sind Natalia und Betty Burgakov vor ein paar Minuten eingetroffen, allerdings nur für einen kleinen Zwischenstopp, denn jetzt werden sie schon wieder von ihrem Bodyguard und Fußmasseur Gideon abgeholt. Der Doppelschrank nickt den beiden kurz zu und verschwindet dann mit Mutter und Tochter im Foyer.

»Ich schau mal, wo die drei hinwollen«, sage ich und flitze im Schutz der Dunkelheit zu dem roten Samtvorhang, der den Saal vom Foyer trennt. Es gibt zwar auch eine Tür, aber da sowieso ein ständiges Kommen und Gehen herrscht, hat man sie erst gar nicht geschlossen.

»Siehst du was?«, fragt Phil.

»Er bringt sie zu den Fahrstühlen. Ich glaube, da wartet schon jemand auf die beiden. Er selbst steigt übrigens nicht mit ein.«

»Kannst du sehen, wer sie abholt?«

»Scheint jemand von der Crew zu sein. Ich kann eine Uniform erkennen, aber nicht, wer sie trägt.«

»Wie viele Streifen sind denn drauf?«, mischt Rufus sich ein.

»Drei, glaub ich.«

»Sabrina Jorgensen«, sagen Rufus und Phil wie aus einem Mund.

Es ist tatsächlich die Sicherheitschefin. Als sie auf den Fahrstuhlknopf drückt, ist ihr Profil kurz im Spiegel zu sehen. »Ihr habt recht, es ist Jorgensen«, sage ich.

»Kannst du erkennen, auf welchen Knopf sie drückt?«, fragt Rufus.

»Verdammt.« Die Türen schließen sich, und ich hab nicht darauf geachtet, wohin die Reise geht. »Ich hab mich zu sehr auf sie konzentriert«, gestehe ich.

»Macht nichts«, sagt Phil. »Bleib einfach da, wo du bist. Wenn ich richtigliege, dann sammeln sich die Gäste von

Viktor Weisz bei Fredericks Zaubershow, um einer nach dem anderen von Jorgensen zum eigentlichen Ort des Geschehens gebracht zu werden.«

Tatsächlich dauert es nicht lange, bis sich der Fahrstuhl erneut öffnet und die Sicherheitschefin erscheint, diesmal um Kim Gong Suk abzuholen. Ein kurzer Blick und ein Räuspern genügen, und wenig später steht der Software-Milliardär mit ihr im Fahrstuhl, um ebenfalls zur Partylocation geshuttelt zu werden. Leider steht Suk vor den Knöpfen, als sich die Türen schließen, und wieder kann ich nicht erkennen, auf welchen Knopf Jorgensen drückt. »Verdammt.«

»Wieder nichts?«, fragt Phil.

»Suk stand im Weg«, erkläre ich.

»Magic Nick fehlt noch. Ich schätze, du kriegst eine neue Chance.«

Unser Partner hat recht. Jorgensen gibt wenig später auch dem Paradiesvogel mit dem weißen Hut den dezenten Hinweis, dass nun er an der Reihe ist. Nick hat es nicht so mit Diskretion. Er nutzt die Gelegenheit, um ganz vorn an der Bühne vorbeizugehen und dabei ins Publikum zu winken.

Nicks Auftritt tut der herrschenden Langeweile jedoch keinen Abbruch. Kaum jemand nimmt das *One-hit-wonder* überhaupt zur Kenntnis.

Wenn es die anderen nicht tun, dann wirft Magic Nick sich eben selbst bewundernde Blicke zu. Kaum ist er im Fahrstuhl, scheint er sein eigenes Spiegelbild liebkosen zu wollen. Glück für mich, denn diesmal kann ich problemlos erkennen, welche Taste Jorgensen drückt.

»Deck Nummer 2.«

»Hab ich's doch gewusst«, sagt Rufus.

»Und was hast du gewusst?«, fragt Phil.

»Erinnert ihr euch an das rätselhafte Tor im Lager, das mit dem Zugangscode?«

»Wieso rätselhaft? Ich denke, es ist das Tor zur Schleuse«, sagt Phil.

»Ich habe zwar vermutet, dass es das ist«, sagt Rufus. »Aber ein Detail in den Bauplänen hat mich stutzig gemacht. Es gibt neben der Schleuse einen Raum, der schraffiert ist, was bedeutet, dass er zu den Maschinenräumen gehört.«

»Na und? Ist es denn ungewöhnlich, dass Teile der Technik sich über zwei Decks erstrecken?«, fragt Phil.

»Das nicht«, sagt Rufus. »Aber was, wenn dort überhaupt keine Technik steht?«

»Du meinst, in diesem Schiff gibt es einen Raum, den es offiziell gar nicht gibt?«, frage ich.

»Klingt nach der perfekten Location für Weisz' private Zaubershow«, sagt Phil.

»Sehe ich auch so«, erwidert Rufus. »Jetzt müssen wir nur noch herausfinden, was da unten vor sich geht.«

»Kannst du uns einen Lift bestellen?«, fragt Phil.

»Klar. Sobald wir in unserer Suite sind«, antwortet mein Bruder.

»Dann los«, erwidert Phil. »Ihr habt ja gehört, dass wir ein paar Geldsäcken in die Suppe spucken sollen.«

Wenig später öffnet sich mit leisem Surren die Tür zu unserer Suite. Im selben Moment melden sich meine Instinkte. Da liegt ein Geruch von Wolle und Testosteron in der Luft, den ich bereits bei unserer ersten Begegnung mit Jorgensens Männern wahrgenommen habe. Diesmal lauern die beiden Rollkragenpullover am Ende des Ganges, um jetzt heranzustürmen, Phil in die Kabine zu drängen und ihn auf dem Boden zu fixieren, indem sie seine Arme auf den Rücken drehen und ihm die Knie ins Kreuz drücken. Ich werde bei der Aktion gleich mit in die Kabine geschleudert.

Rufus geht es nicht besser. Er kriegt einen Tritt von Jorgensen, die ihren Männern folgt und die Tür hinter sich zuzieht.

»Das werde ich ihr heimzahlen«, sagt Rufus und reibt sich das Hinterteil.

»Umdrehen«, befiehlt Jorgensen.

Ihre Männer drehen Phil auf den Rücken und knien sich nun auf seinen Brustkorb.

»Ach, Sie schon wieder«, keucht er. »Was hab ich denn diesmal angestellt?«

»Verraten Sie mir, wer Ihr Partner ist?«, fragt Jorgensen.

»Keine Ahnung, wovon Sie reden.«

»Ich habe Ihren Ohrstecker anpeilen lassen, und zur großen Überraschung meines besten Technikers sind die kleinen Dinger völlig abhörsicher. So was kriegt man nicht im Internet. Also: Ich kann mir denken, warum Sie hier sind. Und nun wüsste ich gerne, mit wem Sie arbeiten – und für wen Sie arbeiten.«

»Ich hab auch mal eine Frage«, sagt Phil. »Warum tragen die Handlanger von Bösewichten auf Schiffen eigentlich immer schwarze Rollis? Sind das alles gescheiterte Architekten?«

Jorgensen lächelt kühl. »Ich hoffe, Sie nehmen es auch mit Humor, wenn wir die Wahrheit aus Ihnen herausprügeln. Ihr dicker Kollege hat sich dabei ganz gut gehalten.«

»Wollen Sie mich auch über Bord werfen?«, fragt Phil. »Zwei Unglücksfälle auf einer Fahrt, ist das nicht verdächtig?«

»Lassen Sie sich überraschen«, rät Jorgensen und zieht ein kleines Etui aus ihrer faltenfreien Uniform. Sie öffnet es und entnimmt ihm eine Spritze und eine Ampulle. »Zuerst werden Sie ein kleines Nickerchen machen, damit Sie mir nicht mehr in die Quere kommen.« Jorgensen zieht die Spritze mit einer milchigen Flüssigkeit auf und beugt sich zu Phils Hals herab.

Der wehrt sich, hat aber gegen die Gorillas keine Chance.

»Schonen Sie Ihre Kräfte, Sie werden sie noch brauchen.« Jorgensen drückt ihm die Nadel in den Hals. Beinahe genüsslich injiziert sie ihm das Betäubungsmittel.

Keine fünf Sekunden später sackt Phils Kopf zur Seite. Sieht aus, als hätte man ihm einfach das Licht ausgeknipst.

»Einer von euch bleibt vor der Tür«, befiehlt Jorgensen. »Wir kümmern uns später um ihn.«

Als sie sich abwenden will, fällt ihr Blick auf Rufus und mich. Wir sind zwischen Schreibtisch und Bett auf Tauchstation gegangen.

Einer der Männer bemerkt es. »Sollen wir die Viecher einfangen?«, fragt er.

Jorgensen lacht spöttisch. »Was sollen die beiden denn schon anstellen? Etwa die Polizei rufen?«

42

Überraschen wir sie doch einfach, indem wir tatsächlich die Polizei rufen«, schlage ich vor, nachdem Jorgensen und ihre Männer verschwunden sind. Ein leises Surren sagt uns, dass unser Aufpasser gerade die Tür verriegelt hat.

»So einfach ist das nicht«, sagt Rufus mit besorgter Miene.

»Warum nicht? Du schreibst eine SMS an Montgomery, und Interpol schickt die Kavallerie.«

»Wir schippern irgendwo zwischen Italien und Afrika durchs Mittelmeer«, erwidert mein Bruder. »Deine Kavallerie würde Stunden brauchen. Bis dahin wären längst alle Spuren beseitigt. Und wie ich Sabrina Jorgensen einschätze, beseitigt sie Phil und uns gleich mit.«

Ich muss trocken schlucken. Bei der Vorstellung, Kong auf den Grund des Meeres zu folgen, kriege ich dann doch ein flaues Gefühl im Magen. Vielleicht hatte ich aber nur zu viele Shrimps zum Abendessen. Oder zu viel Mayo. »Was schlägst du vor?«, frage ich meinen Bruder kleinlaut.

»Zuerst versuchen wir, Phil wach zu kriegen«, sagt Rufus. »Ich hole einen kalten Waschlappen, du plünderst die Minibar. Wir brauchen sämtlichen Whisky, den du finden kannst.«

Ich entdecke nur ein einziges Fläschchen in dem Kühlschränkchen, das den Namen *Mini* völlig zurecht trägt.

Während Rufus Phils Stirn kühlt, versuche ich, meinen

Partner mit einer Alkoholwolke auf die Beine zu bringen, indem ich das geöffnete Fläschchen vor seiner Nase schwenke. Dabei muss ich aufpassen, nicht selbst benebelt zu werden.

Obwohl das Zeug riecht, als könnte es Tote aufwecken, ist Phil nicht einmal ein leises Stöhnen zu entlocken. Rufus und ich tauschen besorgte Blicke.

»Lass mich mal an den Waschlappen«, sage ich und beginne, Phil mit dem nassen Stoff zu ohrfeigen.

Selbst das hilft nicht.

Rufus stellt den Whisky zur Seite, zieht Phils Unterlippe nach unten und schnuppert daran. »Kannst aufhören«, sagt er dann. »Sie hat ihm Propofol gespritzt. Das würde sogar ein Pferd umhauen.«

Ich lasse den Waschlappen auf Phils Stirn klatschen und setze mich. »Und jetzt?«

»Jetzt müssen wir die Lage analysieren«, sagt Rufus.

»Oh, das geht schnell«, gebe ich zurück. »Wir sind Gefangene einer kriminellen Organisation, die uns töten will, und der einzige Mensch, der uns helfen kann, ist bewusstlos.«

Rufus stutzt und sieht mich an.

»Was?«

»Wirklich?«, fragt er.

Jetzt stutze ich auch, und dann ahne ich, dass wir gerade denselben Gedanken haben. »Sag es nicht, Rufus.«

»Was soll ich nicht sagen?«

»Das, was du gerade denkst.«

»Was denke ich denn gerade?«, fragt er mit Unschuldsmiene.

»Dass Phil nicht der einzige Mensch ist, der uns helfen kann, weil es noch jemanden an Bord dieses Schiffes gibt, dem wir vertrauen können. Dabei handelt es sich nur leider um eine fast neunzigjährige Frau im Rollstuhl.«

»Siehst du.« Rufus nickt zufrieden. »Jetzt hast du es selbst gesagt.«

Wie in Burgakovs Suite – und vermutlich in allen Kabinen der gehobenen Kategorie – findet sich auch in unserer ein goldener Brieföffner, mit dem Rufus und ich die Revisionsklappe aufhebeln können.

Ein paar Lüftungsrohre später purzeln wir in die Suite von Madame Esterházy. Der Lärm, den wir dabei machen, wird locker vom Schnarchen der alten Dame übertönt. Sie liegt mit weit geöffnetem Mund im Bett und schläft beinahe so tief wie Phil.

Während Rufus nach einem Stück Papier und einem Stift sucht, um ihr eine Nachricht zu schreiben, klettere ich auf den Nachttisch, wo mich Esterházys dritte Zähne aus einem Wasserglas angrinsen.

Auf dem Schreibtisch findet Rufus, was er sucht. Als er aufs Bett klettert, um der alten Dame seine Nachricht auf die Decke zu legen, habe ich vergeblich versucht, mir Esterházys obere Kauleiste in den Mund zu schieben. Leider ist das Ding einfach zu groß. Um meinem Bruder doch noch ein extrabreites Grinsen zu zeigen, beiße ich in die hautfarbene Platte, an der die Zähne befestigt sind, und präsentiere ihm Esterházys Dritte als mein zweites Gebiss.

Rufus findet die Aktion nicht witzig. »Reiß dich zusammen, Ray«, flüstert er. »Wir haben eine Mission zu erfüllen.«

»Om teem, om dreem?«

»Hör auf mit dem Quatsch«, herrscht er mich an.

Ich spucke Esterházys Zähne zurück ins Glas. »Ist ja gut, chill dein Leben.«

Rufus legt den Zettel so auf die Decke, dass Esterházy ihn finden muss, wenn sie aufwacht. »Du machst das Licht an, ich rüttle an ihrer Schulter«, flüstert mein Bruder. »Auf drei. Eins … zwei …«

Weiter kommt er nicht, denn in diesem Moment wird die alte Dame wach.

Mit einem spitzen Schrei wirft sie die Bettdecke zurück und katapultiert nicht nur Rufus und mich, sondern auch seine wichtige Nachricht quer durch die Kabine.

Ich klatsche gegen die Verandatür und lande neben meinem Bruder, dessen Kopf Bekanntschaft mit einem Regal macht.

Das Licht geht an, und während wir noch unsere Knochen sortieren, höre ich die Esterházy sagen: »Rufus und Ray? Was macht ihr denn hier?«

»Immerhin kennt sie unsere Namen«, sagt Rufus und sieht sich benommen nach seinem Zettel um. Doch seine Nachricht ist verschollen.

Um Madame Esterházy zu zeigen, dass wir in friedlicher Absicht kommen, winke ich ihr freundlich zu und verbeuge mich.

Die alte Dame setzt sich neugierig die Brille auf, dann greift sie nach dem Glas mit ihren Zähnen. Das Einsetzen dauert nur zwei Sekunden, ihre Verwunderung darüber, dass die Dritten heute ein leichtes Shrimps-Mayo-Aroma haben, hält ein paar Sekunden länger an.

»Das nenne ich mal Glück«, frohlockt Rufus. Er zieht eine Pappschachtel aus dem Regal, das ihm die Beule beschert hat. Die scheint angesichts seines Fundes vergessen zu sein. Rufus wirkt geradezu elektrisiert. »Scrabble«, haucht er glücklich und kippt Unmengen kleiner Holzplättchen auf das Laminat, um sie sogleich mit fieberhafter Eile zu sortieren.

Madame Esterházy schaut ihm interessiert zu. »Was soll das werden? Ein neuer Trick? Und das mitten in der Nacht?«

»Sekunde noch«, sagt Rufus und sortiert einige der Holzplättchen zu verschieden großen Gruppen.

»Was machst du da?«, frage ich.

»Ich schreibe ihr, dass wir ihre Hilfe brauchen und …«

»Ihr könnt schreiben?«, unterbricht ihn die Esterházy erstaunt.

Rufus sortiert seine Buchstaben neu.

»Und was schreibst du ihr jetzt?«

»Die Wahrheit«, antwortet Rufus. »Dass ich schreiben kann, du aber nicht.«

»Darf ich dich darauf hinweisen, dass ich es war, der die drei A in *Anastasia* entdeckt hat?«

»Es gibt vier A in *Anastasia*«, erwidert Rufus. »Wenn du lesen könntest, wüsstest du das.«

»Aber ihr könnt mich beide verstehen?«, fragt Madame Esterházy.

Rufus legt zwei Holzplättchen aufs Laminat, ich nicke eifrig.

Die Esterházy grübelt.

»Was hat sie denn jetzt?«, frage ich.

»Keine Ahnung«, sagt Rufus. »Vielleicht glaubt sie uns nicht. Oder sie denkt, dass sie träumt.«

»Tu was, Rufus. Schreib ihr, was Phil passiert ist und dass der Ocean's Club sich gerade trifft. Und dass wir danach alle über Bord geworfen werden.«

Rufus überlegt, dann sagt er: »Ich schreib ihr ein Telegramm.«

»Okay. – Was ist ein Telegramm?«

»Erkläre ich dir später. Hauptsache, Madame weiß, was es ist.«

Ich schaue zur Esterházy, die ein Pillenröhrchen aus dem Nachttisch genommen hat und gerade die Aufschrift studiert. Als sie es zurücklegt, fällt ihr Blick auf Rufus' Telegramm.

»Was hast du ihr geschrieben?«, frage ich.

»Ocean's Club trifft sich heute – stop – Phil wurde betäubt – stop – soll heute Nacht über Bord gehen – stop – Hilfe!«

»Gut auf den Punkt gebracht«, lobe ich.

»Danke.«

Wir schauen zu Esterházy. Einige bange Sekunden lang geschieht nichts. Dann hievt sich die alte Dame mit einem Ächzen, das an einen Windjammer erinnert, auf die Bettkante. »Ich glaube, ich weiß, wer uns helfen kann. Wäre einer von euch beiden so freundlich, mir meine orthopädischen Strümpfe zu reichen?«

43

Madame Esterházy streift die orthopädischen Strümpfe über, schlüpft in Samtpantoffeln mit königsblauen Puschen und hüllt sich in einen Seidenmorgenmantel. Dann klettert sie in ihren Rollstuhl, als wäre er ein römischer Streitwagen. »Bereit zum Angriff?« Sie deutet mit dem Daumen über die Schulter. »Dann bitte alles einsteigen.«

Zwischen den Handgriffen hängt eine Rollstuhltasche, die so groß ist, dass Rufus, ich, eine Flasche Parfüm und ein paar Millionen Eukalyptusbonbons Platz darin haben. Da das Parfüm eine ähnlich benebelnde Wirkung wie Phils Whisky hat, bleibt die Tasche offen, und wir können die Vorderpfoten baumeln lassen. Die Bewohner der Balkonkabinen müssen sich ähnlich fühlen. Der Platz an der frischen Luft ist dort ebenso knapp bemessen. Nur ein paar Zentimeter weniger, und die Gäste müssten sich darum streiten, wer beide Unterarme auf die Brüstung legen darf.

Als sich mit einem »Pling« der Fahrstuhl öffnet, rollt Madame Esterházy zielstrebig auf eine Tür mit einem Verbotsschild zu. Ich kann zwar nicht lesen, worin das Verbot besteht, aber die große schwarze Hand, die sich uns entgegenstreckt, soll wohl heißen, dass wir hier nichts zu suchen haben.

Madame Esterházy lässt sich davon nicht abhalten. Mit der Faust schlägt sie gegen die Metalltür.

»Deck 17, sie will auf die Brücke«, sagt Rufus.

»Das ist gut, oder?«

»Keine Ahnung, ob das gut ist«, antwortet mein Bruder.

»Warum soll es keine gute Idee sein?«, frage ich. »Bestimmt will sie den Kapitän informieren.«

»Eben. Wer sagt uns, dass Papadopoulos nicht auch mit dem Ocean's Club unter einer Decke steckt? Immerhin treffen sich diese Leute regelmäßig am Captain's Table.«

Die Metalltür wird geöffnet, und ein kantiger Kerl mit Vollbart erscheint.

»Drei Streifen plus Stern«, flüstere ich Rufus zu. »Ein Offizier.«

»Hier oben arbeiten fast nur Offiziere«, erwidert Rufus. »Ich vermute, das ist der Nautiker.«

»Der was?«

»Egal«, sagt Rufus.

»Was gibt's?«, fragt der Nautiker.

»Ich muss mit dem Kapitän sprechen. Sagen Sie ihm bitte, Henriette fragt nach ihm.«

»Tut mir leid, aber der Kapitän hat sich hingelegt und möchte nicht gestört werden. Außerdem sind Passagiere auf der Brücke leider nicht erlaubt. Aber ich kann ihm Bescheid geben, dass Sie nach ihm gefragt haben. Henriette …?«

»Esterházy. Aber die Sache kann leider nicht warten.«

»Wie gesagt, im Moment kann ich nichts für Sie tun.« Er will die Tür schließen, aber Esterházy rollt beherzt nach vorn, sodass ihr Rollstuhl die Tür blockiert. »Es ist sehr wichtig«, beharrt sie. »Bitte.«

Der Offizier wirkt irritiert.

»Sagen Sie Costas, dass er dafür sorgen muss, einen weiteren Unglücksfall auf seinem Schiff zu verhindern.«

Der Offizier scheint zu überlegen, ob er die Esterházy auslachen, inhaftieren oder ernst nehmen soll. Er entscheidet sich zum Glück für Letzteres. »Warten Sie kurz. Ich bin gleich wieder da.«

»Costas?«, sage ich zu Rufus.

»Henriette?«, erwidert mein Bruder.

»Bevor ihr beide da hinten in der Tasche euch die Mäuler zerreißt, gebe ich lieber gleich zu, dass Costas und ich nicht nur Freunde sind. Wir hatten und haben ... nun ja, nennen wir es eine ... Romanze. Aber da das auf diesem Schiff offiziell streng verboten ist, darf es niemand erfahren. Diese Sache muss also unter uns bleiben, ist das klar?«

»Logisch!«, rufe ich.

»Was auf dem Schiff passiert, bleibt auf dem Schiff«, verspricht Rufus.

Madame Esterházy versteht natürlich nur »fiep!« und noch mal »fiep!«. »Ich hoffe, das war ein ›Ja‹«, sagt sie.

Der Nautiker kommt zurück, diesmal in Begleitung eines weiteren Offiziers. »Kapitän Papadopoulos erwartet Sie.«

Der Kollege des Nautikers chauffiert Madame Esterházy und uns auf die Brücke.

»Unglaublich«, frohlockt Rufus. »Wir sind wirklich im Allerheiligsten.«

Wenn man bedenkt, welche abgespaceten Attraktionen auf diesem Schiff zu finden sind, dann wirkt das Allerheiligste, ehrlich gesagt, ein bisschen popelig. Gäbe es die Messgeräte und Monitore nicht, könnte man es für ein ödes Hotelfoyer mit langweiligen Loungemöbeln halten. Ich muss aber zugeben, die Panoramafenster sind echt der Hammer. Man kann den Blick einmal komplett von rechts nach links über den Horizont wandern lassen. Erhebendes Gefühl.

Und vermutlich einer der Gründe, warum man hier arbeiten will.

»Frau Esterházy! Welche Freude!« Costas Papadopoulos begrüßt seinen späten Gast mit einem galanten Handkuss in der Kapitänskajüte, die gleich hinter der Brücke liegt.

Im Gegensatz zu ihr ist der Kapitän vollständig bekleidet. Um sich auszuruhen, hat er nur Jacke und Mütze abgelegt. Er wirkt verschlafen und ein wenig besorgt.

Als der Nautiker und sein Kollege gegangen sind, wird sein Ton vertraulich. »Was ist passiert? Geht es dir gut?«

Er fasst sie bei der Hand, sie sieht ihn an, und zwischen den beiden geht die Sonne auf. »Es ist alles ganz wunderbar, mon cher. Es geschehen nur gerade aufregende Dinge auf deinem Schiff.«

»Das merke ich«, sagt Papadopoulos und tätschelt ihr die Hand. »Erzähl.«

»In meiner Gästesuite auf Deck 9 liegt ein bewusstloser Mann, der heute Nacht einen Unfall erleiden soll. Wenn wir nichts unternehmen, wird er ebenso über Bord gehen wie der andere Unglücksrabe.«

Die Augen des Kapitäns weiten sich. »Es war also kein Unfall?«

Sie schüttelt den Kopf. »Wie wir es vermutet haben. Wandlitz war hier, um gegen den Ocean's Club zu ermitteln. Es gibt ihn also, er ist gefährlich, und offenbar hängt die Sicherheitschefin mit drin.«

»Habe ich es mir doch gedacht.« Papadopoulos steht auf. »Dann verlieren wir besser keine Zeit.« Er öffnet die Tür, schiebt den Rollstuhl mit seiner Liebsten auf die Kommandobrücke und ist augenblicklich hoch konzentriert und hellwach.

Ein kurzer Blick auf die Monitore, dann weiß er, was zu tun ist. »Mister Feng, wir kehren um, nehmen Sie Kurs auf Valletta. Hansen?«

Während Mr Feng damit beginnt, das Schiff zu wenden, hebt der nautische Offizier den Kopf. »Captain?«

»Nehmen Sie zwei Männer und verhaften Sie den Sicherheitsmitarbeiter, der auf Deck 9 vor der Suite 4464 Wache hält. In der Kabine liegt ein bewusstloser Mann. Der Doc soll sich um ihn kümmern.«

»Aye, aye, Captain«, sagt der Offizier und greift zum Telefonhörer.

»Billingham, Sie öffnen den Waffenschrank und sorgen dafür, dass …«

»Nicht nötig«, unterbricht ihn Sabrina Jorgensen. »Das mit dem Waffenschrank habe ich bereits erledigt.«

44

Die Männer, die Jorgensen mitgebracht hat – ich kann sie nicht zählen, also müssen es mehr als sechs sein –, zielen mit Revolvern auf die Brückenmannschaft.

»Wie Sie sehen, habe ich bereits dafür gesorgt, dass die scharfen Waffen an Bord nicht in falsche Hände geraten«, spottet die Sicherheitschefin. »Wir wollen ja nicht riskieren, dass die Dinge aus dem Ruder laufen.«

»Meuterei«, sagt Papadopoulos. Er ist sichtlich geschockt. »Dafür werden Sie einen hohen Preis zahlen.«

»Sie täuschen sich«, erwidert Jorgensen. »Ich habe kürzlich Ihre Kabine verwanzen lassen. Und jetzt entbinde ich einen völlig unfähigen Kapitän, der mit seiner Geliebten krude Verschwörungstheorien ausheckt, seines Kommandos. Wir werden sehen, was Ihre Offiziere vor Gericht dazu sagen. Aber zuerst nehme ich Sie alle in Gewahrsam. Darf ich bitten? Die Brig ist gleich nebenan.«

»Das Schiffsgefängnis«, übersetzt Rufus.

»Hab ich mir schon gedacht«, gebe ich zurück.

Jorgensen zieht das Etui mit der Spritze und dem Betäubungsmittel aus der Uniform. »Und damit Sie nicht auf krumme Gedanken kommen, werden Sie alle ein Nickerchen machen.«

»Und wer steuert dann das Schiff?«, fragt der Kapitän.

»Der Autopilot«, antwortet Jorgensen. »Oder im Zweifelsfall ein ausgebildeter Marineoffizier, also ich.«

»Damit werden Sie nicht durchkommen«, sagt Papadopoulos. »Ich sorge dafür, dass alle, die an dieser Meuterei teilnehmen, im Gefängnis landen.«

»Abwarten«, erwidert Jorgensen. »Zuerst sind Sie es, der eingesperrt wird.«

»Höchste Zeit, dass wir uns aus dem Staub machen«, sage ich zu Rufus. »Sonst landen wir mit Madame und ihrem Rollstuhl auch in der Brig.«

Wir lugen über den Rand unserer Tasche und sehen, dass der Tisch mit den Seekarten nur einen kurzen Sprint entfernt ist.

»Führt sie ab!«, höre ich Jorgensen sagen.

Das ist unser Startschuss. Wir springen auf den Boden, sprinten am Kapitän vorbei und huschen unter den Seekartentisch, wo wir in der hinteren Ecke so lange Deckung nehmen, bis die Brückenmannschaft betäubt und eingesperrt und Jorgensen samt ihrer Rollkragenpullover wieder verschwunden ist.

Dann sind wir allein auf der Brücke – allein und ratlos. Selbst mein oberschlauer Bruder, der sonst immer eine zündende Idee hat, schweigt.

»Analysierst du die Lage?«, frage ich.

Rufus wiegt den Kopf hin und her. »Gibt ja nicht viel zu analysieren.«

»Stimmt«, sage ich. »Trotzdem, fassen wir doch mal zusammen: Wir sind auf der Flucht vor einer kriminellen Organisation, die uns töten will, und inzwischen sind alle Menschen, die uns irgendwie helfen könnten, bewusstlos. Wir brauchen also einen brandneuen Plan.«

Rufus wirkt zerknirscht. »Mit unserem letzten Plan haben wir alles nur noch schlimmer gemacht.«

»Papadopoulos wollte doch die Küstenwache informieren«, sage ich. »Könntest du das nicht machen? Ich meine, einen Notruf absetzen?«

»Könnte ich vielleicht«, sagt Rufus. »Da kannst du Jorgensen aber auch gleich sagen, dass wir hier sind. Sie überwacht mit Sicherheit die gesamte Kommunikation. Sobald wir Kontakt mit der Außenwelt aufnehmen, sind wir auf ihrem Radar. Wenn überhaupt, dann wäre es klug, die letzte und einzige Nachricht, die wir noch absetzen können, an Montgomery zu schicken.«

»Hast du nicht vorhin gesagt, dass die Kavallerie viel zu lange brauchen würde?«

»Stimmt ja auch«, sagt Rufus. »Aber wenn wir schon sterben müssen, dann sollten wir wenigstens dafür sorgen, dass Montgomery alle Infos bekommt, um den verdammten Ocean's Club in den Knast zu bringen.«

»Sterben? Hast du gerade ›sterben‹ gesagt?«

»Hab ich«, sagt Rufus. »Phil wird es heute Nacht erwischen, uns vielleicht erst in ein paar Tagen. Aber kriegen werden sie uns bestimmt.«

»Phil ist in Gefahr, da hast du völlig recht«, sage ich. »Schon deshalb dürfen wir nicht aufgeben.«

»Ich weiß. Aber was können wir gegen Jorgensen und ihre Männer schon ausrichten? Sie haben die Waffen, sind in der Übermacht und kontrollieren das Schiff. Wir hingegen haben … nichts.«

»Das ist aber noch lange kein Grund, den Kopf in den Sand zu stecken. Es muss eine Lösung geben. Es gibt immer eine. Sie muss uns nur einfallen.«

Resigniert zieht Rufus das hoch, was mal seine Schultern hätten werden sollen. »Wenn du eine Idee hast, immer her damit.«

Ich überlege. Hätte Rufus' Vorschlag nicht den kleinen Schönheitsfehler, dass Phil und wir ihn nicht überleben, dann wäre er gar nicht so schlecht. Immerhin sind wir uns darin einig, dass der Ocean's Club für lange Zeit weggesperrt gehört.

Mich durchzuckt eine Idee. »Weißt du, was? Wir machen es genauso, wie du vorgeschlagen hast. Wir sperren sie ein.«

Für den Hauch eines Augenblicks habe ich das Gefühl, der Klügere von uns beiden zu sein, denn Rufus schaut selten dumm aus der Wäsche. Könnte heute sogar der denkwürdige Tag werden, an dem er sich mal was von mir erklären lassen muss? – Nein, das dann doch nicht. Rufus' Hirn puzzelt blitzschnell zusammen, was ich vorhabe.

»Du willst den Ocean's Club im Lagerraum einsperren?«

»Kriegen wir das irgendwie hin?«, frage ich. »Das Tor mit der Codesicherung ist doch der einzige Zugang zu diesem Teil des Schiffes, oder?«

Rufus haut sich begeistert eine Klaue aufs Ohr. Übersprungshandlung und zugleich ein gutes Zeichen dafür, dass er wieder der Alte ist. »Es gäbe theoretisch noch den Fluchtweg über die Laderampe. Aber der führt geradewegs ins Meer.«

»Das heißt, der Plan könnte klappen?«

Er nickt begeistert. »Den Code umzuprogrammieren, ist nicht das Problem. Wir müssten nur herausfinden, ob alle, die wir einsperren wollen, auch wirklich in der Falle sitzen, vor allem Jorgensen und ihre Truppe.«

»Dann lass uns dem Ocean's Club einen Besuch abstatten«, sage ich.

»Da komme ich aber mit«, nuschelt eine vertraute Stimme.

»Phil?«, fragen Rufus und ich wie aus einem Mund.

Unser Partner geht vor dem Kartentisch auf die Knie und beugt sich zu uns herab. Sein Gesicht ist so weiß wie die Karte der Antarktis. »Als mein Aufpasser abkommandiert wurde, weil es einen Notfall auf der Brücke gab, da hab ich mir schon gedacht, dass es sich bei diesem Notfall um euch beide handeln könnte.«

»Wieso bist du auf den Beinen?«, fragt Rufus erstaunt. »Das Betäubungsmittel hätte ein Pferd umgehauen.«

»Dann mal gut, dass ich kein Pferd bin«, antwortet Phil und reicht Rufus sein Smartphone. »Wärst du so nett, uns einen Lift zu rufen? Ich hab mit den feinen Pinkeln vom Ocean's Club nämlich noch ein Hühnchen zu rupfen.«

Rufus beginnt zu tippen.

Phil sieht mich an. »Schön dich zu sehen, Partner«, sagt er. »Und danke für den Scotch. Der war doch von dir, oder?«

Partner. Ich bin so gerührt, dass ich kurz trocken schlucken muss. »Keine Ursache«, sage ich heiser. »Hab mir gleich gedacht, dass du diese Welt nicht verlassen wirst, solange noch ein frischer Drink auf dich wartet.«

Er muss grinsen.

»Alles klar, Lift ist da«, sagt Rufus.

45

Das Codeschloss stellt Rufus vor keine größeren Probleme. »Ich kann es per Handy ansteuern und ein Entschlüsselungsprogramm installieren. Dauert nur zwei Minuten«, erklärt mein bescheidener Bruder.

»Oder wir probieren einfach die Zahlen, die in der Einladung stehen«, schlage ich vor.

»Das wäre dann wohl ein bisschen sehr simpel«, belächelt mich Rufus, während er auf Phils Handy herumtippt.

»Versuchen kann man es ja trotzdem«, sagt Phil und tippt die Zahlen ein.

Als sich das Tor mit einem dezenten Zischen öffnet, sieht es so aus, als würde man auch Rufus die Luft rauslassen.

»Oder so«, sagt er.

Wir betreten die Schleuse. Im Halbdunkel ist die riesige Frachtluke zu erkennen. Draußen hört man das Meer rumoren. Klingt ungemütlich. Und etwas bedrohlich. Auch der kalte Stahl und die nackten Wände wirken alles andere als einladend. Aber da ist noch etwas, es irritiert uns alle gleichermaßen. Irgendwo ganz in der Nähe plätschert klassische Klaviermusik durch den Bauch des Schiffes.

Wir versuchen, die Richtung auszumachen, aus der die Musik kommt, müssen aber zuerst das dezente Zischen des sich hinter uns schließenden Tores abwarten.

Gegenüber der Frachtluke ist eine schwarze Wand. Auf

den ersten Blick. Aber die Wand ist gar keine Wand, sondern ein Vorhang, der aus schweren schwarzen Gummilamellen besteht.

Als Phil eine davon vorsichtig lupft, wird nicht nur die Musik lauter, es sind auch Stimmengewirr und Gläserklirren zu hören, außerdem dringt ein zarter Lichtstrahl zu uns in die Schleuse.

»Abrakadabra«, flüstert Phil. Er will einen Blick durch die Lamellen riskieren, als plötzlich eine Taschenlampe aufflammt. Der grelle Lichtstrahl blendet ihn.

Rufus und ich huschen in Windeseile zwischen die Lamellen, bevor der Lichtkegel uns erwischt.

»Sie haben eine erstaunliche Konstitution«, höre ich Sabrina Jorgensen sagen. »Und eine erstaunliche Chuzpe. Im Eifer des Gefechts habe ich wohl vergessen, Ihnen einen Nachschlag zu spendieren.«

Phil, noch immer geblendet, schlägt nach einem von Jorgensens Männern, verfehlt ihn aber um Haaresbreite und kassiert im Gegenzug ein Gummigeschoss. Es trifft ihn hart und frontal gegen die Brust. Stöhnend sackt er zusammen, während ein zweiter Mann ihn in den Schwitzkasten nimmt.

»Sie wollen mir nicht schon wieder dieses Zeug spritzen, oder?«, keucht Phil und versucht, sich seinen Peinigern zu entwinden – ohne Erfolg. »Wird Ihnen das eigentlich nicht langweilig?«

»Überhaupt nicht«, antwortet Jorgensen und drückt ihm blitzschnell ein zweites Mal die Spritze in den Hals. Noch während sie ihm zügig die milchige Flüssigkeit injiziert, sacken Phil die Knie weg. Die Rollkragenpullover schleifen ihn davon und verschwinden mit ihm hinter der nächsten Ecke.

»Fuck«, sagt Rufus.

»War das deine Analyse unserer aktuellen Situation?«, frage ich. »Ziemlich gute Zusammenfassung, muss ich sagen.«

Die Klaviermusik verstummt, es folgt eine Rückkopplung, dann ist die Stimme von Viktor Weisz zu hören.

Rufus und ich riskieren einen Blick durch die Lamellen.

»*Holy shit*«, rutscht es mir raus.

Vor unseren Augen liegt ein Festsaal, der locker mit dem Amphitheater, in dem unsere märchenhafte Showkarriere ein jähes Ende genommen hat, mithalten könnte. Hier ist der Aufwand allerdings nicht für tausend Millionen Leute betrieben worden, sondern für höchstens zwei Dutzend oder so. Die handverlesenen Gäste sitzen an runden Tischen zwischen zwei blitzblank polierten Showtrucks. Die Ladeflächen sind verschlossen, mehrere Securitymänner, die man – wer hätte es gedacht? – an den Rollkragenpullovern erkennt, bewachen die Fahrzeuge. Tamás Kovác hat sich einen Platz neben einem der Trucks ausgesucht, von wo aus er den Saal im Blick hat.

Ich erkenne Natalia und Betty Burgakov, Kim Gong Suk und Magic Nick, der am Flügel sitzt und für die Mucke sorgt. Jetzt lässt er sich von einem Security ein Glas Champagner und eine Kristallschale voller Kaviar reichen und setzt sich damit an einen freien Tisch.

Die anderen Gäste kenne ich zwar nicht, aber ich kann riechen, dass sie durch die Bank Geld wie Heu haben. Kann ich übrigens wirklich riechen. Diese Leute umgibt ein Duft von teurem Leder und edlen Parfüms, von Kaschmirwolle, Seide, Ölen und Cremes.

Unter dem riesigen Kronleuchter, der zwischen den

Trucks und über den Gästen schwebt, hat Viktor Weisz das obere Doppeldutzend der Reichen versammelt, die auf diesem Schiff die Suiten bevölkern.

»Genug der Vorrede«, sagt er, nachdem er die Gäste ausführlich begrüßt und ihnen wortreich geschmeichelt hat. »Kommen wir nun zum eigentlichen Höhepunkt dieses Abends. Sie werden gleich atemberaubende Unikate zu sehen bekommen. Dinge, die es nur einmal auf dieser Welt gibt und die man eigentlich mit Geld nicht kaufen kann. Heute ist das anders. Auf alles, was wir Ihnen gleich zeigen werden, dürfen Sie bieten, und mit etwas Glück« – Kunstpause – »und Geld wird sich bald eine dieser Kostbarkeiten in Ihrem Besitz befinden. Ein Gut, das an Exklusivität nicht zu überbieten ist. Doch es gibt, wie Sie wissen, eine Bedingung: Sie alle müssen schwören, dass Sie nie ein Sterbenswörtchen über diesen Ort, diese Auktion oder den Ocean's Club verlieren werden. Deshalb möchte ich Sie nun bitten, sich zu erheben.«

Die Gäste tun, wozu Weisz sie aufgefordert hat.

»Ich schwöre bei allem, was mir heilig ist, über diesen Club und diesen Ort zu schweigen.«

»Ich schwöre«, raunt die Gesellschaft.

»Vielen Dank.« Weisz blickt zu Magic Nick. »Maestro, wenn Sie so freundlich wären ...«

Nick stellt sein Glas auf dem Flügel ab und greift in die Tasten.

»Echt jetzt?«, murmelt Rufus verächtlich. »*Me/You/We/Two* als ... Jazzversion?«

Während Nicks einziger Hit durch den Saal plätschert, öffnen sich zischend die Dächer und Vorderseiten der Showtrucks, und die Hightech-Fahrzeuge verwandeln sich in mobile Bühnen. Passend dazu wabern dezent Schwaden von Trockeneisnebel durch den Raum.

Wir können leider nur eines der beiden Fahrzeuge einsehen, denn das andere steht mit dem Rücken zu uns. Den begeistert applaudierenden Gästen nach zu urteilen, muss aber die Ladung beider Trucks enorm beeindruckend sein.

»Schade. Wir haben die schlechtesten Plätze erwischt«, sage ich. »Von hier aus sieht man gerade mal die Hälfte.«

»Stimmt«, sagt Rufus und sieht sich um. Sein Blick bleibt an der Decke kleben. »Wir könnten versuchen, irgendwie da hochzukommen.«

»Und dann?«

»Das ist nur eine Zwischendecke, um die Technik zu verbergen. Wie im Theater. Nennt sich Schnürboden. Wenn ich richtig vermute, dann sind da oben überall Kabeldurchlässe in die Decke integriert.«

»Ich soll dich jetzt fragen, was ein Kabeldurchlass ist, richtig?«

»Eine Dose, meist aus Plastik, durch die man Leitungen führen kann, beispielsweise, um so einen Kronleuchter mit Strom zu versorgen«, antwortet Rufus. »Von da oben hätten wir alles im Blick. Außerdem wären wir vor Jorgensens Männern sicher. Fragt sich nur, wie wir da raufkommen.«

Ich fahre mit meinen Vorderkrallen an einer der Gummilamellen entlang und stelle fest, dass sie einen sehr guten Grip hat.

»Das sind locker acht Meter, Ray. Du weißt schon, dass Erdmännchen zwar ganz toll graben, aber nicht besonders gut klettern können, oder?«

»Erdmännchen können auch nicht lesen«, sage ich, kralle

meine Vorderläufe in die Lamellen und beginne mich langsam hochzuziehen. »Komm schon, je eher wir anfangen, desto eher sind wir oben.«

Rufus seufzt und beginnt ebenfalls mit dem Aufstieg.

»Lassen Sie mich Ihnen kurz erläutern, was auf unserem Auktionszettel steht«, sagt Weisz. »Da wäre zunächst ein, nein, *der* Gaylord Gladiator ...«

»Der Gay ... was?«, frage ich Rufus.

»Das schwarz-weiße Auto, das wie eine Mischung aus Batmobil und Rolls Royce aussieht«, antwortet mein Bruder. »Es ist nur ein einziges Mal gebaut worden.«

»Quatsch.«

»Kein Quatsch.«

Weisz bestätigt es. »Dieser Traumwagen aus dem Jahr 1957 sollte in Serie gehen, aber dazu ist es nie gekommen. Deshalb sehen Sie hier das einzige existierende Exemplar.«

Zentimeterweise arbeiten Rufus und ich uns nach oben. Ist doch anstrengender, als ich gedacht habe. Ich mache eine Pause und genieße die Aussicht. »Was ist das für ein Plastikklotz neben dem Auto?«

»Keine Ahnung«, ächzt Rufus, der gerade zwischen zwei Lamellen hängt wie ein unbegabtes Kapuzineräffchen.

Weisz kennt die Antwort. »Auf der Palette neben unserem Straßenkreuzer befindet sich Champagner, den wir zu seinem Schutz in Plastikfolie einwickeln mussten. Die Flaschen lagen fast ein Jahrhundert lang vor der holländischen Küste auf dem Grund des Meeres. Sie sehen, meine Damen und Herren, wir versenken nicht nur Schiffe. Hin und wieder bergen wir sie auch – zumindest die Schätze, die sie an Bord haben. In diesem Fall achthundert Flaschen Bollinger aus dem Jahre 1922.«

Die Gäste sind vor Freude über Weisz' kleinen Scherz ganz aus dem Häuschen.

»In der Vitrine zur Linken des Gaylord Gladiator erblicken Sie ein weiteres Highlight: einen Teil der Romanov-Juwelen.«

Ein Raunen geht durch die Menge.

»Sie haben richtig gehört«, bestätigt Weisz. »Vor Ihnen liegen Preziosen der letzten russischen Zarenfamilie. Wir haben einen Ring, ein Halsband, ein Armband und eine Krone im Angebot, letztere wurde von der späteren Kaiserin Alexandra anlässlich ihrer Hochzeit mit Zarewitsch Nikolaus Alexandrowitsch Romanov getragen. Die Krone müsste eigentlich in einem Washingtoner Museum liegen, aber leider ist sie auf dem Weg dorthin verschollen.«

Wieder übermütiges Lachen und begeisterter Applaus. Rufus und ich haben ungefähr zwei Drittel der Strecke geschafft. Fühlt sich trotzdem nicht so an, als wären wir schon über dem Berg.

Weisz wendet sich dem anderen Truck zu. »Kommen wir nun zu den Kostbarkeiten auf der von Ihnen aus rechten Seite. Da haben wir zunächst das weiße Sitzmöbel, das Sie ganz links sehen. Es besteht aus Narwalzähnen und Elfenbein.«

»Wie assi!«, sage ich. »Tieren die Zähne klauen, um Stühle daraus zu zimmern? Wer macht denn so was?«

»Voll … assi«, stimmt Rufus mir zu.

»Bei diesem schönen Stück handelt es sich um den dänischen Salbungsthron«, fährt Weisz fort. »Er stand noch bis vor Kurzem im Schloss Rosenborg. Sieben dänische Könige wurden darauf gekrönt. Jetzt wartet er darauf, dass jemand aus Ihrem Kreis sich auf ihm wie ein König oder eine Königin fühlt.«

Applaus. Weisz lässt seine Zähne mit dem Kronleuchter um die Wette funkeln. Läuft gut für ihn.

»Und wir bleiben in Kopenhagen für unser nächstes Auktionsangebot«, fährt er fort. »Die meisten von ihnen haben sie bestimmt schon erkannt, heute ebenfalls bei uns zu Gast: *Die kleine Meerjungfrau*, Edvard Eriksens berühmte Bronzefigur, die sich bislang an der Kopenhagener Uferpromenade langweilte. Es verlangte sie nach einer Ortsveränderung. Eine oder einer von Ihnen wird sich also das Original bald in den Garten stellen können, aber bitte in den ganz privaten Teil. Oder Sie behaupten einfach, das es sich bei Ihrem Original um eine dreiste Fälschung handelt.«

Das Publikum, begeistert von so viel Arroganz, applaudiert lautstark.

Weisz freut sich und genießt den Zuspruch.

Rufus und ich haben beinahe die Decke erreicht. Mit letzter Kraft schaffen wir es, uns über die Kante zu ziehen. Dort liegen wir japsend und völlig fertig nebeneinander, beide auf dem Rücken. Mein Bruder lag mal wieder richtig. Graben geht echt einfacher.

»Auch für unser letztes und vielleicht spektakulärstes Angebot brauchen Sie ein bisschen Platz«, hören wir Viktor Weisz sagen. »Selbst ein großer Garten könnte da ein bisschen eng werden.«

Wir hören die Gäste ausgelassen kichern.

»Meine sehr verehrten Damen und Herren, Ladys and Gentlemen …« Viktor Weisz macht es spannend. »Ich präsentiere Ihnen den einzigen in Gefangenschaft lebenden Berggorilla der Welt.«

46

Hat er gerade *Berggorilla* gesagt?«

»Kam mir auch so vor«, sagt Rufus.

»Offiziellen Schätzungen zufolge gibt es noch eintausend Exemplare dieser gefährdeten Spezies«, erklärt Weisz. »Dieses besonders schöne hier haben wir – inoffiziell, versteht sich – davor bewahrt, mit der *Anastasia* auf den Grund des Meeres zu sinken.«

Rufus und ich sind schneller auf den Beinen, als ein Hecht wegzischen kann.

Während unter uns Viktor Weisz noch kurz über Berggorillas schwadroniert, um dann zur eigentlichen Auktion überzuleiten und als Erstes den Gaylord Gladiator unter den Hammer zu bringen, läuft Rufus wie ein kopfloses Huhn kreuz und quer über den Zwischenboden.

»Was machst du da?«, frage ich. »Falls du Kabelklappen suchst, hier sind überall welche.«

»Ich weiß. Wir brauchen aber eine hier drüben«, erwidert mein Bruder.

Er bückt sich, um einen Kabeldurchlass mit den Vorderkrallen aus der Decke zu hebeln und durch das Loch nach unten zu spähen. »Mehr nach links«, sagt er, marschiert ein Stück in die besagte Richtung und hebelt dort eine weitere Plastikdose aus dem Zwischenboden. »Mist. Etwas mehr nach rechts.« Er flitzt zur nächsten Klappe, hebelt sie ebenfalls heraus, wirft wieder einen Blick nach unten und ist zufrieden. »Na bitte. Geht doch.« Er winkt mich zu sich.

Als ich einen Blick riskiere, stockt mir der Atem. Er ist es wirklich. Direkt unter uns hockt der heimliche Überlebende des Schiffsunglücks, das uns hergeführt hat.

»Kong?«, sage ich nur. Mehr kommt nicht. Doch: »Kong.«

Wieder keine Reaktion.

Rufus tippt mich an und hält mir eine rostige Schraube hin, die er gefunden hat. »Versuch es mal damit.«

Ich lasse sie Kong auf den Kopf fallen.

Der haarige Felsen hinter den Gitterstäben des Überseecontainers bewegt sich endlich, und dann schaut der totgesagte Pate des Berliner Zoos zu mir hoch. »Ray! Da bist du ja endlich.« Er klingt cool, aber man sieht ihm an, dass er sich freut, mich zu sehen.

»Du scheinst dich nicht zu wundern, dass ich hier bin«, sage ich.

»Ehrlich gesagt, habe ich fest damit gerechnet, dass du kommst«, antwortet Kong. »Wozu hab ich schließlich deine Schützerkarte?« Er fummelt etwas aus den Bodenritzen und zeigt mir dann das aufgeweichte und zerfledderte Kreuz As, das ich ihm im Zoo gegeben habe. »Ist nass geworden«, entschuldigt er sich.

Ich bin gerührt. Nicht nur, weil Kong meine Karte aufbewahrt hat, sondern auch, weil der große Affe gerade ganz klein wirkt. Und das liegt nicht nur an meiner Perspektive. »Geht es dir gut?«, frage ich.

Er zuckt mit den Schultern. »Wie es einem so geht, der bald als Haustier von einem Geldsack gehalten wird. Sydney wäre mir lieber gewesen.«

»Vielleicht ist es noch nicht zu spät«, orakele ich.

»Wenn du einen Plan hast, immer her damit«, sagt Kong.

Ich ziehe den Kopf aus dem Guckloch. »Haben wir einen Plan?«, frage ich.

»Wir könnten ihn befreien, damit er für Chaos sorgt, während wir versuchen, Phil auf die Beine zu kriegen«, antwortet mein Bruder. »Sobald das erledigt ist, sperren wir die Bande ein und rufen Interpol.«

»Cool.« Ich stecke den Kopf wieder ins Guckloch. »Der Plan ist, dass wir dich befreien, damit du hier alles kurz und klein schlagen kannst.«

»Klingt ausgereift«, antwortet Kong. »Den Schlüssel hat eine Frau. Kalter Blick, faltenfreie Uniform.«

»Der Schlüssel für Kongs Käfig ist bei Jorgensen«, sage ich zu Rufus.

»Gut. Aber zuerst müssen wir unsere Aufklärung verbessern«, befindet mein Bruder.

»What?«

»Wir öffnen noch mehr Gucklöcher, damit wir sehen können, was da unten vor sich geht«, übersetzt Rufus.

»Sag das doch gleich, Mann.« Ich wende mich wieder zu Kong. »Bleib, wo du bist.«

Wir beginnen, weitere Kabeldosen aus der Decke zu hebeln. Ich sehe eine Menge langweiliger Sachen. Ein Stück Fußboden, einen Champagnerkühler, das Dekolleté einer Milliardärsgattin, den Hut von Magic Nick.

Spannend wird es, als ich entdecke, dass Jorgensen hinter Kongs Truck eine mobile Kommandozentrale hat einrichten lassen.

Um das ganze Bild zu bekommen, muss ich mehrere Kabeldosen raushebeln. Dann kann ich eine Art Besprechungsraum erkennen, gebaut aus Stellwänden. Phil liegt reglos in einer Ecke, in der anderen stapeln sich Material und Klamotten von Jorgensens Männern. Außerdem gibt es einen Tisch und mehrere Klappstühle. Auf der Rückenlehne eines dieser Stühle hängt – faltenfrei und sauber ausgerichtet – Jorgensens Uniformjacke.

Ich kann mein Glück kaum fassen. »Jackpot«, sage ich zu Rufus.

Mein Bruder riskiert einen Blick und nickt zufrieden. »Wir haben zwar gute Chancen, den Schlüssel zu Kongs Freiheit in dieser Jacke zu finden, aber wir müssen ihn auch noch irgendwie in seinen Käfig kriegen.«

»Wir werfen ihn einfach rein und fertig, oder?«

»Und noch bevor er die Tür aufgeschlossen hat, ist Jorgensen zur Stelle, um ihn mit einer Spritze schlafen zu legen?«

»Okay, da ist was dran. Was schlägst du vor?«

»Wir brauchen ein Ablenkungsmanöver. Einer holt den Schlüssel, der andere sorgt für Tumult.«

»Gut.«

»Ich finde, der Teil mit dem Tumult klingt nach dir.«

»Okay. Was soll ich tun?«

»Du könntest den Champagner zerdeppern«, schlägt Rufus vor.

»Wie soll das gehen?«, frage ich. »Die Palette wiegt bestimmt total viel. Ich könnte sie niemals von der Ladefläche schieben.«

»Du musst das Ding auch nicht bewegen. Es ist völlig ausreichend, die Plastikfolie zu zerschneiden. Dann purzeln die Flaschen ganz von selbst.«

»Ich flitze da runter, zerschneide das Plastik und verschwinde wieder? Easy.«

»Dann los«, sagt Rufus.

Wir laufen zu den entgegengesetzten Seiten des Zwischenbodens und schwingen uns in die Lamellen.

Abwärts geht einfach. Man lässt die Vorderkrallen über das Gummi schleifen, und je nachdem, wie fest man drückt, rutscht man schneller oder langsamer. Rufus macht es mir nach, verfängt sich zwischen zwei Lamellen und hängt kurz kopfüber in den Seilen, aber dann hat auch er den Bogen raus.

Weisz, der inzwischen für zig Millionen das alte Auto und den Zarenschmuck verhökert hat, kommt zur Auktion des Champagners. Trifft sich gut, denn dann sind gleich alle Augen auf mich gerichtet.

Rufus erscheint unter dem Truck von Kong, was bedeutet, dass es losgehen kann.

Ich flitze die Treppe zur Ladefläche hoch, klettere auf den Klotz aus Flaschen und warte, bis die Gäste mich bemerkt haben. Dann schlage ich eine Vorderkralle in die Folie und lasse mich an der Seite heruntergleiten, während meine Kralle die Folienbahnen wie Butter durchtrennt.

Wie von Rufus vorausgesagt, bricht der Würfel sofort auseinander. Die auf den Boden prasselnden Flaschen zerplatzen vor der Bühne und bedecken den Boden in Windeseile mit hundert Jahre altem Schampus.

Die Gäste springen fluchend auf, um ihre teuren Schuhe und sich selbst in Sicherheit zu bringen. Auf dem glitschigen und mit Glasscherben übersäten Boden rutschen einige aus und versauen sich damit nicht nur die Schuhe, sondern gleich die ganze Garderobe.

Weisz sieht das Chaos und ist ebenso bestürzt wie ratlos. Für einen kurzen Moment verschlägt es ihm sogar die Sprache. Als er sie wiederfindet, zeigt er sein wahres Gesicht.

Aus dem knuffigen Senior mit Hollywoodlächeln wird plötzlich ein Rumpelstilzchen, das vor Wut kochend meinen Kopf fordert. »Tötet dieses Drecksvieh!«, ruft er.

Sein Wunsch ist Jorgensen Befehl. Sie zeigt auf mich, zwei ihrer Männer nehmen mich ins Visier, und im nächsten Moment verfehlen mich nur um Haaresbreite zwei Hartgummigeschosse.

Ich weiche zurück und frage mich, was Rufus so lange treibt.

Drei von Jorgensens Männern versuchen, mich einzukesseln. Ich hechte unter den Gaylord Gladiator und behalte dabei den anderen Truck im Auge. Endlich. Rufus erscheint und hält triumphierend den Schlüsselbund hoch.

Bestens, dann muss ich jetzt nur noch ein paar Haken schlagen, um Jorgensen und ihre Rollkragenpullover abzulenken, und dann kann Kong übernehmen.

Schön gedacht, aber ganz so schnell geht es leider nicht. An Jorgensens Schlüsselbund hängen mehr Schlüssel, als ich Haare am Hintern hab. Kong beginnt, die riesige Sammlung durchzuprobieren.

In der Zwischenzeit stellt sich mir das Problem, dass die Möglichkeiten, sich unter einem Auto zu verstecken, sehr begrenzt sind. Vor allem, wenn sie dich von drei Seiten jagen und hinter dir eine Wand ist. Zwei versuchen, mich mit Knüppeln zu treffen, einer will mir ein Gummigeschoss auf den Pelz braten. Letzteres würde ich nicht überleben.

Ich flitze zu dem Rad, das dem Kerl mit der Flinte am nächsten ist, um mich dahinter zu verstecken. Dabei fällt mir auf, dass der Reifen mit Furchen übersät ist. Das Gummi ist nicht ganz so alt wie das Auto selbst, aber auch in die Jahre gekommen. Ich versuche mein Glück, schiebe eine Kralle in eine der Furchen und schaffe es tatsächlich, den Reifen zu zerstechen. Noch ein Stich und noch einer, dann sackt der Straßenkreuzer nach unten und klemmt meinen Widersacher ein.

Der jault wie ein getretener Hund. Zum Glück lässt er die Flinte los. Ich schiebe sie von ihm weg, drehe den Lauf so, dass die Flinte sich gegen meine anderen Verfolger richtet, stelle mich auf den Kolben und ziehe mit den Vorderläufen den Abzug.

Das Gummigeschoss trifft einen der beiden an der Schulter. Muss höllisch wehtun, denn er jault noch lauter als sein Kollege.

Der dritte Rollkragen tritt nun hektisch den Rückzug an und ruft nach Verstärkung.

Ich nutze die kurze Verschnaufpause, um zu schauen, ob Kong sich inzwischen befreit hat. Fehlanzeige. Immerhin hat im Getümmel niemand bemerkt, dass der Gorilla dabei ist, auszubrechen. Weisz und seine Gäste sind ganz mit sich, ihren ruinierten Klamotten und dem verdorbenen Abend beschäftigt.

Aber es gibt eine Person, die sich nicht ablenken lässt. Sabrina Jorgensen. Blöderweise werde ich von ihr dabei beobachtet, wie ich Kong beobachte. Fuck. Ich bete, dass sie nicht so schnell schaltet, aber sie erkennt die Gefahr prompt. Sie zieht das Etui mit den Spritzen aus der Uniform. Ich frage mich noch, wie sie es anstellt, ständig frische Betäubungsspritzen dabeizuhaben, da ist sie bereits losgesprintet, um Kong ins Reich der Träume zu schicken.

»Kong! Rufus! Vorsicht!«

Die beiden erkennen die Gefahr. Hektisch fummelt Kong den nächsten Schlüssel ins Schloss, während Jorgensen mit erhobener Spritze auf ihn zustürmt, als wollte sie ihn damit erdolchen.

Ich sehe ihre kalte Entschlossenheit, das Entsetzen im Blick meines Bruders und ein nervöses Flackern in den Augen von Kong, den sonst praktisch nichts aus der Ruhe bringen kann. Diesmal liegen selbst bei ihm die Nerven blank, denn nun fällt ihm auch noch der Schlüssel aus der Hand.

Einen Lidschlag später sticht Jorgensen ihm die Spritze in die Brust.

47

Im selben Moment tritt Kong mit Schmackes die Containertür auf, als wäre sie aus Pappe. Und erwischt Jorgensen volle Breitseite an der Stirn. Die taumelt rückwärts, hält immer noch die Spritze in der Hand, stellt fest, dass der Inhalt noch drin ist, lächelt versonnen und bricht zusammen.

Rufus haut sich hektisch die Klaue aufs Ohr und pinkelt sich erleichtert auf die Hinterbeine. »Der letzte Schlüssel!«, ruft er. »Der letzte war der richtige!«

Kong nimmt zwei Schritte Anlauf und springt an den Kronleuchter, der sein Gewicht sogar hält – zumindest für den Moment. Das Chaos unter den Gästen weicht nun einer Panik, das merkt auch der Gastgeber.

»Alles okay! Keine Panik!«, ruft er. »Die Security hat alles im Griff. Kommen Sie einfach zu mir auf die Bühne. Der Spuk ist gleich vorbei.«

Während die Gäste die Bühne stürmen, weil Weisz es dort aus unerfindlichen Gründen für sicher hält, hat seine Security rein gar nichts im Griff. Ohne ihre Chefin sind die Rollkragen völlig aufgeschmissen. Ihr Versuch, Kong mit Gummigeschossen zu stoppen, geht gründlich nach hinten los. Nach drei saftigen Körpertreffern haben Jorgensens Männer Kong kein Haar gekrümmt, dafür ist der Gorilla jetzt so sauer, dass er den Kronleuchter mit einem Ruck und einer rasanten Drehung aus der Verankerung reißt und damit auf den Flügel kracht. Der bricht natürlich sofort zusammen – übrigens mit einem Geräusch, das passenderweise an einen Tusch erinnert.

»Wir müssen zu Phil«, sagt Rufus.

Stimmt. So schön Kongs Vorstellung auch anzusehen ist, wir müssen unseren Partner wieder auf die Beine bringen.

»Aber später will ich noch ein bisschen zusehen«, sage ich, während wir unter dem Truck hindurchflitzen.

Phil liegt ebenso reglos da wie bei seinem ersten Propofol-Koma.

Diesmal macht Rufus sofort den Unterlippentest. Das Ergebnis seiner Geruchsprobe ist ernüchternd. »Verdammt. Sie hat ihm eine höhere Dosis verpasst.«

»Glaubst du, wir könnten ihn mit Champagner auf die Beine kriegen?«

Rufus überlegt. »Einen Versuch ist es wert.«

Wir flitzen zurück in den Auktionsraum, wo Kong damit beschäftigt ist, sich gegen ein halbes Dutzend Securitys zu wehren, die ihm mit Knüppeln und Elektroschockern auf den Leib rücken.

»Kommst du klar?«, rufe ich rüber. »Oder muss ich dich raushauen?«

Zum Zeichen dafür, dass er meinen Witz gelungen findet, zeigt Kong mir die Zähne, dann fegt er zwei Securitys, die ihm gleichzeitig Elektroschocker in die Seite pieksen, mit dem Klavierdeckel weg.

Rufus und ich finden eine unversehrte Champagnerflasche. Wir heben sie an Hals und Boden hoch und tragen sie durch die Pfützen, als würden wir einen Schwerverletzten über ein Schlachtfeld schleppen.

Dem Gastgeber reißt nun der Geduldsfaden mit den Sicherheitsleuten. »Was zur Hölle tut ihr da eigentlich?«, brüllt Weisz wutschäumend. »Muss ich denn alles selbst machen?« Er zieht einem der Rollkragenpullover, die Kong bewusstlos geschlagen hat, den Revolver aus dem Holster. »Aus dem Weg!«

Er hebt die Waffe, um auf Kong anzulegen. Dass er dabei außerdem die Männer ins Visier nimmt, scheint ihn nicht zu jucken. Er schießt, die Kugel verfehlt ihr Ziel, Rufus und mir fällt jedoch vor Schreck der Champagner aus den Klauen. Die Flasche zerplatzt wie eine Seifenblase, nur lauter.

Panisch stürzen Jorgensens Männer aus der Schusslinie, während Weisz einfach weiter drauflosballert.

Kong kann den nächsten beiden Kugeln ausweichen, indem er Haken schlagend zu seinem Truck rennt. Dort hechtet er auf die Ladefläche und sucht hinter der kleinen Meerjungfrau Schutz, die prompt Weisz' nächste Kugel abkriegt. Der Querschläger trifft die Zarenkrone. Es hagelt Juwelensplitter, außerdem purzelt uns ein Ring vor die Pfoten.

Wieder schießt Weisz, wieder trifft es die Bronzefigur. Diesmal muss der hintere Reifen des Trucks dran glauben. Während die Luft entweicht, neigt sich die Bühne langsam nach vorn, und der Gaylord Gladiator rollt gemächlich in die unter ihm stehenden Tische und Stühle, bevor er sich überschlägt und auf dem Dach liegen bleibt.

Weisz schwankt zwischen Fassungslosigkeit und blinder Wut. Er legt an, zielt und schießt erneut. Wieder wird es ein Querschläger, diesmal ein lupenreiner Return über Bande: Weisz schafft es tatsächlich, sich selbst eine Kugel zu verpassen. Dem Schiffseigner fällt die Waffe aus der Hand, während sich sein schneeweißes Sakko an der Schulter blutrot färbt. Er greift sich an die Wunde, die er sich gerade eigenhändig zugefügt hat, und wird blass. Als er strauchelt und von der Bühne zu fallen droht, ist Tamás Kovác zur Stelle, um seinen Freund zu stützen und nebenbei dessen Rachefeldzug fortzusetzen. »Worauf wartet ihr?«, ruft er den Securitys zu. »Schnappt euch endlich diesen Affen!«

Jorgensens Leute formieren sich zögerlich zu einer neuen Attacke, während Kong die Deckung verlassen und sich mit dem dänischen Salbungsthron bewaffnet hat. Er balanciert das Möbel über dem Kopf, bereit, den nächstbesten Angreifer damit zu stoppen. Nach Zarenjuwelen wird es also gleich noch Narwalzähne und Elfenbein regnen.

»Heureka!«, sagt Rufus plötzlich. »Riechst du das auch?«

»War Heureka nicht der Typ in der Badewanne?«, frage ich.

»Jep«, erwidert mein Bruder und bückt sich, um den Zarenring aus einer Champagnerpfütze zu fischen. »Ich weiß jetzt, wie wir Phil auf die Beine kriegen.«

48

Er flitzt los, ich folge ihm. Als wir uns zwischen zwei Stellwänden hindurchzwängen, höre ich es hinter dem Truck krachen und klimpern, dann kullern Elfenbeinstückchen über den Boden.

Phil befindet sich immer noch im Reich der Träume.

Rufus klemmt sich den Zarenring zwischen die Hinterbeine und fummelt an der Fassung herum.

»Rufus?«

»Ich suche einen Mechanismus, denn ich vermute, dass in diesem Ring ein Geheimfach versteckt ist, in dem sich ein Riechsalz aus der Zarenzeit befindet. Es war vermutlich fast wirkungslos, bis es Kontakt mit dem Champagner hatte. Ist dir eben nicht auch diese Ammoniaknote aufgefallen?«

»Du willst Phil tausend Jahre altes Riechsalz einflößen?«, frage ich empört.

»Ich will es ihm nicht einflößen, er soll nur daran riechen«, erwidert Rufus. »Und es ist gerade mal hundert Jahre alt.«

Rufus hat gefunden, wonach er sucht, denn plötzlich öffnet sich der Ring wie von Geisterhand. Sofort macht sich ein übler und stechender Geruch breit.

»Alter! Dagegen riecht ja selbst eine Stinktierfamilie wie ein Rosengarten.«

»Das ist auch so beabsichtigt«, sagt Rufus und hält Phil

mit weit ausgestreckten Vorderpfoten den geöffneten Ring direkt unter die Nase.

Es dauert nicht lange, da schnappt unser Partner nach Luft wie ein Ertrinkender, der mit letzter Kraft die Wasseroberfläche erreicht. Einen ausgedehnten Hustenanfall später ist er wieder unter den Lebenden. »Himmel, was ist das denn für ein Gestank?«

»Keine Zeit für Erklärungen«, erwidert Rufus und wirft beiläufig den Zarenring weg. »Wenn wir den Ocean's Club hinter Gitter bringen wollen, müssen wir uns beeilen.«

»Ihr habt ihn also gefunden?«, fragt Phil. Er klingt erfreut, aber man hört, dass er diesen Teil der Mission gern miterlebt hätte.

»Und wir haben Kong gefunden«, füge ich hinzu. »Er lebt.«

»Ihr habt … was?« Die Info, dass Kong am Leben ist, gibt Phil einen größeren Push, als es das Zeug im Zarenring getan hat.

»Erklären wir dir alles später«, sage ich. »Kong hält gerade noch Viktor Weisz und seine Freunde in Schach, aber ewig schafft er das auch nicht. Je eher wir hier raus sind, desto besser.«

Wir laufen am Lamellenvorhang entlang, bis wir die Schleuse erreichen. Dort öffnen wir das Tor und warten, bis Rufus den Code geändert hat.

»Okay, du kannst ihn jetzt holen«, sagt mein Bruder, als er fertig ist.

Ich sprinte zurück in den Auktionsraum, wo Kong den Kampf gegen die Übermacht der Securitys nun doch langsam zu verlieren droht. Er steht auf dem umgestürzten Pkw, wehrt sich gegen Angreifer von allen Seiten und wirkt längst nicht mehr so stark und reaktionsschnell wie am Anfang der Schlacht.

»Kong!«, rufe ich. »Wir können abhauen! Rückzug!«

Das lässt er sich nicht zweimal sagen. Er springt über seine Widersacher hinweg und folgt mir in einer Geschwindigkeit, die ich nicht erwartet hätte. Ich flitze, als ginge es um mein Leben, aber Kong überholt mich mit Leichtigkeit. Freundlicherweise liest er mich im Galopp vom Boden auf und setzt mich auf die Schulter. »Wie sieht's hinter uns aus?«, orgelt er.

»Mehr Männer, als ich zählen kann, also mehr als sechs«, antworte ich. »Drei haben Flinten, zwei Revolver.«

Kong legt noch einen Zahn zu, wir stürmen durch den Lamellenvorhang, schliddern in die Schleuse und kriegen nur ganz knapp die Kurve zum Tor. Ich höre ein Zischen und sehe, wie es sich langsam schließt. Kong ist jetzt so schnell, dass er mich hinter sich herzieht, während ich mich an seinem Pelz festkralle.

Wir stürzen keine Sekunde zu früh durch die Lücke. Als wir auf die andere Seite kugeln, wird das Zischen der Hydraulik von Revolverschüssen übertönt, und wir hören, wie hinter uns die Kugeln pfeifend vom Tor abprallen.

Dann herrscht Stille.

»Wenn sich da mal nicht jemand ins eigene Knie geschossen hat«, kalauert Rufus, während wir uns aufrappeln.

Kong und Phil stehen voreinander. Ein langer Blick. Mein Partner muss schlucken, der Gorilla auch.

»Wir hatten dich schon sehr vermisst«, sagt Phil. »Schön, dich zu sehen.«

Kong nickt.

»Okay, geben wir Montgomery Bescheid«, sagt Phil.

»Und der Kapitän sollte auch wissen, dass in seinem Frachtraum eine kriminelle Bande eingesperrt ist.«

»Der Kapitän dürfte noch bewusstlos sein«, sagt Rufus. »Ebenso wie der Rest der Brückenmannschaft.« Er sieht Phils fragendes Gesicht. »Ist ebenfalls eine längere Geschichte.«

»Aber wer steuert dann gerade das Schiff?«, fragt Phil.

»Der Autopilot. Jorgensen hätte es machen können, aber Kong hat sie ausgeknockt. Im Moment könnte sie nicht mal Dreirad fahren.«

Der Fahrstuhl zum Brückendeck, den Rufus uns organisiert, legt einen Zwischenstopp auf Deck 7 ein. Die Türen öffnen sich, und zwei angetrunkene Paare im besten Alter wollen zusteigen. Als sie einen Gorilla, zwei Erdmännchen und einen zerknautscht wirkenden Mann sehen, überlegen sie es sich anders. »Wi take se next wan«, sagt einer der Männer mit schwerer Zunge.

Die Brücke ist so menschenleer, wie wir sie verlassen haben.

»Zuerst brauchen wir den Zweitschlüssel für die Brig«, sagt Rufus. »Jorgensen hat den Kapitän und alle anderen da eingesperrt.«

Ich sehe Phils fragendes Gesicht. »Die Brig ist das Schiffsgefängnis«, erkläre ich.

Da die Brig für Menschen gemacht ist, nicht aber für Gorillas, kann Kong uns die lästige Suche nach dem Zweitschlüssel ersparen, indem er kurzerhand die Gefängnistür rausreißt.

Madame Esterházy, der Kapitän und die Mannschaft schlafen selig. Nachdem Rufus an ausgewählten Unterlippen geschnuppert hat, kann er uns nur wenig Hoffnung machen, dass binnen der nächsten Stunden jemand aus der Brig ein Schiff lenken wird.

»Warum ist Madame Esterházy unter den Gefangenen?«, fragt Phil.

»Auch das ist eine längere Geschichte, die wir dir bei Gelegenheit unbedingt erzählen müssen«, sage ich. »Aber zuerst brauchen wir jemanden, der das Schiff lenken kann.«

Rufus ist zuerst auf den Kapitänsstuhl und dann auf das riesige Steuerpult geklettert und flaniert nun zwischen den Millionen von Knöpfen und Hebeln umher, die sich dort befinden. Gut, Millionen sind es vielleicht nicht, aber verdammt viele.

»Dieses Schiff zu führen, halte ich für das kleinere Problem«, erklärt mein Bruder. »Die größere Herausforderung ist der Bordcomputer. Wenn wir den nicht knacken, kommen wir nicht an die Steuerung.«

»Aber du wirst dieses Ding natürlich im Pfotenumdrehen hacken, richtig?«, prophezeihe ich.

»Unmöglich«, erwidert Rufus. »Wir brauchen das Passwort. Wenn wir allerdings das falsche Passwort eingeben, dann stoppt der Autopilot die Maschinen, und das System setzt einen Notruf ab.«

»Aber das ist doch gut«, sage ich. »Danach müssen wir nur noch auf die Küstenwache warten.«

»Sofern der Notruf die Küstenwache erreicht«, erwidert Rufus. »Ich befürchte, dass Weisz und Kovác mithilfe von Kim Gong Suk für den Fall einer nicht-autorisierten Übernahme der Brücke vorgesorgt haben.«

»Einer … was?«, frage ich.

»Sollte die Brücke beispielsweise von Piraten eingenommen werden, dann wird auf diese Weise nicht die Küstenwache verständigt, sondern eine private Security-Firma. Man könnte auch sagen Weisz' Privatarmee. Wäre blöd, wenn die uns hier aufgabelt, während wir auf dem Meer dümpeln.«

»Aber wir sind keine Piraten«, sage ich. »Wir sind die Guten.«

»Ich weiß«, erwidert Rufus. »Trotzdem laufen die Dinge auf hoher See ein bisschen anders. Weisz besitzt nicht nur dieses Schiff, er hat hier auch das Sagen. Das könnte schlecht für uns ausgehen.«

»Was passiert, wenn wir auf Autopilot bleiben?«, fragt Phil.

»Dann hält uns der Computer stur auf Kurs«, antwortet Rufus und zeigt auf einen der Bildschirme, die auf dem Steuerpult stehen. »Das wiederum heißt, wir werden in knapp zehn Minuten einen Fischkutter rammen – besser gesagt, überfahren, denn mit zwölf Metern Länge ist es ein eher kleines Boot. Größere Schwierigkeiten dürfte das Containerschiff machen, mit dem wir in knapp einer Stunde kollidieren. Wir sind zwar höher als die *Alina Texas*, die ist aber länger als die *Golden Silverstar*.«

»Können wir diese Schiffe warnen?«, fragt Phil.

»Wir können es versuchen«, antwortet Rufus. »Allerdings wird uns das am Ende nicht davor bewahren, mit zwanzig Knoten in den Hafen von Valetta zu brettern. Wenn wir Glück haben, dann zerstören wir nur die historische Altstadt.«

49

Dann haben wir keine Wahl«, sagt Phil. »Wir können nicht das Leben der Passagiere riskieren. Wir müssen den Autopiloten deaktivieren, selbst wenn wir uns damit ins eigene Fleisch schneiden.«

»Wir raten das Passwort und hoffen das Beste?«, fragt Rufus ungläubig.

»Was sonst?«, fragt Phil. »Immerhin haben wir einen Freischuss, das ist mehr als nichts.«

»Genau«, sage ich. »Wir müssen nur auf Anhieb richtigliegen. Kann ja nicht so schwer sein, oder? Hat jemand einen Vorschlag?«

»Stimmt«, sagt Rufus. »Warum sollten wir unter den Billiarden und Aberbilliarden Möglichkeiten, die es gibt, nicht auf Anhieb die richtige erwischen?«

»Freut mich, dass du das auch so siehst«, sage ich.

»Das war ironisch gemeint«, erklart mein Bruder genervt.

»Ich würde ja als Kennwort meinen Namen eingeben«, sagt Phil.

»Das wissen wir«, kommentiert Rufus.

»Zweifelst du möglichweise daran, dass wir Erfolg haben?«, frage ich.

Rufus verschränkt die Vorderpfoten vor der Brust. »Allerdings.«

Ich bemerke ein Flackern. Direkt vor uns auf dem Meer

sind mehrere verschiedenfarbige Lichter zu sehen. »Ist das etwa ...?«

Rufus dreht sich um und wirft einen beiläufigen Blick durch das Panoramafenster. »Ja, das sind die Positionslichter des Fischerbootes, von dem ich eben gesprochen habe. Wir sollten uns zügig auf einen Vorschlag einigen.«

Ich schaue zu Kong, der es sich in einem der Offiziersessel bequem gemacht hat.

»Kong, woran denkst du gerade?«, frage ich.

»Nüsse«, antwortet Kong.

»Nüsse?«

»Ja, Nüsse. Und Obst. Und Gemüse.«

»Was hat er gesagt?«, fragt Phil.

»Ich glaube, er hat Hunger«, antworte ich.

»Wir bestellen ihm gleich was«, sagt Phil. »Zuerst müssen wir das Kennwort finden. Kommt, Leute, sagt einfach, was euch in den Sinn kommt. Wir brainstormen.«

»Golden?!Silver!?Kapitän!!193 764«, sagt Rufus.

»What?«

»Erstens ist das ein sehr sicheres Kennwort«, erläutert mein Bruder. »Und zweitens ist es leicht zu merken, weil es sich bei den letzten sechs Ziffern um die Bruttoraumzahl des Schiffes handelt.«

»Rufus, du musst mal was mit deinem Gehirn machen«, sage ich. »Sonst fliegt es dir eines Tages um die Ohren.«

»Wie wäre es mit KapiCostasPapi?«, fragt Phil.

»Was sind das für bekloppte Vorschläge?«, rufe ich.

»Sagt der Richtige. Hast du eigentlich auch schon was beigetragen?«, fragt Rufus.

Ich schaue aufs Meer und überlege. Eine Sternschnuppe huscht über den Himmel. Ich denke daran, dass ich jetzt einen Wunsch frei hätte. Und dann kommt mir Natalies blöder Mistelzweig in den Sinn. Und plötzlich sehe ich die Lösung vor mir.

»Ich hab's«, sage ich verblüfft.

»Dann immer raus damit«, erwidert Rufus.

»Henriette.«

»Das muss ich nicht verstehen, oder?«, sagt Phil.

Mein Bruder versteht es sofort. Er dreht sich um, tippt das Wort in die Tastatur und hebt den Hinterlauf. Seine Pfote schwebt über der Entertaste. »Soll ich? Wirklich?«

»Er liebt dieses Schiff, und er liebt sie«, antworte ich. »Und es ist ein Kennwort, das er unter Garantie nie im Leben vergisst.«

Rufus nickt und lässt seine Pfote auf die Taste sinken.

Ein leichter Ruck geht durch das Schiff, Lichter fangen an zu blinken, und die zuvor schwarzen Monitore füllen sich mit rätselhaften Zeichen.

»Haben wir es verbockt?«, frage ich.

»Ganz im Gegenteil«, sagt Rufus. »Ich kann es kaum glauben, aber du hast es wirklich geknackt.«

Er schaut hinaus, wo die Positionslichter des Fischkutters rasch näher gekommen sind. Inzwischen kann man sogar vage die Umrisse des Bootes erkennen.

Rufus läuft zum Joystick in der Mitte des Pultes. »Okay, dann wollen wir mal sehen, wie gelenkig die Lady ist«, sagt er. »Achtung! Der Kapitän übernimmt das Ruder!« Er umfasst den Joystick mit beiden Vorderpfoten und schiebt ihn ganz nach links.

Kracks! Das war Kong. Er hat unter dem Offizierspult eine Schüssel mit Walnüssen entdeckt.

»Kein Wunder, dass ich die ganze Zeit an Nüsse denken muss«, sagt er und schiebt sich ein paar Nusshälften in den Mund.

Ich spüre, wie sich das Schiff zur Seite neigt. Kommt mir fast so vor, als würde es gleich umkippen. Im selben Moment wandern die Positionslichter des Fischerbootes ganz langsam nach rechts. Kurz bevor es hinter unserem Bug verschwindet, hört man mehrere nervös klingende Hornsignale.

»Wird eng«, murmelt Rufus und stemmt sich mit seinem ganzen Körpergewicht gegen den Joystick.

Wir halten den Atem an.

Kracks! Kong futtert ungerührt weiter.

Es dauert eine gefühlte Ewigkeit, bis das Fischerboot endlich rechts neben der *Golden Silverstar* erscheint.

»Ist noch mal gut gegangen, oder?«, fragt Phil.

»Mal sehen.«

Rufus tritt auf einen der vielen Knöpfe auf seinem Kapitänspult, dann sagt er Phil, was der wiederholen soll: »Malta Moskito, this is *Golden Silverstar*. Are you okay?«

Phil tut es. Als Antwort erhalten wir einen Schwall von Flüchen, ich meine die Worte »fucking cruise dickheads« und »bloody goldensilver assholes« zu hören.

Rufus schaltet den Ton wieder ab. »Na bitte.« Er blickt zu Phil. »Und jetzt?«

»Rufen wir Montgomery an«, sagt unser Partner.

»Die Notfallnummer hab ich im Kopf«, sagt Rufus und beginnt zu wählen.

Das Freizeichen ertönt, dann die Stimme von Mary Montgomery. Auch mitten in der Nacht könnte sie locker ein Schiffshorn übertönen. »Sagen Sie mir, dass es gute Nachrichten gibt«, bittet sie. »Ich habe gerade die Information bekommen, dass die Satelliten einen Beinahezusammenstoß mit einem Fischerboot gemeldet haben.«

»Korrekt«, sagt Phil. »Aber jetzt ist wieder alles unter Kontrolle. Wir haben den Ocean's Club in den Frachtraum gesperrt, zusammen mit Beutegut in mehrstelliger Millionenhöhe. Außerdem hat eines meiner Erdmännchen das Ruder übernommen, weil der Kapitän und die komplette Brückenmannschaft bewusstlos sind.«

»Und was davon stimmt jetzt?«, fragt Montgomery.

»Alles«, erwidert Phil. »Sie müssen mir nur noch sagen, wo Sie den Ocean's Club in Empfang nehmen wollen.«

»Ich schau mir noch mal das Satellitenbild an«, erwidert Montgomery. »Bleiben Sie dran.«

Eine Weile ist nur zu hören, wie Kong Walnüsse knackt, dann ist Montgomery zurück.

»Sie könnten in den frühen Morgenstunden im Golf von Gabés sein. Südöstlich von Agareb gibt es ein Gelände, wo wir eine provisiorische Basis errichten können. Da erwarte ich Sie.«

»Fein«, sagt Phil. »Dann sehen wir uns zum Frühstück. Ich freu mich auf einen Flat White.«

»Sollen Sie bekommen«, verspricht Montgomery. »Und Sie haben einen Wunsch frei. Wie wäre es mit zwei Wochen Entspannungsurlaub in der Karibik? Ich kann Sie gleich morgen früh hinfliegen lassen.«

»Ich glaube, ich würde gern zuerst meine Familie wiedersehen«, sagt Phil.

»Die kann Sie doch begleiten«, erwidert Montgomery.

»Danke, ich überlege es mir.«

»Gut. Dann bis morgen.« Das Gespräch wird beendet.

»Rufus, du hast es gehört«, sagt Phil. »Wir fahren in den Golf von … wie war das noch gleich?«

»Gabés«, hilft Rufus ihm auf die Sprünge. »Kurs Westsüdwest. Wir bleiben bei unserer aktuellen Reisegeschwindigkeit und werden voraussichtlich um 4 Uhr 53 am Ziel sein.«

»Wo liegt denn eigentlich der Golf von Gabés?«, fragt Phil.

»Tunesien«, antwortet Rufus. »Zum Frühstück sind wir also in Afrika.«

Kong fällt die Schüssel mit den Walnüssen aus der Hand. Sie zerbricht, die Nüsse kullern in alle Richtungen. Er wendet uns sein Gesicht zu.

»Alles okay, Kong?«, frage ich.

Und er so: »Afrika?«

50

Je länger wir durch die Nacht schippern, desto stiller und nachdenklicher wird Kong. Rufus hat ihm auf den Seekarten gezeigt, wo genau wir anlegen werden und dass es von da aus bis nach Zentralafrika, wo Kongs letzte Verwandte leben, immer noch mehr als dreimal so weit ist wie der Weg zurück nach Berlin.

Ich glaube, in diesem Moment ist ihm klar geworden, dass sein Zuhause unerreichbar ist, vielleicht auch, weil einer wie er sich nirgendwo mehr zu Hause fühlen wird, egal, wohin er geht. Sydney, Berlin oder der Kongo, das alles sind nur Wörter, wenn man allein auf der Welt ist und es nach Lage der Dinge bleiben wird.

Ich kann ihn verstehen. Dennoch werde ich das Gefühl nicht los, dass er heute Nacht eine Chance erhält, die nicht wiederkommt. Ich erinnere mich noch gut daran, wie unser Clan den Zoo verlassen hat. Planlos und völlig überstürzt sind wir abgehauen. Ich hätte nicht darauf gewettet, dass wir dieses Abenteuer überleben, und doch hat sich am Ende alles zum Guten gewendet.

Ich klettere zu Rufus auf das Pult und schlendere an den Bildschirmen, Knöpfen und Hebeln vorbei zu Kongs Loungechair.

Schweigend starrt er aufs Meer.

»Als wir damals aus dem Zoo abgehauen sind, da habe ich

auch nicht daran geglaubt, dass wir eine neue Heimat finden«, sage ich. »Aber es ist trotzdem passiert.«

»Schön für euch.«

»Du könntest in Afrika dein Glück versuchen und neu anfangen.«

»Ihr habt euch«, sagt Kong. »Du hast deine Leute. Zu Hause ist für dich da, wo jemand auf dich wartet. Auf mich wartet niemand.«

»Was, wenn im Kongo doch jemand auf dich wartet?«, frage ich. »Jemand, von dem du nicht mal ahnst, dass es ihn überhaupt gibt?«

Er hebt den Blick und sieht mich an. »Wäre schön«, sagt er.

»Warum findest du es nicht raus?«

Er seufzt. »Vielleicht will ich mir die Enttäuschung ersparen.«

»In Sydney wirst du dich fragen, ob du das nicht hättest riskieren sollen.«

»Lass gut sein, Ray. Ich weiß es sehr zu schätzen, dass du mir helfen willst, aber selbst, wenn ich wollte, könnte ich mein Ticket nach Sydney nicht einfach so umbuchen.«

»Würdest du es denn tun, wenn du könntest?«, frage ich. »Würdest du Sydney gegen ein Ticket in den Kongo tauschen?«

Er schaut lange aufs Meer. »Vielleicht.« Und nickt nachdenklich.

Phil, der uns zugehört hat, räuspert sich. Obwohl unser Partner nicht verstehen kann, was Kong sagt, ist ihm völlig klar, worüber wir gerade gesprochen haben.

Unsere Blicke treffen sich, und ich weiß, wir denken dasselbe.

»Rufus, ich brauche bitte noch mal eine Leitung zu Montgomery. Wärst du so nett?«

»Logisch«, sagt Rufus, der uns ebenfalls belauscht hat. »Ich halte die Karibik sowieso für überschätzt.«

Kong, der nicht mitbekommt, dass Phil seinetwegen bei Interpol anruft, schaut gedankenverloren aufs Meer.

»Mary Montgomery.« Ihre Stimme übertönt eine Flugzeugturbine. »Wir starten gerade. Ist es wichtig?«

»Sie sagten eben, ich hätte einen Wunsch frei«, beginnt Phil.

»Immer raus damit«, erwidert Montgomery.

»Könnte ich einen Trip in den Virunga Nationalpark bekommen? Ich frage für einen Freund.«

Kong stutzt und hebt den Kopf. Verblüfft schaut er Phil an.

»Was für ein Freund?«, will Montgomery wissen.

»Ein Berggorilla. Und da ist noch was: Er reist inkognito.«

»Die Verbindung ist schlecht«, sagt Montgomery.

Phil wiederholt, was er gerade gesagt hat.

»Dann hatte ich es doch richtig verstanden«, sagt sie. »Und was davon stimmt jetzt?«

»Alles«, erwidert Phil. »Es handelt sich um den Gorilla, der offiziell mit der *Anastasia* untergegangen ist. Wenn Sie mir einen Wunsch erfüllen wollen, dann den.«

Schweigen. Montgomery schweigen zu hören, ist ein Vergnügen, das man auch nicht jeden Tag hat.

Wir alle schweigen mit ihr.

Kong schaut nervös zwischen Rufus, Phil und mir hin und her.

Montgomery meldet sich zurück. »Sie sagen, es gibt ihn offiziell nicht?«

»So ist es. Sobald er im Regenwald verschwunden ist, wissen nur noch seine besten Freunde, dass er überhaupt existiert.«

Wieder Stille, dann sagt Montgomery nur ein Wort, aber das hat es in sich. »Einverstanden.«

»Danke.«

»Ich kümmere mich um alles«, sagt sie und beendet das Gespräch.

Rufus nickt Phil anerkennend zu, dann schauen die beiden wieder aufs Meer, als ob nichts passiert wäre.

Ich bemerke, dass Kongs Augen einen feuchten Glanz bekommen und dass sein Gesicht irgendwie ganz lang wird. Er sieht mich an.

Ich nicke. »Du kommst nach Hause, Kong.«

51

In der Morgendämmerung erreichen wir den Golf von Gabés, zu Rufus' Freude mit einer moderaten Verspätung von knapp zwei Minuten.

»Vergiss nicht, die Handbremse anzuziehen«, sage ich, während mein Bruder zufrieden vom Kapitänsstuhl klettert.

Kong, der die ganze Fahrt damit zugebracht hat, nervös über die Brücke zu tapern, steht am Panoramafenster und blickt in die über Afrika aufgehende Sonne, als hätte er noch nie zuvor einen Tagesanbruch gesehen.

Gut, ich muss zugeben, verglichen mit diesem Spektakel hier fallen die Berliner Sonnenaufgänge eher mickrig aus.

Kaum hat die *Golden Silverstar* Anker geworfen, da sind auch schon zwei Boote der tunesischen Küstenwache vor Ort.

Mary Montgomery kommt an Bord, im Schlepptau eine kleine Armee schwer bewaffneter Polizisten. »Ich hab zur Sicherheit ein paar Männer mehr mitgebracht«, erklärt sie. »Ich weiß ja nicht, was uns im Frachtraum erwartet.«

Ihre Leute tragen Kampfausrüstung, Mary hat sich in einen schneeweißen Hosenanzug geschmissen, der ihr kräftiges Make-up und die knallrot geschminkten Lippen gut zur Geltung bringt. Als einer der Polizisten ihr eine Schutzweste reichen will, schüttelt sie den Kopf. »Danke nein, die Dinger lassen mich leider dick aussehen.«

Rufus diktiert Phil den Code, und das Tor zum Auktionsraum öffnet sich.

Der Widerstand unserer Gegner hält sich in Grenzen. Als sie die Übermacht der Polizisten sehen, lassen Jorgensens Männer sofort die Waffen fallen. Nur Viktor Weisz will nicht einsehen, dass sein Spiel aus ist. Im Namen aller Anwesenden protestiert er lautstark gegen die Verhaftung und droht mit Verbindungen in höchste Kreise.

Montgomery nimmt es gelassen. »Bei Ihren kriminellen Machenschaften sind viele unschuldige Menschen ums Leben gekommen. Wir wissen von sechzehn Morden oder tödlichen Unfällen, die auf das Konto dcs Ocean's Club gehen. Ich glaube nicht, dass irgendjemand aus den höchsten Kreisen damit etwas zu tun haben will. Alle abführen, und zwar in Handschellen.«

Während ihre Leute dem Ocean's Club das Handwerk legen, hakt sie sich bei Phil unter. »So, und wir beide kümmern uns jetzt um Ihren Kumpel.« Sie schürzt die roten Lippen. »Und danach gibt's Frühstück.«

Die meisten Passagiere schlafen noch. Deshalb fällt niemandem auf, dass in den frühen Morgenstunden ein Gorilla durch die Gänge der *Golden Silverstar* läuft. Das Personal, das uns um diese Zeit begegnet, nimmt es gelassen und hält Kong wohl für eine weitere Attraktion im Showprogramm.

Ein Schiff der Küstenwache bringt uns zu einem ausrangierten Industriehafen. Dort warten ein Lastwagen und eine Limousine auf uns.

Der erste Eindruck von Afrika: angenehm warm. Sogar noch wärmer als Mallorca, allerdings nicht ganz so warm, wie ich erwartet hätte. Rufus meint, im Hochsommer sähe das ganz anders aus.

Ich hätte erwartet, dass dieser Moment mich völlig flashen würde. Aber jetzt stehe ich hier, und Afrika sieht ein bisschen so aus wie der Berliner Westhafen und riecht auch nicht viel besser – eigentlich sogar schlechter.

»Dieser leichte Geruch von faulen Eiern, das ist die Zementfabrik von Gabés«, erklärt Rufus. »Schwefeldämpfe.«

»Aha«, sage ich enttäuscht.

»Wollen wir dann mal?«, fragt Kong und springt an Land.

»Du musst bedenken, dass unser eigentlicher Lebensraum nicht Nord-, sondern Südafrika ist«, sagt Rufus.

»Und das heißt?«

»Bis nach Südafrika ist es von hier aus etwa viermal so weit wie nach Berlin.«

»Dieser Teil von Afrika hat mit unserer eigentlichen Heimat also genauso wenig gemein wie Brandenburg?«

Rufus stutzt, dann geht er ebenfalls an Land und hält erstaunt inne. »Ehrlich gesagt, könntest du da recht haben.«

Auch ich betrete nun afrikanischen Boden, und spüre … nichts Besonderes. Heimat scheint eine wirklich komplizierte Angelegenheit zu sein.

Kong schwingt sich auf die Ladefläche des Lkw, Rufus und ich dürfen mit Phil und Montgomery in der Limousine Platz nehmen.

Wir fahren in die Wüste, wo auf einer Naturlandebahn zwei Flugzeuge stehen, eines davon so groß, dass Kongs Lkw problemlos hineinpasst. Das Gefährt rumpelt tatsächlich die Laderampe hinauf und gesellt sich zu einem weiteren Lkw, der bereits vertäut im Frachtraum steht.

»Als es hieß, wir könnten diese Transall bekommen, da habe ich mir gedacht, dass wir den Begleitschutz Ihres Kumpels gleich mitnehmen. Von Butembo aus sind es noch fünf

Autostunden durch den Busch bis zum Virungapark. Die Jungs, die bei ihm sind, kennen sich da unten bestens aus.«

Wir stehen staunend vor der geöffneten Frachtluke der Transall, die gerade vor unseren Augen einen Lkw verschluckt hat. Kein Wunder, dass Kong, der nun auf der Rampe erscheint, in diesem Flugzeug beinahe zierlich wirkt.

Montgomery spürt die Melancholie, die uns alle umweht. »Lassen Sie sich Zeit«, sagt sie zu Phil. »Aber nicht zu lange. Ich bin schon völlig unterzuckert.« Sie steuert ein Zelt am Rande der Startbahn an, wo das Frühstück auf uns wartet.

»Wie heißt das noch mal, wenn man glaubt, dass man eine Sache schon mal erlebt hat?«, frage ich Rufus.

»Déjá-vu«, antwortet mein Bruder. »Aber der Begriff stimmt hier nicht, weil wir uns tatsächlich vor Kurzem von Kong verabschiedet haben.«

»Da hat er recht«, sagt Kong. »Und ihr habt euch hoffentlich gemerkt, dass ich nicht gut in so was bin.«

»Ist kein Problem«, sage ich und versuche, seinen dröhnenden Bass nachzuahmen, als ich ihn zitiere: »Soll ja nicht zu einer Zeremonie ausarten.«

»Du sagst es.« Kong hebt die Hand, dreht sich um und will die Rampe hochgehen, hält aber noch mal inne. »Kommt ihr mich mal besuchen?« Er klingt wie ein Schulkind, das Angst vor dem Feriencamp hat.

»Logisch«, sage ich. »Wir sind doch auch Afrikaner. Vielleicht werden wir eines Tages sogar Nachbarn, wer weiß?«

Kong nickt. »Und könnt ihr eurem Partner danken und sagen, dass er, Mo und Lea jederzeit willkommen sind?«

»Aber klar«, antworte ich.

»Gut.« Wieder schlendert er die Rampe hoch, wieder hält

er inne. »Ist übrigens ein gutes Gefühl, wenn man weiß, dass man irgendwo auf der Welt Freunde hat.«

»Wir können!«, ruft jemand. Dann beginnt sich die Rampe geräuschvoll zu schließen.

Kong hebt erneut die Hand und verschwindet langsam hinter dem Eisentor. Und dann starten auch schon die Motoren.

Montgomery hat inzwischen mit mehreren Smoothies die drohende Unterzuckerung abgewendet.

Als wir das Frühstückszelt betreten, beendet sie gerade ein Handygespräch. »Das war einer meiner Leute. Die Brückenmannschaft kommt langsam wieder auf die Beine. Und Madame Esterházy lässt schön grüßen. Sie hofft, Sie alle bald beim Captain's Dinner zu sehen. Was mich zu der Frage bringt, ob ich Sie im Jet mitnehmen soll oder ob Sie lieber mit der *Golden Silverstar* nach Hause schippern möchten.«

Phil sieht uns an. »Was meint ihr?«

»Ist nicht gerade die Royal-Penthouse-Suite frei geworden?«, frage ich.

»Wo er recht hat«, sagt Rufus und schlägt sich voller Vorfreude die Vorderklaue aufs Ohr.

52

Das Leben als Entertainer auf einem Kreuzfahrtschiff ist hart. Sehr viel härter ist aber das Leben als Gast in einer Luxussuite. Man braucht eiserne Disziplin, um bei drei Hauptmahlzeiten und vier Snacks plus Betthupferl nicht völlig aus dem Leim zu gehen. Rufus hat deshalb einen Fitnessplan erstellt. Wir verbringen unsere Tage auf den Wasserrutschen, im Klettergarten, auf dem Trampolin, beim Surfen, beim Minigolf oder im *SilverStorm*. Außerdem stehen Schwimmen, Sauna und Massagen auf dem Stundenplan. Gut, hätte schlimmer kommen können.

Phil macht auch mit, bevorzugt allerdings Minigolf und Massagen. Kann ich aber auch verstehen, denn um unsere Tarnung aufrechtzuerhalten, sind wir weiterhin Phil & Friends. Für Rufus und mich heißt das: Selfies, Selfies und noch mal Selfies. Phil hingegen muss Autogramme geben und sich mit den Gästen unterhalten – was nicht so sein Ding ist.

In drei Tagen ändert sich das, dann kommen Mo und Lea an Bord, und Phil & Friends haben offiziell ein paar Tage Urlaub.

Lea lässt sich täglich per FaceTime sagen, welche coolen Attraktionen auf sie warten. Außerdem musste Phil ihr hoch und heilig versprechen, dass sie Kong in Afrika besuchen werden, und zwar schon sehr bald. Ihr Jubelschrei, als sie erfuhr, das Kong noch am Leben ist, war so laut und schrill, dass er uns noch immer in den Ohren klingelt.

Als Phils iPad einen FaceTime-Anruf meldet, geht er ganz selbstverständlich davon aus, dass seine Tochter ihn sprechen will. »Hallo, Schatz!«, sagt er.

»Hallo, Liebling«, antwortet Mary Montgomery und freut sich darüber, dass Phil bis über beide Ohren rot wird. »Ich hab da was für Sie«, sagt Montgomery. »Hat mir ein Ranger gerade geschickt, und ich wollte es Ihnen nicht vorenthalten.«

Sie verschwindet vom Bildschirm, und man sieht nun leicht verwackelte Handybilder einer Gruppe Gorillas, die im Busch auf einer Lichtung hocken und essen. Erst als das Handybild ein wenig heranzoomt, ist zu erkennen, dass sich in einem Gebüsch unweit der Gruppe ein weiterer Gorilla versteckt hält.

»Ist das Kong?«, fragt Phil.

»Drei Tage lang hat er dort gesessen und seine Leute beobachtet, ohne sich vom Fleck zu rühren«, hört man Montgomery sagen. »Und heute Vormittag ist es dann passiert. Schauen Sie!«

Wir sehen, wie sich ein Gorilla aus der Gruppe löst.

»Es handelt sich bei diesem Exemplar übrigens um eine Lady, hab ich mir sagen lassen«, kommentiert Montgomery.

Zögerlich nähert sich das Gorillaweibchen Kong. Der bleibt weiterhin völlig reglos.

»Sie heißt Maisha«, fügt Montgomery hinzu.

Maisha ist nun bei Kong angekommen und nur noch eine Armlänge von ihm entfernt. Sie hält ihm ein Büschel Blätter hin, aber er traut sich nicht, sie zu nehmen.

Maisha wartet kurz, dann legt sie die Blätter auf den Boden und geht betont langsam zurück zur Gruppe, nicht ohne sich noch einmal nach Kong umzusehen, der nun das Büschel Blätter nimmt und hungrig zu fressen beginnt.

»Die Ranger haben gesagt, dass Maisha sonst sehr zurückhaltend ist. Dass sie so heftig flirtet, ist noch nie vorgekommen.« Montgomerys Gesicht erscheint wieder auf dem Bildschirm. »Sieht ganz so aus, als wäre Ihr Kumpel dabei, in seinem neuen Leben anzukommen. Ich dachte, das würden Sie gern wissen.«

»Danke«, sagt Phil. »Danke für alles.«

»You're very welcome, my dear«, grinst Montgomery. Dann wird das Bild schwarz.

Beinahe im selben Moment klopft es an der Tür. Maxi erscheint. »So, ihr Liabn, Showtime! Des Captain's Dinna hod scho ogfanga.«

Phil legt das iPad zur Seite und steht auf. »Den Leopardentux?«

»Naa, I hob an brandnein Tux in Nochdblau fia di bsorgt. Sie wern dia zu Füßn liegn. Aba zuerst muass de Zendaya di aufpeppn. Komm, auf gäd's!«

Phil folgt dem/der Stagemanager*in, um sich aufpeppen zu lassen.

Rufus und ich haben noch etwas Zeit, bevor wir wie fast jeden Abend unsere berühmte flambierte Aprikose servieren.

Madame Esterházy hat an der Nummer einen Narren gefressen. Sie wird übrigens bald den Namen des Kapitäns tragen, denn die beiden haben sich verlobt, um ihre Affäre vor Gott – und vor allem auch vor der Personalabteilung – zu legitimieren.

Rufus zupft seinen rosa Klettgurt zurecht. Inzwischen

sind die Gadgets, die ihm im Kidsclub abhandengekommen sind, wieder aufgetaucht, und mein Bruder kann so aussehen, wie er am liebsten aussieht, nämlich wie das beklopptеste Erdmännchen der Welt. »Wollen wir?«, fragt er.

»Klar«, sage ich und springe vom Sofa, als sich erneut ein Anruf ankündigt.

Rufus wirft einen Blick aufs Display. »Oh. Noch mal Montgomery«, sagt er. Statt mir zur Tür zu folgen, bleibt er beim iPad stehen.

»Was ist? Worauf wartest du?«

»Auf die Nachricht. Ich will sie kurz abhören.«

»Ist die nicht für Phil bestimmt?«, frage ich.

»Vielleicht hat sie ja noch Fragen«, sagt Rufus.

»Fragen? Was denn für Fragen?«

»Warte, ist gleich so weit«, antwortet Rufus. Seine Kralle schwebt über dem Display, um die Mailbox anzuklicken.

Schwungvoll wird die Tür geöffnet, und Phil erscheint. »Und? Showtime?«

Er sieht Hammer aus in seinem brandneuen nachtblauen Smoking. Sogar schlanker.

Rufus ist erstarrt. Seine Kralle schwebt immer noch über dem Display.

»Was wird das?«, fragt Phil.

»Du hast eine Nachricht«, sagt Rufus.

»Dann lass hören.«

Rufus zögert kurz, dann tippt er aufs Display.

»Noch mal Mary Montgomery. Ich hatte eben vergessen zu erwähnen, dass meine Leute Ihr Debriefing gelesen haben. Sie finden Ihre Ausführungen hochinteressant. Und ich übrigens auch. Kurzum, wir denken, dass ein Mann mit Ihren Fähigkeit ein großer Gewinn für Interpol wäre. Außerdem gibt es da einen Fall, eine Herausforderung, die Ihnen wie auf den Leib geschneidert wäre. Wir können darüber ja mal ganz unverbindlich bei einem Flat White plaudern, was halten Sie davon?« Wir hören das Rascheln von Papier, sie räuspert sich. »Ach ja, und was Ihre technischen Spezialwünsche betrifft, auch da ist unsererseits das letzte Wort noch nicht gesprochen. Ich kann nicht garantieren, dass wir alles umsetzen, aber die Entwicklungsabteilung will über die Babydrohnen und die smarten Sonnenbrillen nachdenken. Also – rufen Sie mich an.« Das Gespräch wird beendet.

Schweigen.

»Debriefing?«, fragt Phil.

»Eine detaillierte Beschreibung unserer Mission und eine Analyse derselben unter Berücksichtigung unserer technischen Möglichkeiten …«

»Ich weiß, was ein Debriefing ist«, unterbricht Phil. »Ich hab nur keins geschrieben.«

»Verrückt«, erwidert Rufus.

»Okay. Was hast du in meinem Namen geschrieben?«, fragt Phil.

»Nur eine grobe Einschätzung. Eben das, was man als Profi so macht.«

»Zwei, drei Seiten?«, rät Phil.

»Zwei … und … neunzig Seiten«, erwidert Rufus. »Plus Fußnoten und Anhang.«

»Aber das ist doch gut«, mische ich mich ein. »Hast du nicht gehört? Montgomery ist begeistert. Wir haben sogar einen neuen Fall.«

»Wir haben ganz sicher keinen neuen Fall«, erwidert Phil patzig.

»Ach ja?«, patze ich zurück.

»Ja«, antwortet Phil.

»Da haben deine Friends aber auch noch ein Wörtchen mitzureden«, gebe ich zurück.

Es klopft, die Tür geht auf, Maxi schaut rein. »Showtime.«

Er/sie lässt die Tür offen und geht schon mal vor. Auf dem Gang hört man ihn/sie in die Hände klatschen. »Los, Leid, eure Fans ruafn scho noch eich.«

»Wir haben ganz sicher keinen neuen Fall«, beharrt Phil.

»Es ist schade, dass du die wichtigste Regel im Showbiz nicht gelernt hast«, sage ich und marschiere zur Tür.

»Welche soll das sein?«, fragt Phil.

»Gegen deine Berufung kannst du dich nicht wehren«, antworte ich und folge dem wehenden Leibchen von Maxi.

»Ich sag es dir immer wieder«, höre ich Rufus hinter mir. »Du hast absolut Potenzial.«

»Wo bleibt ihr denn?!«, rufe ich. »Das Captain's Dinner wartet auf uns!«

Mit Glanz und Gloria in den Bayerischen Wald –

Vikki ermittelt zum ersten Mal selbst